安徽师范大学史学普及丛书

西汉风云之

长乐风雨

葛俊超 著

安徽师范大学出版社

·芜湖·

图书在版编目（CIP）数据

西汉风云之长乐风雨 / 葛俊超著. — 芜湖:安徽师范大学出版社,2020.1
ISBN 978-7-5676-3693-4

Ⅰ.①西… Ⅱ.①葛… Ⅲ.①中国历史—西汉时代—通俗读物 Ⅳ.①K234.109

中国版本图书馆 CIP 数据核字(2018)第 164742 号

西汉风云之长乐风雨
葛俊超　著

XIHAN FENGYUN ZHI CHANGLE FENGYU

责任编辑:孙新文

责任校对:蒋　璐

装帧设计:丁奕奕

责任印制:桑国磊

出版发行:安徽师范大学出版社

　　　　　芜湖市九华南路189号安徽师范大学花津校区

网　　址:http://www.ahnupress.com/

发 行 部:0553-3883578　5910327　5910310(传真)

印　　刷:江苏凤凰数码印务有限公司

版　　次:2020年1月第1版

印　　次:2020年1月第1次印刷

规　　格:700 mm × 1000 mm　1/16

印　　张:16.25

字　　数:278千字

书　　号:ISBN 978-7-5676-3693-4

定　　价:60.00元

序

我一直认为，真实的历史比小说更精彩。早些年迷《史记》；后来因为电视剧《贞观之治》喜欢上了唐史，开始读《资治通鉴》；最近一段时间则一头扎进了中国近代史。历史阅读一直是我的"菜"，喜欢。也因为自己的喜好，在我从事高中语文教学的前些年里，连续几届学生都或多或少地受到了熏陶和感染。我曾带着学生一起读《史记》和《资治通鉴》，比较过项羽和刘邦，讨论过汉初三杰，知道韩信和韩王信不是一个人，懂得历史发展的必然趋势下有着无穷无尽的偶然和意外。

然而，在高考压力如此之大、学习时光如此有限以及自身学识不足等情况下，我们不可能谈得很深，走得很远。可是，这又有什么关系呢？只要我们把阅读的种子埋下，终究会有生根发芽、开花结果的一天。

我虽然深爱历史，爱读爱看爱琢磨，但我不是一个称职的历史言说者。所以，在读到钱穆、陈寅恪和黄仁宇的文字时，既佩服之至又惭愧不已。然而，教科书和高考培养起来的一代人对这些好像不感兴趣，包括那些历史专业毕业的同行。老实说，没有同等知识和思想碰撞的交流，其实很索然。就在我对现实情境极度沮丧和失望的时候，我遇到了俊超——这个比我小十多岁的年轻人。

在很多人的印象中，俊超是个"温和"的读书人；可在我看来，他其实是个"愤青"。这并不奇怪：一个心高气盛的年轻人，被投到风都吹不起半点涟漪的境地里，其实很容易让人"抓狂"。不过，"愤青"归"愤青"，并不妨碍我们交流。最终，共同的喜好还是让我们走到了一起：评骘千古兴亡事，月旦世间往来人，那种畅快与淋漓虽"南面称王"不与易也。我们就这样在那间背阳的办公室里，眼看着春花开了又谢了，秋月圆了又缺了。如水般的日子，流着流着就不见了。

我说，我们做点事吧，也算是留下一点痕迹。俊超则回应，早有此意！只是，做什么好呢？我的意见是立足我们各自领域申请一个研究课题，这样既能发挥自己的专业特长，又能兼顾到自己的兴趣爱好，算是一举两得吧。俊超很赞同。于是，申报工作就启动了。

一切都很顺利。很快，我们的申请就有了批复。那一段时间的感觉真好，天高气爽，阳光明媚，鸟儿叫得也欢。

我们的桌子上渐渐堆满了书，又弄来了简易的小书架。很快，书架也满了，快递还在不断地送。原本只读过《史记》的我，因为俊超的推荐爱上了唐史。于是乎，我找来《资治通鉴》《新唐书》《旧唐书》《剑桥中国隋唐史》《说唐》《隋唐五代史讲义》《读通鉴论》《廿二史札记》比照着读。几个月的浸淫与沉迷，大唐的天空开始"明亮"起来，我也渐渐能辨析那些历史剧情节的虚妄与错讹，我才发现有段时间热播的《贞观长歌》不过是戏说而已。

这样的阅读充满着新奇与挑战，还能够居高临下地审视眼前的一切，其快乐是难以言说的。也因为有了这样的阅读，我开始发现此前的唐诗，其所谓的背景知识、知人论世不过是现炒现卖、挂一漏万的。当我们把这些历史知识理顺之后，再与文学比勘阅读，才能真正理解"文学是凝固的历史，历史是文学的注脚"这句话的深刻内涵。而俊超呢，也从日日临摹《兰亭集序》的闲逸中开始了秦汉史的研读和著述。桌子上的大部头一溜儿地摊开，拿着历史舆地图册，一个个地名比勘校对，一个个人名分门别类。

办公室很安静，能听见的就是键盘的啪啪声……彼此最大的一个变化是，每天上班，来得都很早；办公室已经没有人了，我们还不愿离去，总感觉时间不够用。

我们都没有专业研究的经历，也不知道未来能抵达何方，但俊超有干劲，从不惧怕失败，一次次写就，一次次推倒重来。开始还是一则一则的短篇，不成规模也难有体系，但写着写着，思路就清晰了，情节就连贯了，就开始注重结构了，讲究叙述的视角和节奏了。就在那一段时间，俊超甚至发下狠话：每天不写三千字不休息！这是怎样的信念和意志啊！

就在我们热火朝天全力以赴准备大干一场的时候，我接到教育部的调令，远赴澳门参与为期两年的教育交流工作。课题研究的工作重担也就转移到俊超一个人身上。时空阻隔，又有各自的事务牵扯，彼此之间虽有网线相连，但交流探讨仍少了很多。忽然有一天，俊超在电话中告诉我，他要将写就的文字出版了，并预计以五部一百五十万字的规模来说秦汉史。我很吃惊：有没有搞错，五本吗……

重新回到内地，课题结题的时候，俊超的第一本书《西汉风云之大风起兮》已经出版，这本是这个系列中的第二部——《西汉风云之长乐风雨》。因为喜欢的缘故，俊超让我先睹为快，又让我拉杂几句作序，以使得这本书首尾具足。对我来说，这真是莫大的荣幸，自然也不敢有半句推辞。

我只想说，当年我们无意之中闲谈的时候，包括俊超自己可能也没想到：自己的这些文字有一天会编辑成书。读着俊超的文字，我忽然明白了一个道理：写作其实是一个人对自我的唤醒和救赎。如今，我不再关注自己是不是一个很好的历史言说者，我关注的是，眼前的这个史学新秀能够走多远。

是为序。

吴贤友
2017 年末

目　录

英雄迟暮

宽仁之主

女主称制

英雄迟暮

　　上欲废太子，立戚夫人子赵王如意。大臣多谏争，未能得坚决者也。吕后恐，不知所为。人或谓吕后曰："留侯善画计策，上信用之。"吕后乃使建成侯吕泽①劫留侯，曰："君常为上谋臣，今上欲易太子，君安得高枕而卧乎？"留侯曰："始上数在困急之中，幸用臣策。今天下安定，以爱欲易太子，骨肉之间，虽臣等百余人何益。"吕泽强要曰："为我画计。"留侯曰："此难以口舌争也。顾上有不能致者，天下有四人。四人者年老矣，皆以为上慢侮人，故逃匿山中，义不为汉臣。然上高此四人。今公诚能无爱金玉璧帛，令太子为书，卑辞安车，因使辩士固请，宜来。来，以为客，时时从入朝，令上见之，则必异而问之。问之，上知此四人贤，则一助也。"

——《史记·留侯世家》

---

　　①此处应为吕释之，当时吕泽已逝世。《史记》记载有误。

汉八年冬，受到匈奴协助的韩王信残部在大将赵利和王黄等人的指挥下自代入寇恒山郡北部诸县。消息传至长安，刘邦不得不亲领大军北上，征讨韩王信。

其实，韩王信部主力已经在前一年于太原郡南部被击溃，故即便得到了匈奴的援助，兵力不足的韩王信也难以对边塞地区造成实质性的威胁，所以此次亲征还算顺利，汉军在刘邦的亲自指挥下很快便于恒山郡东垣县北部击溃了韩军。

待班师回朝后，刘邦又命奉春君刘敬出使匈奴，与冒顿单于议定和亲之策。和亲协议达成后，刘邦即迁猛将巨鹿郡郡守阳夏侯陈豨为赵相国，屯兵于代，并赋予其统一节度赵代边防军的权力，以防备匈奴侵扰。至此，韩王信虽然并未被擒获，但北部边防的问题仍然算得上是基本解决了。

可是，北部边防的稳定并不能代表朝中政局的平静。就在韩王信被讨平前后，长安发生了一件看似微小，却几乎直接影响了自高帝晚年至文帝初年二十余年政治斗争的重大事件——周吕侯吕泽去世。

第一章　布局内外

项羽身死，天下已定。然而，当刘邦站在草草搭建在定陶城外的高台上极目四顾时，却发现此时的天下并不安定。至少，并不像表面上那样平静。

秦人失鹿，英雄奋起，固然畅快，但持续数年惨烈的攻城夺地和诡诈的阴谋权术让始皇帝留下的政治遗产分崩离析，整个社会已经完全失序。依靠武力或许能统一天下，但颓丧的人心和崩溃的制度，绝不可能在短时间内重整起来。比如，在刘邦统治的核心区域关中，秦人的法制还能够勉强保留下来，但在丰饶的关东地区，朝廷却有鞭长莫及之感。关东各地政令素来各行其是，朝廷无法直接有效掌控其军政之权，以至于在发布诏书时，刘邦还不得不重申"有不如吾诏者，以重论之"。

诏书所谓"有不如吾诏者"，言下之意自然是关东不少郡国确实"不如吾诏"了。事实上，因为原属六国的关东之地的二十余郡被齐、楚、赵、燕、梁、韩、长沙、淮南几大强藩瓜分，朝廷的法令根本出不了汉直领的十五郡，"出现不如吾诏"的情况再正常不过。试想，如此情况之下，又岂能说什么天下太平？

如今这天下，如项羽那样能够以一己之力席卷海内的人或许没有，但欲呼啸一方、心怀不臣之心的人却绝不在少数。那些个手握军政大权且动辄领有数郡的强大藩王，岂能让人放心？作为皇帝的刘邦挟扫荡天下积累起来的巨大威望坐镇长安，彼辈或许还不敢乱动。可是，刘邦此时已过天命之年，看样子也不太可能执掌大政很长时间了。一旦刘邦崩逝，淮阴侯韩信或者燕王臧荼那样心怀不轨的枭雄可能会立即举兵西向！真到那时，这朝廷能靠谁？

要靠一起打天下的功臣们？功臣们之所以忠于朝廷，不过是利益使然！如萧何、曹参、周苛那样的赤胆忠心之士实际上是极少数。别的不说，就几年前，这些将军们便敢公然在洛阳南宫指指画画密谋举事。由此可见，若是真到刘邦不在那一日，还能对彼辈抱有幻想不成？事实上，立国治政，不能单纯指望虚无缥缈的道义和游侠习气，便能让这些桀骜不驯的功臣们归心。有利则合，无利则去，这才是人的本性！

既然如此，唯有合理布局方能维持社稷长治久安。

《荀子》上说，当年周公分封，兼制天下，立七十一国，而姬姓独居五十三人。封建亲戚以藩屏周，这是周人留下的治国之道。所以，若天下有变，身为皇帝的刘邦所能依靠的只能是刘姓宗室，这也是刘邦封立同姓的原因。可问题是，汉代和西周颇有不同。刘邦早年游侠在外，到成婚时已过而立之年。因成婚较晚，几个皇子都还年幼。几岁的孩童懂得什么治国之道？又如何能承担起拱卫汉室的重任？可见，年幼的皇子们是靠不住的。

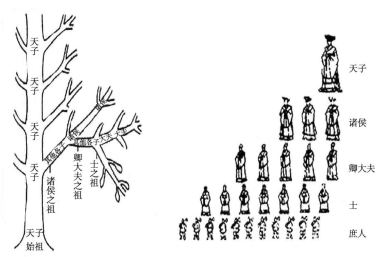

西周大宗、小宗示意图

皇子们靠不住，退一步，靠疏宗的宗室也是可行的。然而，刘邦次兄代王刘仲除了耕田外并无治国之能。几年前匈奴入寇，这刘仲身为代王不思死守藩国居然望风便弃国而遁，甚至从代国一路奔逃八百余里至洛阳才停住！治藩治国，这代王却治得如此大丢颜面，可想而知刘邦的盛怒。最后，刘邦不得不放弃对这位次兄的希望，并将其降为合阳侯以示惩戒。试想，面对匈奴小规模的骚扰都能如此狼狈，一旦天下有变，还能对刘仲这样的宗室心存幻想不成？

所以，即便项羽已经平定，刘邦也不得不打起精神，为国家的长治久安作深远的规划。汉六年正月，刘邦以护军中尉陈平之计擒楚王韩信，并以宗室中上过战场的幼弟刘交和刘贾代之；同时，封庶长子刘肥为齐王，以素来忠信沉稳的平阳侯曹参辅之。在关东齐、楚、吴三大强藩稳定下来后，汉七年至汉八年，不顾鞍马劳顿的刘邦亲率汉军先后至太原和代击溃韩王信主力，又与匈奴约为"昆弟"，暂时解决了北部边防问题。

可外部问题可以解决，朝堂内部却并不好动——那就是外戚过于强势！

吕氏外戚之所以强势，皆源自秦楚之际的战争。

秦二世元年，天下大乱的序幕因陈胜、吴广在大泽乡的一句"王侯将相，宁有种乎"而拉开。当年七月，陈吴起事于泗水郡中部的大泽乡，接着向西攻占陈郡郡治陈县。消息传出，隐匿在砀郡南部芒砀周围的刘邦在樊哙、萧何等人的接应下，北上攻占沛县，并在沛县整编义军，称沛公。

然而，刘邦出身较低，早年游侠在外名声不显，为亭长的几年中虽然结识了一些好友，但也上不得什么台面。刘邦的兄长刘伯早逝；次兄刘仲不过是个寻常的平民；幼弟刘交虽然在齐国跟着浮丘伯读过几本书，但在天下大乱之际也是百无一用。可见，丰邑刘氏既非延续百年的显赫贵族，又非势力庞大的沛县豪强，无法为刘邦的发展提供实质性帮助。所以，刘邦即便当时被推为沛县义军之首，但难免有些底气不足的尴尬。

因此，当沛县义军经过整编后，刘邦这沛公实际可以直接掌握的亲信武装只不过是樊哙、卢绾、薛欧、王吸等门客舍人和萧何、曹参、夏侯婴、周苛、周昌等沛县吏员同僚组成的心腹。可是，在成分复杂的三千沛县义军中，这类真正属于刘邦心腹的并不占绝对多数。别的不说，向来和刘邦不太对付的丰邑豪强雍齿手里便有一支不弱的队伍；被刘邦尊称为大哥的沛县豪强王陵手里也有一支独立的武装。像雍齿、王陵这样的人都是丰沛一带有名的豪杰游侠，其名望并不比刘邦低多少。彼辈虽在名义上奉刘邦为首，但军令政令向来是自行其是，从不将刘邦放在眼中。

所以，虽称沛公，但既无"兵"又无"名"的刘邦想要在强敌环绕的四战之地发展起来又岂是容易之事？而正在身边乏人之时，刘邦的妻家吕氏兄弟吕泽和吕释之带着一支队伍加入刘邦阵营中，大大扩充了刘邦的实力。

吕泽、吕释之兄弟是砀郡单父人，少年时代一直跟着父亲吕太公在单父生活，后又随父亲举家迁至沛县。当时，因吕太公的经营，吕氏家族手中有一笔不小的财产和势力。正因如此，吕泽虽然迁离单父，但却很快在丰沛地区发展起来，甚至在沛县和单父老家蓄养了一批门客。天下大乱之际，刘邦既然已经起事称沛公，那身为妻舅的吕泽自然没有袖手旁观的道理。于是，自九月份沛县整编开始，吕泽不但积极为刘邦出谋划策，而且和丰沛子弟一样带着自己的门客舍人举族加入沛县义军。

吕泽的这批门客中有不少勇武善战的猛将，如郭亭、周信、冯无择、虫达等。这样一支可以被信任的强大队伍加入沛县义军中，对刘邦来说无异于雪中送炭。

在吕泽及沛县子弟的大力支持下，刘邦发展极快。秦二世二年的年初，刘邦自沛县出兵沿泗水北上攻取胡陵、方与诸县，大破秦军。当年十一月份，刘邦在留下雍齿部留守丰邑后，冒着严寒亲率主力突袭屯于薛县和戚县境内的泗水郡守壮。在刘邦的亲自带领下，义军左司马曹无伤勇猛突阵力斩泗水郡守壮，并击溃郡兵主力，获得辉煌胜利。薛、戚大胜大大扩大了刘邦在周围的影响力，到十二月底时，北自亢父南至留县的七个县已经被刘邦所控制。待二月份天气转暖，在得到张良义军的鼎力协助后，刘邦又自留县引军攻砀，三日即克城。

砀郡南部的砀县是刘邦年轻游侠时经常去的地方，刘邦在这一带有不少故交好友。所以，攻克砀县后，刘邦立即得到了砀郡南部军民的大力支持，数日之间即征兵六千。凭借近万人马的强大实力，刘邦终于成为砀泗一带可以与项氏并称的强大武装力量。

可见，在起兵初期最艰难的那两年里，出身平民的刘邦之所以能站稳脚跟并屡屡以弱胜强，固然依靠其出色的统兵才能和坚忍不拔的强大意志，但也决不能否认以吕泽为代表的吕氏势力的大力援助。

同样，也正因为跟随刘邦频繁活跃于战场上，吕泽很快成长为一位可以独当一面的统兵大将。自秦二世二年后九月之后，吕泽带着吕氏武装追随刘邦西征灭秦，汉中建政。汉二年四月刘邦以汉王身份东征项羽时，吕泽独领本部为大军前锋，先入砀郡，并攻占重要据点下邑。四月底刘邦从彭城大败而回时，也是屯兵在下邑的吕泽顶住压力从容部署，才稳住了军心。在下邑和虞县境内稍做休整后，吕泽又率部一路护从刘邦领残部回到荥阳。此后在与项羽反复拉锯的数年中，吕泽始终坚定地站在刘邦身边，屡次在危难时刻独领一军协助刘邦平定天下。

从七年多的戎马生涯中不难看出吕泽沉稳而有谋略，是足以独当一面的统帅之才。所以，在汉六年大封功臣时，刘邦也感慨地认为吕泽能发兵佐自己"定天下"。而这个评价，无论是"连百万之军，战必胜，攻必取"的韩信还是"运筹策帷帐之中，决胜于千里之外"的张良都远远不及，可见吕泽对朝廷和刘邦这位皇帝来说分量是极重的。无论是在残酷激烈的战场上还是在波谲云诡的政治斗争中，有吕泽这样一个极具才干且又忠直无私的外戚引以为援确实是一件幸运的事。

可问题是如今天下既定，自然就不需要吕泽再去征战沙场"发兵定天下"了。而且，当刘邦殚精竭虑地为大汉长治久安谋划之时，却猛然发现吕泽的身份也颇为敏感了。要知道，外戚毕竟是外戚，并非刘氏。至高无上的绝对的权力，足以让人间一切亲情沦为笑柄。远的不说，几年前秦二世为了帝位而残杀兄弟的人伦惨事是天下皆知。父子兄弟尚且能反目成仇，何况外戚？一旦刘邦不在，谁能知道吕泽怎么想？而且凭吕泽平秦灭楚积累起来的巨大威望、雄厚资历和强大人脉，轻取天下并非难事！

功臣桀骜，宗室无能，外戚强势，这就是汉初朝堂的尴尬。

可谁知，就在汉八年刘邦亲征韩王信班师前后，周吕侯吕泽竟骤然薨逝。吕泽一死，外戚强势的局面立即被打破。要知道，吕氏虽然还有吕释之，但吕释之并无统兵之能，在平秦灭楚战争中功劳不过是奉卫吕太公和刘太公躲避战火而已。可见，无论是资历、威望，还是能力，吕释之都远不能与吕泽相比。另外，吕泽之子吕台虽然被封郦侯，但毕竟过于年幼，在朝堂上说话是没什么分量的。同时，属于吕泽部下的阳都侯丁复、东武侯郭蒙、曲成侯虫达等人大多是都尉一级的中级军官，真正执掌一军的将军很少，也难以在吕泽去世的情况下影响兵权。吕后虽然"为人刚毅"，但毕竟是妇人，不可能真正出面影响朝政。

所以，随着吕泽去世，汉初的朝堂立即出现重大变动，最直接的表现就是易储事件的爆发。

第二章　　期不奉诏

　　汉十年夏，建成未及一年的未央宫前殿中正在进行着激烈的朝会。此时，即皇帝之位已有五年的刘邦正在对跪坐在大殿之中的臣子们大发雷霆。为何？因为在事关社稷安定的大事上，群臣和他的主张并不一致。

　　此时，刘邦的生死大敌项羽已经被讨平五年；居心叵测的楚王韩信已经被剥夺兵权并贬为淮阴侯，置于长安监视；北方肆掠的匈奴在奉春君刘敬的和亲之议下也"约为昆弟"并逐渐安定下来。可见，本年天下并无大事。甚至可以说，除了五月份要为崩逝于栎阳宫的太上皇刘太公举哀外，天下太平、海内晏然，是自秦始皇崩逝以来兵荒马乱的十多年里难得的治世。可问题是，天下的平静并不代表着朝堂的平静。

　　朝堂不平静的根源是君臣在储位上的分歧。

　　刘邦已有八子，曹夫人生子齐王刘肥，吕后生子刘盈，戚夫人生子刘如意，薄夫人生子刘恒，往下则是刘友、刘恢和去年刚刚出生的刘长、刘建。八个儿子虽然不少，可是因刘邦青年时常游侠在砀郡外黄，婚配很晚，所以皇子们的年龄均不大：三子刘如意不过是个幼童，而刘如意往下甚至还有尚在襁褓之中的婴儿。

　　储君是国家的根本，为天下长治久安计，储君自然要在稍微年长的刘肥和刘盈这两个儿子中选择。齐王刘肥虽然年长，却是庶出，其母曹夫人为刘邦寒微时的情妇。这样卑贱的身份，自然是不太适合为储君的，而且也不符合"立嫡以长不以贤，立子以贵不以长"的春秋大义。反之，刘盈是嫡子，其显贵的身份自非齐王刘肥这个庶子可比。所以，除了稍微年幼外，刘盈毫无疑问是最为合适的储君。

其实，早在汉二年六月初五，刘盈便已经被立为汉王太子。自汉二年夏到汉五年平定项羽，太子刘盈便和相国萧何一起镇守关中栎阳。汉定天下后，身为皇帝的刘邦屡次领兵亲征，也正是刘盈在萧何的辅佐下监国摄政，才保证了中枢的稳定。由此可见，刘盈既有"名"又有"功"，况且已为太子八年之久，是储君的不二人选。既然如此，这储位还有什么好议论的呢？

原来，是刘如意得宠之故。这几年来，戚夫人所生的三子刘如意逐渐长大。如意聪明伶俐，深得刘邦喜爱，故几个月前，赵王张敖废为宣平侯后，即被立为赵王。要知道，赵国辖邯郸、巨鹿、恒山、河间和清河五郡，疆域辽阔，方圆七百里，治民百万，为河北大国。其国南靠河水，西依太行，北接燕幽，为形胜之地。将赵国这个河北大藩封给还是个孩童的刘如意，可见这个皇子在刘邦心中的地位确实不一般。而且，朝中甚至有不少好事者传言：吕皇后年老色衰，而色衰则爱弛，所以刘邦越来越宠爱能歌善舞的戚夫人，故欲以戚夫人子刘如意代太子刘盈。

戚夫人乃定陶人。当年，刘邦引兵于定陶击楚军，在兵荒马乱之中得到戚夫人。正值青春年少又能歌善舞的戚夫人自非已经年老色衰的吕后可比，而且在平定天下的几年里又一直陪伴在刘邦身边，所以颇得宠爱确实是实情。也正因如此，关于朝中即将易储的传言这两年里一直传得绘声绘色，由不得朝臣们不信！否则，身为皇帝的刘邦又何必时时将"如意类我"之语挂在嘴边？

"如意类我"也许确实是易储的重要原因，要不然刘邦为何将这个儿子取名"如意"呢？不过，欲以如意代刘盈还有深层次的考虑，那就是借此抑制强大的吕氏外戚。

要知道，自沛县起兵以来，吕泽领导的吕氏外戚集团便一直独成一军，不同于一般的部将。在数年的战争中，吕氏集团不但积累了巨大的威望，而且依靠这支独立的武装培养了一批颇具才干的大将。试想，一旦刘盈和吕后执政，这样权势极大的外戚会不会忠于刘氏？又或者会不会成为秦昭王时代执掌大权的楚国外戚？而这些，是谁也不敢说的。如今吕泽既死，从巩固君权角度来说，就必须要借势削弱外戚势力。而废掉刘盈的储君之位，改立背后没有什么势力的如意无疑是最好的选择。大约，这才是刘邦屡屡向朝堂公卿彻侯们暗示"如意类我"的根本原因吧！

然而，储君毕竟是国家的根本，一旦动摇就会造成社稷动荡。所以，私下说两句"如意类我"并不是什么大事，可一旦拿到朝堂上议论，那可就足以动摇国本了！因此，当刘邦在朝议上将"如意类我"旧话重提时，立即引起了轩然大波，引起公卿彻侯的激烈反对。如今，位列殿陛之间的公卿彻侯大多是跟随刘邦一起征战天下的出身草莽的平民，拔剑击柱虽然不敢，但一个个手执笏板坚决不认可。

可问题是，公卿彻侯们不是手无缚鸡之力之辈，刘邦同样不是什么生于深宫、长于妇人之手的太平皇帝。见群臣不从，一生奋斗不息的刘邦立即破口大骂："太子'仁弱'！今天下不安，如无强横之君，当有社稷倾覆之祸！你等如竖儒一般喋喋不休，尽是目光短浅之辈！"

谁知，刘邦话音刚落，早已忍无可忍的御史大夫便开口大声反驳道："臣愚以为不可！"

这个御史大夫不是别人，正是著名的沛县周昌。周昌和其从兄周苛一样出身寒微，早年是泗水卒史。秦二世元年九月，刘邦沛县起兵后大破泗水守监，声威大震。于是，周昌便随从兄周苛一道前往沛县投靠，并被用为职志。汉四年，从兄周苛战死荥阳后，周昌代为御史大夫。于是，昔日的卒史便成为今日的公卿。说起来，周昌这个人不但作战勇猛，而且为人直言敢谏，是朝中少有的谏诤之臣。若论治国理政，周昌不如萧何；论亲近无二，周昌不如卢绾；可要说直言敢谏，确实无人可比周昌。周昌能为御史大夫，不仅有刘邦顾念其从兄周苛之情，根本还是因其本人"敢直言"。

说到周昌为御史大夫，还有一件朝中人人皆知的趣事。几年前，刚刚为御史大夫的周昌入宫奏事，不知道当时怎么没谒者通报，以至于正碰到刘邦和戚夫人拥抱亲热。周昌刚刚踏入宫门便不巧见此情景，尴尬得只好掉头便跑。可谁知刘邦毫无人君的顾忌，直接上前追赶，追上之后还骑在周昌的脖子上问："我是什么样的皇帝？"尴尬不已的周昌也不顾狼狈，便拾起笏板挺直脖子昂起头道："陛下就是夏桀、商纣一样的皇帝！"

夏桀者，亡夏之暴君也。传说，当年夏桀也干过骑在人脖子上的事，故周昌拿刘邦和夏桀相比。刘邦虽读书不多，但夏桀肯定是知道的，可听了这样的评语，非但未有惩戒，对这个直言刚硬的周昌还更加敬重。

不追究这番骂人的话，自然是身为皇帝的刘邦气度恢廓，不过也可以看出周昌真的如传言一样，是个"强力敢直言"的人。可是，自叔孙通定礼后，朝廷礼仪制度逐渐完备，身为御史大夫的周昌在庄严的朝会上这样"强力敢直言"总有些不太恰当。不过话又说回来，皇帝带头在庄严肃穆的宫殿中破口大骂，也怪不得御史大夫大呼小叫了。然而，君臣如此相互指责，毫无上下尊卑之礼，这朝议又如何议得下去？于是，群臣也不议事了，只是看着周昌怎么收场。

相国萧何不想出头，留侯张良不愿说话，周昌可是毫无顾忌。只见这周昌盛怒之下目眦尽裂，开口大喊："臣口不能言，然臣期……期知其不可！陛下虽欲废太子，臣期……期不奉诏！"

原来，周昌有口吃的毛病，这话一说得急了，"期不奉诏"就变成"期期不奉诏"了。若是平常在私下，堂堂御史大夫口吃肯定是要引得同僚们发笑，但此时皇帝盛怒，公卿彻侯们却是无人敢开口大笑了。公卿彻侯们不敢笑，可一直端坐在殿陛之上紧绷着脸的皇帝刘邦却突然哈哈大笑："老周啊老周，你身为御史大夫，位列三公，封爵彻侯，是人臣的表率！这'期期不奉诏'可是丢了朝廷的威仪啊！罢了罢了，别议了，退了退了。"说罢，也不管站在大殿中的公卿彻侯，自己离开了前殿。

皇帝一走，谒者便宣示朝议结束，周昌虽感无奈也只得散了。可没想到尚未走出前殿，便被宣召往东厢。跟着谒者一踏入东厢，周昌才看到吕后早已安坐在这里等候多时了。

原来，当朝中风传易储时，吕后便坐立不安。毕竟吕氏看似强大，但随着吕泽这个可以独当一面的核心人物的英年早逝，吕氏已经无法对朝堂政治形成直接影响。以刘邦乾纲独断的性格，真要是决心易储，在缺少强大的外戚引以为援的情况下，太子刘盈的储位断难稳固。因事关太子的未来，也难怪吕后如此紧张地在东厢侧耳倾听啊！

所以，听到素来"刚毅"的吕后"若不是君侯，太子不保"这番话后，这位见惯了尔虞我诈、九死一生的"强力"之臣也难免产生兔死狐悲的感慨。

是啊！储君毕竟是国家的根本，历史上就鲜见储君不稳而社稷安定的例子。十多年前，秦人就是在储君上出了问题，才最终酿成了天下大乱之祸。可是，作为皇帝的刘邦居然对此视而不见，听而不闻，这又岂是社稷长治久安之道啊。这次朝议表面上是身为皇帝的刘邦退了一步，但问题并未从根本上解决，大约这储位还将再议。真到那时，周昌这个御史大夫还能在朝堂上向皇帝发难吗？

第三章　　留侯画策

　　因周昌期不奉诏、群臣激烈反对，刘邦最终未能完成易储。可是，将太子储位的稳定寄托于周昌这个御史大夫在朝堂上向皇帝发难，无论如何也不是长久之计。所以在送走周昌后，吕后立即召集兄弟建成侯吕释之和吕氏的心腹谋士们一起商议应对之策。

　　可问题是，吕释之和雄才大略的长兄吕泽完全不同。吕释之不过是个忠厚老实的"长者"，胸中没什么奇谋秘计。想要在这个紧要关头指望吕释之立即拿出什么章程，自然不太现实。

　　然而，形势危急，干坐枯等也不是办法。就在诸人手足无措之时，一个门客提出，何不向留侯张良问计？

　　门客的话是有道理的。留侯张良是朝中最为杰出的谋士，深谋远虑异于常人，从来都是言无不中，甚至连刘邦自己都说："夫运筹策帷帐之中，决胜于千里之外，吾不如子房。"而且，和陈平、刘敬、陆贾等人不同，朝堂上均知作为皇帝的刘邦对张良是无比的信任，甚至到了言听计从的地步。比如，当年楚汉对峙荥阳时，仅因张良一句话，刘邦便立即推翻了早已制定好的由心腹谋士郦食其所献的分封六国贵族之计。由此可见，张良在刘邦心中的地位绝不是一般谋士可比的。再如，刘邦对谋士动辄破口大骂，但对张良却从未有过一句失礼之言，开口则必称子房先生，足见对张良的敬重。

　　试想，如果能让张良这样深得主君信任又屡出奇计的谋士献出一计，刘盈的太子之位必然会立即稳固下来。即便没有什么良策，能让张良为太子在朝中说两句好话也是极为有用的。所以，问计于张良是个很好的建议。

不过，张良之计实难求得。为何？盖因在天下平定后，张良已经逐渐淡出朝野，对朝政向来不闻不问。朝中甚至传言张良这几年对辟谷和导引轻身的神仙方士之术颇为热衷，几乎已经到了不食人间烟火的境地。而且，吕泽、吕释之兄弟虽说早在沛县起事时便和张良一起共事，但一直谈不上有什么深厚的交情。所以，在这个敏感的时刻想要让一直远离朝堂的张良开口为素无交情的吕氏献计，必然是难办之极。

可是事已至此，除了问计于张良，吕后和吕释之也确实拿不出什么办法了。于是，在门客提出这个建议后，吕释之便连夜策马奔至张良府中问计。见到张良后，吕释之开门见山："君侯为陛下信用。今上欲易太子，君侯岂能高枕而卧？"

其实，一年来朝中易储之事已经传得人尽皆知，即便吕释之不说，张良也不可能不知道。可是，当这位一起奋战了十多年的老朋友发髻散乱、神色张皇地开口询问稳定太子储位之计时，却还是让张良陷入了进退两难的境地。此时，张良不得不想到这几年朝堂上的是非对错。

汉六年年初大封功臣，将军们日夜争功，甚至已经严重到坐在地上指指点点、窃窃私语准备"举大事"的地步了。当时，张良就陪伴在刘邦身边，目睹了将军们准备"举大事"的谋划。最后，等到刘邦开口询问，张良才直言相告："此谋反耳"。随后，张良又指出这是朝廷封赏不公之故，并建议立即封雍齿为侯才能安定人心。刘邦采纳张良之计，在封雍齿为什方侯（又作什邡侯）的同时立即核定诸将军功，量功封赏，很快稳定了人心。

一波未平一波又起，封赏功臣之事刚刚处理妥当，朝中又爆发迁都之争。当时，出身关东的将军们大多认可定都于河南郡治洛阳。可是，当刘敬提出当定都关中后，刘邦又犹疑不定。最后，又是张良一锤定音，直接促成了定都关中。

张良身为刘邦最为信用的谋臣，素有"运筹策帷帐之中，决胜于千里之外"之称，当然不是不知道将军们为何"相与坐沙中语"以及关中和洛阳的利弊。可是，从对这两件事的消极态度中可以看出，如果不是刘邦亲自询问，张良是不愿开口的。为何如此？自然是不愿意参与朝政之故！

要知道，这朝堂之上，上自相国萧何、御史大夫周昌、太仆夏侯婴这样的公卿，下到上党守任敖、河间守张相如这样的各地郡国守相，无一不是从砀郡和泗水就跟随刘邦起兵征战天下的"砀泗元从集团"的军功老臣。这些出自楚国的"砀泗元从集团"因军功而积累了极高的威望，且具有极强的排外性，所以无论是如护军中尉陈平那样深受信任的宠臣，还是卫尉郦商那样能征善战的将军都只得在朝堂上选择闭口不言。

张良虽为韩国贵族之后，但和陈平、郦商一样，在朝中没有可以依靠的势力。一旦得罪"砀泗元从集团"，绝不是好事。所以，即便张良见信于皇帝，但在涉及赤裸裸的权力和利益之争时，也只能小心翼翼。《诗》曰："既明且哲，以保其身，夙夜匪懈，以事一人。"这才是张良闭门数年不发一言，而去辟谷、导引的根本原因！

连迁都和谋反之事张良都已经不再过问，更何况本来就异常敏感的易储事件？稍有不慎，就是将自己架在火炉上烤！可是，如今吕释之连夜前来问计，这就是逼着张良在易储之事上表态。所以，已经两鬓斑白的张良只得在这位故友面前无可奈何地连连摆手，长叹一声："君侯啊君侯，当年陛下身处危难之际，是不得已乃用良之陋计。今天下安定，陛下宠爱幼子而欲易储，此乃骨肉至亲的家事。如良之辈既身为外臣，即便有百人又有何用？"

然而，吕释之既然身负重任而来，又岂能空手而回？于是，吕释之立即上前一步："太子之事，事关朝廷社稷！君侯还想安坐辟谷至何时？难道真欲天下大乱，社稷倾覆吗？今日君侯不为释之谋事，释之决不罢休！"

吕释之态度极为坚定，无奈的张良沉思片刻，只得缓缓开口："此事实难以口舌而争。君侯可知商山四皓？天下既定，而今上不能招致者，天下唯此四公耳！此四公年老而德高，皆因上慢而侮人，故逃匿于深山之中义不为汉臣。因今上敬重，故四公乃天下名士。今君侯诚能不惜金帛玉璧，令太子作书一封至商山，并奉安车使辩士固请，四人当可出山相助。彼时，君侯可请四公为太子宾客随从太子入朝，上必见而问之。知四公归太子，上或不会再言易储。此计，为稳定太子之位或有一二助力吧！"

汉代彩漆画《商山四皓》

张良所谓的商山四皓，乃东园公唐秉、绮里季吴实、夏黄公崔广和用里先生周术。这四人是战国时著名学者，因躲避秦楚之际的战火而隐匿于商山之中，故称"商山四皓"。几年前，刘邦曾邀四皓出仕，可四皓却因刘邦轻慢侮人而拒不出仕。结果，此事为天下所称颂。张良认为，如吕氏能请动刘邦都无法招来的四皓出山为太子宾客，必能让太子积累起巨大威望。而一旦太子有四皓相助，朝中即使要易储，也必须要顾忌天下舆论，此乃反客为主的固本之计。

听闻这番话后，吕释之大喜过望，辞别张良后立即遣使携太子书信前往商山迎四皓出山。

其实，所谓的商山四皓不过是四个手无缚鸡之力且无斩将搴旗之能的书生。凭刘邦乾纲独断的雄才伟略，四个书生真的能在事关社稷安危的朝堂大事上起到一锤定音的作用？将太子的储位寄希望于商山四皓，岂非儿戏？按刘邦的性格，如果真决意易储，即便看到四人只怕也是少不得骂一句"竖儒"。张良素来智谋高远，但此计却并不是什么妙计，实际上对稳固太子的储位也难以起到实质作用。

既然如此，张良又为何提出此计，吕释之又为何欣然接受？只怕根本原因还是在于献计的不是别人，而是张良！

要知道，张良的背后虽然没有什么势力，但毕竟是朝中第一谋士，而且素有淡泊名利，忠贞高洁之称。连这样的人都在为吕氏谋划，可见太子是多么得人心。可想而知，此事一旦传出，必然让一意孤行的刘邦慎重考虑易储对朝堂带来的不利影响。

第四章　　江邑献计

易储易储，更易储君不容易！为何？因为太子背后的支持者足以强大到让刘邦这个皇帝不敢轻举妄动。

朝议时，像周昌那样在大殿上直接开口不奉诏的虽然是少数，但上自相国萧何，下至典客薛欧、太仆夏侯婴无一不是旗帜鲜明地支持太子刘盈而反对赵王如意。这些"砀泗元从集团"之所以反对如意，固然有立长立嫡原则深入人心的影响，但究其根本还是刘盈为太子才能符合他们的利益，毕竟彼辈和吕氏集团在秦楚之际长达数年的战争中早就结成了同盟。例如，出身沛县的猛将舞阳侯樊哙的妻子就是吕后的妹妹吕嬃。试想，这种情况下，他们又岂会不支持太子刘盈而去支持在军中毫无人脉的如意？如意一旦当了皇帝，这些人又将何去何从？

无论是春秋大义还是利益使然，既然朝中公卿彻侯多支持太子刘盈，真要是执意违逆众意，很可能会造成政局的巨大动荡。为朝堂的稳定计，无论愿意还是不愿意，易储都必须从长计议。

由此看来，即便身为皇帝，依然不能为所欲为！可是，吕后素称"刚毅"且与戚夫人向来不和，一旦太子为帝，吕后为太后，戚夫人和如意又将何去何从？

传说当年颜回早死，孔子为之痛哭流涕。以孔子之贤尚且不忘人间亲情，何况出身寒微的皇帝？所以，当看到随轻风飘起的银发时，这位雄才大略却早已经步入迟暮之年的人间皇帝也不得不担忧刚满十岁的幼子如意的未来。可以预料，几年后，聪敏可爱的如意将很可能和戚夫人死于残酷的宫斗之中。如意啊如意，何时才能如意啊？于是，空旷的大殿上，老迈

16

的刘邦，拔剑起舞。凄怆苍凉，慷慨悲歌，以至泣涕数行而下。

悲歌已毕，身后却轻轻传来一句"陛下所以不乐，乃忧赵王年少而戚夫人与吕后有隙邪？陛下恐万岁之后而赵王不能自全于吕后乎？"听到这句敏感的话，刘邦立即按剑环顾，却见说话的是一个侍从在侧的小小符玺御史。

此符玺御史乃赵尧，几年前迁符玺御史，主朝中符节印玺之事。赵尧虽然年轻，但向来机智聪明，在御史府中颇有才名。所以，既然听到这赵御史一语道破，刘邦也只得长叹一声开口回答："赵王年幼，难以万全。然公卿们皆从太子，如之奈何？"

"陛下，《荀子》曰：'故正义之臣设，则朝廷不颇；谏争辅拂之人信，则君过不远。'故臣愚以为陛下宜为赵王挑选强力直言的辅弼之臣为赵相，且此赵相必为吕后、太子及群臣所敬惮方可。赵相强硬，则可护佑戚夫人和赵王于万一。"

听到这番话，刘邦微微沉思：正如赵尧所说，如能有强相辅佐，也不失为无奈之下的可用之策。可是，朝中有这样能让吕后、太子及群臣都敬畏且忌惮的强相吗？

其实，朝中的强相自然是有的，那就是几日前在朝堂上"期不奉诏"、素有"强力敢直言"之称的汾阴侯、御史大夫周昌。周昌和其从兄周苛一样，都是忠直坚贞、宁死不屈之人。周昌能在朝堂之上公然向皇帝发难，"期不奉诏"，那在涉及原则问题时自然也不会屈从于吕后和太子。这样的人如能为如意的辅弼之臣，只要不出意外是可以放心的。以沉稳忠信的平阳侯曹参为齐相，可辅佐齐王刘肥；那以强力直言的汾阴侯周昌为赵相，大概也是可以辅佐赵王如意的。所以，当听到赵尧开口称"御史大夫周昌坚忍质直，自吕后、太子及大臣皆素敬惮之。故朝中唯有御史大夫可以为赵相"后，刘邦还是颇为认同的，因为朝中确实没有人比周昌更合适为赵相了。

可问题是周昌此时是朝中的御史大夫，御史大夫是副相，事务繁杂，位高权重，不能轻易离开。熟悉政务的周昌要是为赵相，那就必须离开中枢。周昌一旦离开，朝中谁能代替他为御史大夫呢？不过，看着跪坐在下的符玺御史赵尧，刘邦沉思片刻后终于点头称善，然后开口笑曰："赵御史，我听说数月前方与公和御史大夫曾有过一番戏言？"

实际上，这里说的却是一件朝中不少人都知道的趣事。数月之前，御史大夫周昌好友方与公曾拜会周昌。这方与公和周昌闲聊谈及御史大夫手下吏员时曾断言："我观君侯之符玺御史赵尧年虽少，但却是个奇才。我看，他不久便会坐上君侯这御史大夫之位啊！"可问题是，银印青绶的御史大夫为三公之一，一般都是从极有能力的列卿中迁任。赵尧这个符玺御史虽说执掌符玺，但说到底也不过只是个刀笔小吏而已，怎么可能如方与公所说的那样骤迁至御史大夫呢？因此，周昌当时便连连摆手，认为方与公言过其实了。

如今，身为皇帝的刘邦主动提及这件趣事，自然是欲超迁赵尧为御史大夫而代周昌。可是，以周昌这个御史大夫为赵相，则是将周昌外迁，而将开国功臣无故外迁是不合适的。于是，在赵尧推荐周昌后，刘邦急召周昌入宫，当面解释此事。

可是，正如所料，一听到将要前往赵国为赵相时，哀伤悲戚之感还是立即涌上了这位被皇帝看重的御史大夫的心头。要知道，周昌十多年前和从兄周苛一起从沛县起事，跟在刘邦身边戎马半生。从汉二年起，周昌以内史死守敖仓两年，期间经历大小几十战，九死一生。可谁知当敖仓大营解围后，得到的却是从兄周苛被烹死于荥阳的噩耗。然而，战事紧急，容不得悲戚。埋葬从兄后，周昌即接过从兄御史大夫之职，追随刘邦东出荥阳，平定天下。

可是，如今他周昌代从兄为御史大夫不过五年，就因为在朝堂上"期不奉诏"将要被外放到藩国，情何以堪？于是，这位向以"强力敢直言"而称的老臣手持笏板趴在地上泣曰："臣与从兄初起即从陛下，十年生死不离。九死一生，从兄死事。如今陛下为何中道而弃臣于诸侯乎？"

看着这位跟随自己征战半辈子的忠贞老臣哀伤哭泣，刘邦也颇感伤怀："当年我们与项羽在荥阳苦战，你以内史苦守敖仓两年，你从兄周苛也和纵公一起死守荥阳。我们虽然苦战而击退项羽，可是你从兄周苛最后却死于荥阳。当护军中尉告诉我周苛战死的消息时，我也是不胜悲戚啊！如今朝中公卿彻侯，如君兄弟二人追随我且兄长死事的，只有郦食其和郦商了。按道理，我也应该像郦商那样将你留在朝中，时时陪在我身边。可是你也知道，朝中易储之事闹得沸沸扬扬，我实在是担心如意啊！左思右想，也只有麻烦你。满朝公卿也只有你为赵相，我才能放心！你能明白吗？"

君臣言尽于此，也不必多说了。于是，周昌解下御史大夫的银印，恭恭敬敬地放在地上，然后向刘邦行跪拜之礼。礼毕，周昌缓缓站起来，退出大殿。

随着君臣之间这番对话的结束，这位"强力敢直言"的御史大夫即将离开长安前往赵国邯郸主持赵国军政。并且，周昌终生再也没有回到御史大夫任上。可是，这位御史大夫能不能护佑年幼的赵王如意，那也只有天知道了。

第四章　江邑献计

第五章　　赵相治国

方圆七百里的赵国为北方大藩，领邯郸、恒山、清河、河间（清河、河间疑由原巨鹿郡析置）和巨鹿五大支郡，治民百万。而且，赵国东靠大海，西接太行而与太原、魏郡接壤，北依恒山而连代国代郡，东北连燕国心腹之地广阳，可谓被山带河，为形胜之地。

所以，在汉九年年初，朝廷即以贯高案废赵王张敖为宣平侯，并将赵国收归同姓。这样，刘氏亲藩的赵国便和卢绾的燕国一起构成了整个河北地区的重要藩国，承担了保证河北稳定的重任。可是，因赵王如意年幼而被留在朝中，治理这七百里大国的重任事实上就全部压在了新任赵相周昌的肩上。

按朝廷制度，赵相之下设有治理民政的赵内史和主持军政的赵中尉，身为赵相的周昌不用事必躬亲。可是，赵国北部的恒山郡与代国的代郡相邻，是直面匈奴的前线，边防压力不小，周昌不能不事事亲为，小心应对。

目前，韩王信的残部在匈奴的协助下还游荡在草原上。匈奴和韩王信部都是机动能力强大的骑兵，一旦突破代郡，便会在短短数日内冲进赵国恒山郡。别的不说，就在汉八年，韩王信部便长途奔袭至赵国恒山郡郡治东垣城下，最后还是依靠刘邦亲征，才顺利击退了叛军。凡此种种，均可看出赵国北部的边防并不稳定。

除了边防压力外，社会的安定和经济的恢复也是千头万绪。要知道，秦楚之际，秦军和项羽指挥的几十万反秦联军屯兵于赵国境内反复拉锯，以致生民离散；汉三年韩信击赵，赵军死于战场达二十万。在这样惨烈的战乱之下，赵国诸郡早已是残破不堪。雄伟壮丽的邯郸城已是一片残垣断壁；富庶的清河已被夷为平地；恒山郡北部的大县曲逆几成鬼域。

孟子曰："民为贵，社稷次之，君为轻。是故得乎丘民而为天子，得乎天子为诸侯，得乎诸侯为大夫。诸侯危社稷，则变置。"正如孟子之言，如此残破的社会经济如果不能尽快恢复，很可能会导致民变，甚至会重蹈秦人二世而失天下的覆辙。所以，早在汉五年时，朝廷便发布诏书昭告天下曰："战乱不休，黎民离散，故百姓相聚安守于深山大泽中躲避战乱而未登记入户籍。如今天下既定，百姓可以各自返回县邑故里，并恢复原有之爵位田宅；百姓以饥饿自卖为奴婢者，亦皆免为庶人。各级官吏应贯彻朝廷诏书精神对百姓进行教诲，依据朝廷律令处理纠纷，不得鞭笞侮辱。"

朝廷治理天下如此，那么周昌治理外敌窥视、内乱未弥的赵国更是如此。所以，刚刚来到赵国的周昌也顾不得鞍马劳顿，不得不收起对皇帝的"腹诽"之念而专心治政。

可谁知，就在周昌为赵国的稳定而殚精竭虑地谋划时，邯郸城却数日不得安宁。八月初的两天里，经过邯郸的车马居然达千乘之多，以至邯郸城内馆舍皆满。虽说邯郸城是邯郸广阳道上的重要城市，素来车马川流不息，可是如此规模的车马随从，甚至已经远远超过皇帝，这当然不是正常的商旅往来。及至派人探查，周昌才搞清楚真相——原来是赵相陈豨的宾客随从。

其实，对周昌来说，陈豨也是知根知底的熟人。作为朝野皆知的猛将，东郡宛朐陈豨的经历颇具传奇色彩。

秦二世二年年初，关东反秦之风风起云涌，时为特将的陈豨带着中涓靳歙等五百人于故乡宛朐县起兵抗秦。宛朐是东郡西南部的大县，其城池筑于济水北岸。宛朐下游七十里即天下之都会定陶，再往东八十里便是楚魏等军频繁活动的砀郡昌邑和薛郡亢父。所以，占据宛朐可以在极短的时间内与分布在东郡南部的薛郡、砀郡境内的反秦军联络。

可问题是在陈豨起兵时，东郡全郡的形势已经不容乐观：当时，秦军主力在秦军名将章邯的指挥下趁击溃张楚之势，大破数万齐魏联军于东郡西部的临济。此战中，秦军阵斩齐王田儋，擒杀魏军名将周市，逼降魏王魏咎，获得空前大胜，一时士气如虹。而原本声势浩大的数万反秦联军最后只剩下田儋之弟田荣领齐军残部退守东阿，彭越领巨野义军潜伏在昌邑一带苟延残喘。在这种不利情况下，势力弱小的陈豨也只得刚刚起兵便龟缩在宛朐一带潜伏待机。

正在彷徨不定之时，薛县会议结束，楚国庙堂做出出兵救齐的决策：楚军主力在楚军名将武信君项梁的指挥下进逼东阿救齐，楚军偏师则在项羽、刘邦的指挥下西攻濮阳，阻击秦军补给线。而当刘邦指挥的楚军偏师运动到宛朐一带时，深感秦军势大难敌的陈豨审时度势，带着部下的宛朐义军立即加入楚军中以共同抗秦。初步整编后，陈豨受刘邦之命独自领兵从宛朐向西攻击前进。陈豨不负重托，仅数日之间即攻取砀郡北部的济阳县，为拦截陈留和阳武一带的由秦三川守李由指挥的三川郡兵创造了条件。

然而随后不久，项梁在定陶大败于章邯，楚军主力兵团损失惨重，以至本来大好的形势急转直下。于是，刚刚站稳脚跟的陈豨又不得不放弃济阳等地，随刘邦领军退至彭城。

几个月后的秦二世二年后九月，经过休整的陈豨又随刘邦出兵西征。在西征的征途上，陈豨奋勇作战，屡破秦军，至灞上时积军功而封侯。汉五年朝廷出兵征讨燕王臧荼，陈豨便以游击将军独领一军平定代郡，积功封阳夏侯。

从几年的戎马生涯中不难看出，陈豨和只会"每战先登"的出身"砀泗元从集团"的樊哙之辈的成长经历还是颇为不同的，其人不但知兵敢战，而且是汉军中少有的颇通兵略并且可以独当一面的大将。另外，陈豨又不像淮阴侯韩信那样桀骜不驯，势大难制，所以即便陈豨并非"砀泗元从集团"，但朝廷对其也是颇为信用。

平城之战后，朝廷为保证北部边郡能在韩王信的侵扰下保持稳定，迁了几个猛将出镇大郡。当时，除素来善守的任敖被外放至上党为上党守、作战勇猛的张相如被外放至河间为河间守外，陈豨也被迁至巨鹿郡为巨鹿守。

陈豨在巨鹿守的任上不过一年便被再度赋予重任。汉八年年初时，因原代相、北平侯张苍被迁入长安为计相，以致代国缺少猛将坐镇。可是因韩王信入寇，匈奴虎视眈眈，代国边防又颇为吃紧，不能空着。于是，朝廷便迁刚为巨鹿守一年的陈豨为赵相国，至代国代县全面掌管代国边防工作。而且，为了保证代国防线的稳定，朝廷甚至命陈豨"以赵相国将监赵、代边兵，边兵皆属焉"，赋予其节度数十万赵、代边郡郡兵的权力。

为异姓大将出镇一方，且手握数万精锐，除了淮阴侯韩信，朝中实在找不出第二个人有此殊荣，由此可见朝廷对陈豨的信用程度。

然而，看似完美的阳夏侯陈豨身上倒也不是没有毛病。陈豨少年时代仰慕魏公子信陵君，所以一直想仿效其养士。如今既贵为彻侯，身为统兵大将，自然也有这个条件了。所以，这两年里陈豨蓄养的门客、舍人的规模越来越大，竟达数千人之多！正因如此，陈豨此次告归回代国任上经过赵国邯郸时，才会出现"随之者千余乘，邯郸官舍皆满"的情况。

蓄养门客本是战国遗风，并不是什么稀奇的事。而且，因朝廷无为，天下的养士和游侠之风更是愈来愈浓。不说陈豨，便是在长安坐而论道的朝中公卿彻侯们也没有几个不蓄养门客的。比如，低调做人的萧何萧相国府中就有不少门客，素来忠厚的滕公夏侯婴同样有门客若干，甚至早已革为淮阴侯在长安闭门不出的韩信也有不少门客。本来嘛！刘邦也是游侠出身，蓄养门客也并不违背朝廷法令，为何不可？

但问题是天下既平，这种看似正常的行为终究不能见容于社稷安定的原则。要知道，这些投靠主君的宾客多是一些仗剑游侠、不事生产的亡命不法之辈。有道是"其行必果，已诺必诚，不爱其躯"，这些亡命的游侠所奉行的原则是快意恩仇，而不是朝廷的法度。彼辈一旦在地方上依靠强权而一呼百应，则必然严重威胁朝廷统治的权威，所以《韩非子·五蠹》上就说："儒以文乱法，侠以武犯禁。"因此，基于稳定统治的考虑，朝廷即便默认，但对养士做法也绝不是鼓励的。

赵相周昌为御史大夫数年，熟悉朝廷各项律令，自然深知朝廷对游侠养士之风的态度，也肯定知道此事不加监管会带来严重的后果。而且，陈豨和一般的权贵还不同。要知道，周昌这个赵相，仅仅只是主持赵国政务的。可是，陈豨这个赵相不是在赵国，而是在代国主持代国工作，而且是全面主持边防工作。试想，一旦陈豨以蓄养的门客为爪牙控制住数万骁勇善战的赵代边军，并联合韩王信和匈奴，起大兵直入邯郸，那么整个河北将不复为朝廷所有。到时，必然天下震动！所以，周昌既为代天牧民的二千石赵相，在朝中因易储而动荡不安的情况下，于邯郸亲眼看见陈豨这样门客云集，浩浩荡荡且搞得整个邯郸城沸沸扬扬，又岂可视而不见？

未雨绸缪自是上策！故素来谨慎的周昌在陈豨离开邯郸后立即决定亲自至长安入陛，将此事向朝廷汇报。至八月末，周昌又和朝廷派往代国的御史缇骑一起回到了邯郸。在周昌的协助下，朝廷的御史缇骑连续多日在代国稽查陈豨宾客的不法之事。

可是，这些大权在握、执掌一国的权臣大将有几个是经得住稽查的？于是，不法之事是越查越多，并频繁牵连到陈豨。

第六章　　兵起北国

自八月中至八月末，朝廷御史缇骑不断，搅得整个赵代一刻不得安宁。随着所谓的不法之事越来越多，久掌兵权的赵相国陈豨也越来越紧张。

同为赵相，陈豨对在战场上打了十年交道的同僚周昌极为了解的。要知道，周昌和其从兄周苛是朝中有名的"强力敢直言"，性格极其顽固。而且，赵相周昌为朝廷御史大夫数年之久，"受公卿奏事，举劾按章"，被朝廷引为得力爪牙，绝不是善类。试想，这样的人协助御史稽查，即便是陈豨没有不法，只怕也会被掘地三尺查出"不法"来。而在绝对的权力和利益面前，安坐长乐宫的那位至高无上的皇帝对执掌地方实权的权臣大将又是向来不信任，否则楚王韩信为何因区区一个"擅发兵"的罪名便被废为淮阴侯，圈禁在长安养老等死？所以，一旦持续查下去，将众口铄金、百口莫辩。真到那时，很可能是身死族灭的下场。

因此，随着时间的不断推移，执掌赵代大权的陈豨也越来越感到恐惧，原本尚算炎热的北国仲夏也越来越阴冷。《诗》曰："迨天之未阴雨，彻彼桑土，绸缪牖户！"值此祸福难料之际，自当未雨绸缪！为身后万全而计，陈豨也不得不早做打算。

于是，自八月中以来，陈豨逐渐安插亲信至军中，以加强对军队的控制，加紧备战。可即便如此，也无法让陈豨放心，因为无视强弱和寡众悬殊而以代郡一隅之地对抗朝廷本身就极不明智。因此，在整军备战的同时，陈豨又数次遣使至草原秘见韩王信部大将王黄和曼丘臣，希望能达成联合。

韩王信的主力是从颍川带到代国的数万精锐和就藩代国后临时征召的数万步骑。韩王信本人材武敢战，是一员勇将，所以由这两部组成的韩军本部有一定战斗力。在汉七年的铜鞮之战大败后，已经溃退至草原的韩军依靠匈奴的支持，仍然保存了一部可战之兵。此时，韩王信部大将王黄、曼丘臣便指挥一部精锐骑兵，屯于代北的草原上。所以，薄弱的代军如果能引韩王信甚至匈奴为臂助，甚至让其直接出兵，那可能会让朝廷有所忌惮。

说起来也是有趣，陈豨以赵相"将监赵、代边兵"，其作战对象本身就是韩王信，可如今却要和打得你死我活的对手联合"共谋大事"，实在是令人哭笑不得。

然而，这些所谓的"万全之策"真的能万全？要知道，韩王信素来有"材武"之称，其部也是久经战阵的精兵，可在铜鞮和汉军决战时却一战而没。由此可见，朝廷南北军的战斗力极为强大，皇帝刘邦也不是不知兵的庸才。在韩王信全盛时尚且不及汉军，何况此时呢？寄希望于韩王信，大约也是靠不住的。然而，朝廷督查甚严，形势一日比一日危急，联合韩王信虽然是下策，但也是深通兵略的陈豨别无良策之下的无奈选择了。

谁知，就在陈豨不断遣使至草原往来时，朝廷的使者却在初秋时突然至代县宣诏。使者带来了皇帝的意思：太上皇崩逝，各地藩臣都必须于九月末至长安为太上皇送葬。

诏书传至，陈豨大恐：是非之际，这长安是肯定去不得的。要是真去了长安，那就不是给太上皇送葬，而是送他陈豨自己的葬了。于是，陈豨只得称病不往。可问题是如今安坐在长乐宫的皇帝并非无知小儿，称病这种小把戏岂能瞒得过去？平时不病，一召便"病甚"，天下岂有如此巧合之事？况且朝廷以孝治天下，太上皇是天下的君父，陈豨既为人臣，即使有病也必须带病奉诏奔驰，岂有人臣因病而拒不奉诏的道理？

陈豨本人并非庸才，当然知道这个借口不过是缓兵之计而已。等到九月初，在朝廷使者离开代县后，深感走投无路的陈豨便立即自立为代王，联合王黄举兵"行大事"。一旦举兵则是退无可退，又岂能不慎！

此时，陈豨所能稳定控制的唯有一个代郡，即便联合了韩王信，也不过加上云中、雁门和上谷这几个郡的北部诸县而已。这几个郡人口较少，远不及中原的大郡，即便全面动员也不过得兵数万而已。且不谈本就民少地贫的代郡根本难以支撑起规模庞大的军队开支，即便数万代军再精锐、再能打，又岂能击溃朝廷的倾国之兵，一战而平天下？

　　而且，代郡周围的形势不容乐观。要知道，代郡的东部是燕国支郡上谷和广阳。此时，执掌燕国的是当年以二万步骑阻截项羽后方的朝廷亲信之臣卢绾。代郡南部则是赵国之恒山郡，而执掌赵国大政的赵相周昌也有知兵之名，以贫瘠的代郡一郡之兵而力抗强敌四顾的周围诸郡国极为艰难，甚至是不现实的。按《孙子兵法》上"用兵之法，十则围之，五则攻之，倍则分之，敌则能战之，少则能逃之，不若则能避之"的用兵之法，处于绝对劣势的陈豨自始至终都处于被动局面。

　　不过话又说回来，《孙子兵法》说"凡战者，以正合，以奇胜。故善出奇者，无穷如天地，不竭如江海。"所以，唯有依靠代军强大的机动能力在朝廷尚未准备妥当之前直驱邯郸方为上策。兵贵神速，只需在朝廷反应不及时击溃周昌的赵军，拿下邯郸，那么整个河北便不复为汉朝廷所有。唯有如此，才能扳回劣势，拿到一个进可攻退可守的位置。算起来，这也是唯一的可用之策了。否则，在自立代王举兵起事后还坐等朝廷大军云集，那将死无葬身之地。

　　于是，经过缜密谋划，陈豨随即遣使命大将王黄从雁门北部南下雁门、太原，配合代军偏师阻截关中汉军。同时，请匈奴左贤王部入寇燕国渔阳、上谷，以牵制卢绾的燕军。确保两翼无虞后，陈豨即在短短数日之内悉数集结代郡数万步骑，从代郡南下。

　　唯有"快"，才是制胜之道！

　　随着数万步骑冲出代南山地，整个赵代地区立即烽火急传。骁勇善战的代军步骑进军神速，几乎以日克一县的速度向南推进。在代军强大而果决的攻势下，仓促迎战的恒山郡郡兵损失惨重，赵国恒山郡北部的灵寿、曲逆、曲阳、唐县、卢奴等大县悉数陷落。

　　按理说，赵军并非不知兵戈为何物的弱旅。当年韩信在赵国主持工作，征赵军击齐。结果，以刚刚整编不久的赵军为主力的韩信军于高密一战而击溃楚军悍将龙且的二十万齐楚联军。可见，赵军战力颇强。而且，防守赵国北部的恒山郡兵常与匈奴游骑交战，郡尉以下的中级军官作战经验也相当丰富。所以，即便浪战有所不及，守总能守得住吧！可是，谁又能想到，恒山郡郡兵在接下来的半个月里，在代军狂风暴雨的打击下居然未有一胜。攻攻不了，守也守不住。不过短短一个月，数万装备精良的恒山郡郡兵几乎被打得全军覆没，恒山郡二十五县已失二十县！代军的前锋甚至已经打到柏人县城下，距邯郸不过一百余里。

除了恒山郡，清河、河间、邯郸都在平原上，根本无险可守。恒山郡一旦失守，邯郸必然不保。若邯郸一失，整个河北战局将全面崩溃，洛阳也将直接暴露在代军的兵锋之下。

所以，在接到恒山郡战事不利的消息时，身为赵相的周昌心急如焚。可是，在赵军大败的不利局势下，代军士气如虹，兵锋正锐。此时，以疲军击胜兵是极不明智的。所以，除了在赵国全面动员和立即急令河间守张相如等大将积极备战外，周昌确实也毫无办法。

有道是"无援不守"，按照战局的发展，如果赵军得不到朝廷或者周边郡国的增援，即便守也守不住。可是，朝廷大军从动员到集结，再机动到赵国战场，少说一个月。熟知兵略的伪代王陈豨自然深知兵贵神速的道理，又岂会给他周昌这个赵相一个月的时间？为今之计，也只能寄希望于和赵国接壤的太原郡或者是卢绾的燕国能出兵配合赵军了。即便不能配合，能稍微牵制一下代军，缓解赵国的一些压力也是好的。

然而，当周昌在邯郸苦等援军时，却并不知道燕国在代军偏师和匈奴骑兵的进攻下早已心惊胆战。就在数日前，代军偏师东出代谷攻至上谷郡郡治沮阳。而配合代军行动的匈奴骑兵则在代军悍将綦毋卬、尹潘的带领下两日奔驰三百余里，趁燕军不备一战而克右北平郡无终县。此时，卢绾的燕军主力数万步骑已经被东北两个方向的代军围困在涿县数日之久，只怕卢绾此时还在等着周昌的增援，又岂能分兵援助周昌？

至于西线的太原郡，同样指望不上。在代军的凶猛攻势下，云中、雁门共二十九县不过一个月即全部失陷。此时，西线代军和韩王信部骑兵在代军大将乘马絺和宋最的指挥下已经越过勾注山攻至太原郡境内，甚至上党郡郡治长子已经被韩王信部所围。整个西线，除了死守在上党郡的任敖还在苦苦支撑外，雁门、太原、云中三郡基本已经全部沦陷。

所以整个九月份，在代军凌厉的攻势下，从太原到燕国长达八百余里的战线上，朝廷全线陷入被动。

第七章　　据守邯郸

河北战报送至长安时，赵国已失二郡。赵都邯郸虽还在朝廷手中，但已经直接暴露在代军的兵锋之下。此时，赵相周昌正在邯郸依靠坚城苦苦支撑。可代军兵锋正锐，邯郸危在旦夕。

羽檄疾驰，形势越来越危急，朝廷大军北上讨伐已经刻不容缓。可是，陈豨是有勇有谋的猛将，绝非等闲之辈，如今朝中可以独当一面对抗陈豨的将领屈指可数。齐相曹参早已在齐国主政，不在朝中掌兵；淮阴侯韩信称病不朝，调也调不动，且贸然授兵也不放心；樊哙、周勃之辈勇则有余，智则不足，无法独当一面。数来数去，刘邦不得不放弃在朝中闹得沸沸扬扬的易储之事，以老朽之躯跨上战马，亲自将兵征讨。

可是，欲击退代军全盛之军，稳定赵国形势，仅靠以目前屯驻在长安的北军是完全不够的，必须紧急征召郡国兵。因此在九月初，朝廷即发羽檄征关中郡兵。因代军势大，朝廷的檄书甚至被远发至梁国，征召梁王彭越的梁国车骑北上参战。可问题是，大军动员、集结、行军都需要时间。即便不谈意外情况，从长安至赵国邯郸前线按正常的速度至少也要一个月。可是，邯郸无论如何都不可能撑过一个月。

用兵之道，"其疾如风，其徐如林，侵掠如火，不动如山"。既然兵贵神速，那就不能坐等！于是，在大军全部集结完毕前，刘邦便决定冒着兵力不足的风险，亲领北军一部从长安先行出发。

"陈豨，尝为吾使；代地，吾所急也。故封陈豨为列侯，以相国守代。简拔寒微，我待其不可谓不信！今陈豨与王黄等劫掠代地，实乃无信之徒！然代地吏民不从者皆非有罪，其赦代吏民。"在秋高气爽的九月中，赦免代郡吏民的诏书也同时发布。

随着诏书的发布，披甲执械的万余北军也从函谷出关。东行三百里后，大军至河南郡郡治洛阳休整。经过短暂休整，汉军从洛阳北上平阴津渡河至河内郡郡治怀县，然后沿修武、朝歌、荡阴诸县进入魏郡。过了魏郡郡治邺县和北部的梁期县，便是赵国邯郸地界了。按正常的行军速度，这一路七八百里，没有一个月是不行的。可是救兵如救火，心急如焚的刘邦不顾鞍马劳顿，领军日夜兼程，在当月就进入邯郸城内。抵达当天，刘邦即召集周昌等赵国诸臣商议军情。

邯郸之名初见于《春秋谷梁传》。卫献公弟姬专逃到晋国，"织绚邯郸，终身不言卫"。《左氏春秋·哀公四年》（前491年）有"九月赵鞅围邯郸，冬十一月邯郸降"的记载。邯郸城初属卫，后归晋，最后归赵。前386年，赵敬侯迁都邯郸，始建王城于此。图为今河北邯郸市赵邯郸故城。

在见到周昌后，刘邦大致了解到赵国周围的具体情况：因代军攻势极强，邯郸城外几乎已经完全被代军所控制，唯有邯郸郡西部的上党郡和东部的河间郡尚能勉强联系。

前几日，西线的代军偏师前锋已经向上党郡郡治长子发动进攻。不过，对守备长子的老部下上党守任敖的能力，周昌还是颇为信任的。当年，任敖以客从起沛县，在前敌环顾的不利环境下死守丰邑长达两年之久，可见其能。汉三年以来，任敖一直在周昌手下工作，直到前两年才被外放至上党郡为郡守。此时，聚集在上党的是代军一部和韩王信大将王黄部，而且是偏师的前锋。因此，以任敖沉稳能守的能力，又是依靠上党这个大郡，不说出兵收复全郡，短期内守住郡治长子应该还是可以的。

相对于上党，位于赵国东部的河间郡，形势严峻得多。河间郡是从原巨鹿郡析出来的新郡，领弓高、武隧等十余县，方圆不过百里，郡治乐成也不是坚城，而且坐落在无险可守的赵国平原上。想要在如此不利的态势下顶住凶猛的代军骑士，何其艰难！河间守张相如虽勇猛敢战，但拼死奋战数日，也不过仅仅保证郡治乐成不失而已。至于乐成外围的其他县，唯有听之任之。至于出城与代军交战或者配合邯郸的赵军主力，根本不可能。

当然，河间的形势虽然不容乐观，但至少还打得有模有样。在整个赵国局势一片混乱的情况下，张相如的表现已经算是难能可贵。所以，当刘邦开口询问其他郡县情况时，周昌便愤然请罪，然后破口大骂："任上党能守，张河间敢战，可是恒山郡竟一触即溃！恒山二十五县，不过一月已失二十，此乃守尉玩忽职守！请斩守尉，以震慑军心。"

也难怪周昌愤怒！想他周昌自起兵以来，跟随刘邦征战天下，从来都是无往而不利，即便对阵项羽的楚军，在苦守敖仓两年后依然取得了胜利。然而，恒山郡上下毫无战心，居然一溃千里，一个月内竟然被陈豨如摧枯拉朽一般扫荡二十城！这仗打得几乎超出了有丰富作战经验的周昌所能理解的范围。这要说不是军无战心，谁信？

可是，当问明恒山战况并得知守尉并非谋反后，刘邦还是决定予以赦免，不再追究，并耐心解释："我已经赦免了代郡吏民，擅杀吏民非诏书之意。且恒山郡守尉并非有意失地，而是实力不足，力战失城，故无罪也。赵相就不要追究了！"

正如刘邦所说，此时的河北战场已经一片糜烂，所以目前最重要的事还是好好谋划如何打好这一仗，至少好好考虑如何守住邯郸。如今，兵锋正锐的代军已经兵临邯郸城下，邯郸城内已经是人心浮动。此时，如果无视严峻的形势而去追究责任，必然搞得人人自危、人心离散，到时邯郸孤城怎么守？

可问题是即便赦免守尉，安定了人心，这场即将到来的邯郸之战也不好打。为何？盖因仓促出兵，刘邦手里能够动用的仅有区区万余北军。且不谈这区区万余的北军兵力不足，无法扭转战局，就是北军再能打，在短短十余日长驱七百余里，也早就成为一支疲敝之师。岂能贸然以疲兵击陈豨之胜兵？

北军急需休整，此时所能依靠的只有周昌指挥的赵军残部。于是，刘邦急令周昌紧急动员赵军。然而，当见到周昌所推荐的四个赵军将领后，刘邦和周昌一样是大失所望：这四人战战兢兢，毫无战心，面对如此局势口不能言，提不出任何可用之策。真不知，为将五德，智信仁勇严，这四人到底能占几个！用这样的将军，又岂能打胜仗？其实，刘邦早该想到，若不是赵将远不如陈豨，赵军又远不如代军，河北战事又岂会糜烂到这个地步？在代军强大而凌厉的攻势下，赵军几乎已经成为惊弓之鸟。这样军心已丧的将军和士卒，当然指望不上。

所以，熟知兵阵却又对赵军无可奈何的刘邦只得强忍胸中一股愤懑之气破口大骂："竖子能为将乎？"可是，骂归骂，问题还是要解决。大骂之后，刘邦还是将四人拜为大将，并各封千户，让他们安心出去守城。

然而，大骂之后还予以重赏，这个做法却不能让随从在刘邦身边的包括周昌在内的部将理解。要知道，当年跟随刘邦汉中建政，征讨楚军的元勋中，还有不少人尚无尺寸之封。别的不说，如今坚守在河间的河间守张相如也是在战场上拼杀多年的元从老臣了，可至今也不过是个区区二千石的郡守而已，连个关内侯都没捞到。如今，刘邦将这四个无尺寸之功的赵将封千户，是否有赏罚不公之嫌？

面对部将的疑问，刘邦长叹一声开口解释："你们不明白！我不是不知道赵将不堪大用。可如今赵代局势糜烂，欲平陈豨只能集天下之兵。羽檄虽已早发，但郡国兵集结尚需时日。如今，我军所能依靠的，唯有邯郸赵军。如此，为何吝啬四千户而不以其抚慰赵国子弟，好让彼辈安心守城？"

虽说是"香饵之下，必有悬鱼，重赏之下，必有死士"，可靠重赏之下的赵军死守邯郸真的可靠吗？堂堂之阵才是用兵正理啊！在绝对的实力面前，这种上不得台面的鄙陋之谋实在难堪大用。因此，这也是刘邦无可奈何的选择。可谁知，就在刘邦和诸将们为迎接即将到来的惨烈战斗而殚精竭虑、不断谋划时，军情转变的急报却突然传至邯郸：除一部偏师深入邯郸北部之外，陈豨的代军主力退至恒山郡郡治东垣屯守，未有南下迹象。

听到这个消息，刘邦沉默良久，然后突然仰天大笑："陈豨不南据漳水，北守邯郸，看来不会有所作为！"

作战经验极为丰富且通晓兵略的刘邦深知自恒山郡向南一直到黄河边

的七百里赵国是一马平川的平原，在兵法上看是不利于防守的。因此，在邯郸城南八十里的漳水便成了除了恒山郡北部的山地外整个河北所能依靠的唯一的地利。

漳水源出上党北部太行山脉，自北向南流经邯郸郡，并在魏郡邺县附近折而向北，于巨鹿郡南皮南部注入黄河。其自源至黄河长达七百里，几乎贯穿了整个赵国。所以，代军如想控制整个赵国，则必须攻克邯郸。而陈豨一旦控制邯郸，则可依靠南部的漳水布置防线，将朝廷大军限制在黄河以北到漳水以南的东西三百里、南北二百里的狭窄区域内。到时候，朝廷大军即便有强大的兵力优势，也要面临无法发挥的尴尬局面。当年，反秦联军在项羽的指挥下，正是将章邯的秦军压制在漳水以南，最终才艰难地取得了战争的胜利。

反之，如今代军不试图一鼓作气拿下邯郸，而是逡巡不敢进，甚至舍弃大好形势而北退恒山郡，这不是舍本逐末吗！所以，其攻势此时虽强，但势必不能持久。

陈豨也算知兵能战之人，却在兵锋正锐之时做出如此目光短浅、不明大势的部署，又岂能不令人发笑？

第八章　　东西并进

汉十一年十一月，地处北国的赵国诸郡普降冬雨，原本只有一丝凉意的北国气温骤降。冬日的严寒让大军行动颇为不便，所以自九月份以来一直激烈的赵国战场便随着冬雨逐渐进入平静期。

然而，此时济水南岸的济南郡历城渡口西部正有一支规模万余的步骑向东而来。济水滔滔，湍急的河水声掩盖了战马偶尔发出的嘶鸣声。通过凛冽的寒风刮起的战旗旗号，不难看出这支步骑并非赵军亦非朝廷直领的汉军，而是来自齐国的齐军。

指挥这支齐军的正是平阳侯齐相曹参。

曹参，为天下第一名将。历数曹参之功：凡下二国，县一百二十二；得王二人，相三人，将军六人，大莫敖、郡守、司马、侯、御史各一人，故以八千户为军功第一。然而，这威震天下的大将却已经多年不曾跨上战马。

汉六年正月，刘邦庶长子刘肥就藩齐国。于是，曹参便以统兵征战的大将转为齐相。至今，曹参为齐相已五年矣！因齐王刘肥年轻，又无治国之能，所以齐国七郡的大政几乎全部操控于曹参一人之手。当年，陆贾说"居马上得之，宁可以马上治之乎？"所以，为了辅佐好齐王刘肥治国理政，身为齐相的曹参也不得不学习治国之道。然而，对仅做过刀笔吏的曹参来说，这并不是一件容易的事。最后，幸赖胶西盖公相助，齐国才于数年内清晏安集。

汉十年九月陈豨起兵于代，安享了五年太平的曹参终于接到久违的朝廷征齐军参战的羽檄。

所谓檄书者，即二尺之多边形木简，多以其传递朝廷各级机关之文书。檄书上若插鸟羽，则表以其示警之意。一般来说，朝廷调兵之凭证为虎符。可是，如今朝廷居然以羽檄紧急大规模动员郡国兵，那就说明赵国形势已经十分危急。

于是在认真分析形势后，曹参立即下令齐国紧急动员。按计划，各郡的齐军步骑将在临淄全部集结后统一整编，然后从水流较为平缓的平原津渡河，投入赵国战场。不过，齐国大小七个支郡，方圆八百余里，即便不谈粮秣补给等诸事繁杂，大军初步集结至少也要十余日之久。然而，就在齐军有条不紊地集结时，赵国战场的形势却开始发生剧烈变化。

原来，匈奴单于冒顿虽很早便承诺出兵，但代军从九月到十月激战了一个月，仍未见匈奴投入兵力南下。所以战至汉十一年十月初时代军虽仍占据主动，但在邯郸前线的陈豨越来越急躁。于是，代军主力屯于恒山郡郡治东垣后，陈豨便将东垣代军的指挥权交给了赵利，然后亲自回到代郡去联络韩王信和匈奴。

身为赵国宗室的赵利亦颇通用兵之道，而且深得部众拥护。当年，韩军在铜鞮全军崩溃，韩王信生死不明，王黄和曼丘臣便曾拥戴赵利为王，继续领兵抵抗汉军。能在全军崩溃之际统领全军并稳住军心，可见赵利之能。也正因赵利用兵坚韧而沉稳，且在赵代很有威望，故赵利虽非代军嫡系，但陈豨仍予以重用，甚至在临走前赋予其东垣代军的指挥权。

赵利稳定东垣后，代军一定程度上放弃了前期的消极策略，而是试图以奇兵打开局势。

十月初，趁着天气转寒，赵军行动迟缓之机，代军大将侯敞受赵利之命将万骑自东垣而出，向南运动。这万余轻骑并非南下强攻邯郸，而是一日奔袭百余里，连克邯郸郡柏人、信都、武安、曲梁等县，对困守邯郸的赵军形成近距离骚扰，不断缩减赵军的活动空间，切断邯郸和西部的上党、东部的河间之间的联系，打击赵军士气。同时，韩军大将王黄屯兵于恒山郡北部的曲逆县，自南部威胁蓟县的卢绾，以进一步分割燕赵两国。

在赵国战场被侯敞不断压制之时，代军猛将张春受命领万余精骑从东垣向南疾驰，以迅雷不及掩耳之势击溃张相如的河间郡兵。随后强渡黄河，成功渡河后，张春又一战而克齐国济北郡重镇聊城，并屯兵于此。

聊城在东郡东北，和河北的巨鹿郡隔河而望。从聊城往南过东阿，便是齐国的济北郡，向北一百余里即邯郸。短短一百余里，以骑兵的速度，几乎一日便可兵临邯郸城下。长驱三百里屯兵于此的目的很明显，就是通过威胁侧翼的方式来避免强攻邯郸坚城！

如此，侯敢和张春部数万步骑就一南一北包围邯郸，并截断了邯郸和周边诸郡国的联系。此时，代军即便"不据邯郸而阻漳水"，也足以对邯郸形成巨大威胁。因此，随着这几支代军一动，整个赵国原本尚算稳定的形势也再度动摇。

有道是"无援不守"，朝廷大军尚未抵达赵国，邯郸城已经是危在旦夕。因此，身为齐相的曹参此时又岂能坐等齐国七郡动员完毕？为今之计，齐军即便尚未集结完毕也必须立即出动一部了。就是不能支持赵国战场，至少也要困住张春的这支奇兵，稳定邯郸的后方，缓解一下邯郸的压力。

救兵如救火！可问题是，当年在胶西盖公的建议下，齐国上下至今已经休养了数年，齐军也是多年武备不修。而且，因齐国位于大海之滨，故齐军本不以骑兵作战见长。虽然抽调七郡骑士倒也能组织起一支颇具规模的重装骑兵，但这支骑兵在骁勇善战、骑射娴熟的代军骑兵面前到底有几分效力？现在，将仓促集结起来的多年不曾经历战阵的齐军万余步骑投入战场和代军交战，能否击败坐拥万余精锐骑兵的代军悍将张春？庙堂运筹，当料敌从宽。贸然出动齐军与代军交战，一旦大败，又该如何是好？

事关重大，不可不慎啊！所以，当大军抵达历城后，临阵经验极为丰富的曹参连夜调集轻骑探查聊城附近的情况，并顶着严寒带着部下的几个校尉亲自前往济水边观察。

只见这位出身狱掾、奋战半生已两鬓斑白的天下第一名将缓缓解下铁胄，然后眯着眼睛向一片漆黑的对岸张望，好似希望能从那点点营火中窥测出虚实强弱一般。张望良久，曹参才收回视线，然后轻轻抚须。

突然，一阵杂乱的马蹄声由远而近，远处一位骑士在昏暗的夜色中策马狂奔。待走到近前，滚鞍下马，曹参才看清这头戴铁胄、腰悬环首的骑士不是别人，正是齐内史魏勃。

未等诸校尉开口询问，这位素来稳重的齐内史却丝毫不顾汉官威仪，开口大笑："相国，东武侯已率军到达东郡濮阳，事济矣！"

说起来，这位东武侯郭蒙也是曹参的老朋友。秦二世元年九月，郭蒙以户卫起于薛县，并追随吕泽加入沛县义军。郭蒙果决而坚韧，向以敢打硬仗而称。秦二世三年三月，启封之战时，郭蒙为曹参大军的前锋，率先领军突入秦军的曲遇大营，正面击溃秦军大将杨熊，虏秦司马、御史，威震秦军。汉三年的荥阳成皋争夺战中，郭蒙以都尉协同时为内史的周昌死守敖仓，最终获得胜利。汉十年九月朝廷全面动员时，郭蒙以骑将将步骑万余率先出动，并屯兵于荥阳。前几日张春兵临聊城，郭蒙便果断从荥阳出击。

齐军出历城时，郭蒙的数万步骑已经抵达东郡酸枣、燕县一带，其前锋已经逼近东郡郡治濮阳。所以，数日前受命先行的魏勃不顾危险，连夜将这个消息带回历城。

本来，曹参手中的万余齐军无法对聊城代军形成绝对优势，可如能与郭蒙合兵，东西对进，必能以绝对优势的兵力将张春部一万精骑合围于聊城。所以，听到这个有利消息后，素来沉默寡言的曹参大喜过望，立即遣使西进，联合郭蒙并亲领已经休整完毕的万余骑兵从历城北渡济水。渡过济水后，曹参一日疾驰八十里，和郭蒙一起同时向张春发动强大攻势。结果，仓促备战的张春措手不及，万余精骑全军覆没。

收复聊城后，曹参和郭蒙两人会面，并在军营中商讨了战局。因郭蒙自荥阳而来，故曹参即向其询问关中主力的动员情况。

"君侯，我部于十余日前自关中集结。前日蒙以轻兵出荥阳时，舞阳、滕公、颍阴诸军车骑十万已出函谷，想来此时已经抵达洛阳。灌车骑和靳都尉部梁楚车骑亦至成皋，将随从渡河。蒙以为，不需两日，诸军便可自平阴渡河至河内。"说完汉军主力将在数日内渡河北上后，郭蒙又汇报了周勃指挥的偏师在西线的战况。

原来，在关中集结的诸军兵分两路。其中，除樊哙、夏侯婴、灌婴诸将指挥主力十万车骑从函谷出关已经进抵河南郡郡治洛阳外围外，绛侯周勃和阳陵侯傅宽指挥偏师数万步骑直接从长安出发，从临晋渡河进至河东以稳定西线。当时，上党守任敖已经击退代军前锋，稳住了上党一线。所以周勃、傅宽便在上党守任敖的配合下领军沿汾水北上，进抵太原郡郡治晋阳城下。

从晋阳北上，过狼孟、阳曲、原平、广武诸县，便是勾注山。自楼烦县翻过勾注山，就是代军主力所集结的雁门郡。因西线代军和韩王信军兵力不足，所以除了深入上党的一部前锋外，其主要兵力并未深入太原郡，而是集中在雁门和云中两郡。正因如此，将雁门和太原两郡分开的勾注山便成了两军对峙的分界线，而勾注山下的楼烦县则成为两军争夺的最重要据点。汉军如要平定西线，则必须从楼烦进入雁门郡。于是，周勃指挥汉军从晋阳北上直扑楼烦，并与代军在楼烦城外展开决战。激战一日，汉军大破西线代军，生擒代军大将宋最和伪雁门守。大胜之后，周勃领军乘胜而进，一战而克雁门重镇马邑，并阵斩守将乘马絺。

不过，当听到楼烦和马邑大胜后，曹参还是不能放心："郭将军，云中情况如何？"

曹参所以不问雁门而问云中是有道理的。要知道，雁门郡郡治虽为善无县，但当年韩王信就藩后特意将都城定在了马邑，所以雁门的中心实际上是在马邑县。周勃力克马邑并击灭雁门代军主力，那整个雁门郡便基本算是平定了，雁门的战事是没什么好问的。可是，云中就不同了。雁门郡北部直面草原，西部和云中接壤，而雁门西部的沃阳、武城诸县却是没有长城的。如果云中未下，那韩王信屯驻在云中的残部便可以随时向汉军发动进攻，甚至可以引匈奴单于庭本部攻略雁门。冒顿此人素有枭雄之志，一旦乘虚而入，匈奴单于庭本部的十万骑便可在三日内兵临雁门！所以，雁门打得再好，云中拿不下来也算不得解决西线。

所以，听曹参一语道中要害，郭蒙先是点点头然后又摇头开口说道："云中战事，蒙实不知。不过，周太尉知兵善战，勇猛无敌，想来不会不知云中之敌。君侯不必担心。倒是东垣主将赵利，颇有谋略，不可小视。邯郸兵力不足，赵军难堪大用，故蒙以为今我军既击破张春，当立即渡河救赵才是稳妥之计啊！"

确实，此时的赵国形势不容乐观。可是，樊哙等人指挥的主力为步兵，行动速度较为缓慢，少说还有十余日才能抵达邯郸。目前，距赵国最近的唯有曹参和郭蒙。于是次日一早，曹参便和郭蒙拔营渡河，北上救赵。

不过，郭蒙和曹参尚不知道：早在半个月前雁门大胜后，周勃便已经厉兵秣马，寻机进攻西部的云中。十月末，周勃和傅宽以迅雷不及掩耳之势突击云中。结果，云中代军措手不及，被一战而全歼，甚至连陈豨留守云中的代丞相箕肆、部将勋都被汉军擒获。大胜之后，为了防备匈奴骑兵突然南下，汉军已经依靠秦长城和黄河布置防线。而且，由于形势严峻，中线的樊哙也在日夜兼程，早已抵达河内修武。

至此，西线战场激战至十一月初，雁门郡十七县、云中郡十二县全部被汉军收复；东线张春全军覆没，代军已经退回到河间北部一带。如此，声势浩大的陈豨的代军也唯余主力在恒山郡苟延残喘。

第九章　　天下真定

汉十一年十一月末，各路汉军终于齐集邯郸、邺县一带，兵力合计达十余万之众。强弱易势，讨平陈豨之机已经成熟。于是，刘邦立即部署对代军的反击。

《孙子兵法》云："凡战者，以正合，以奇胜。故善出奇者，无穷如天地，不竭如江海。"出奇制胜是兵法常理，可是在绝对的实力面前，就不需要"奇兵"了。于是，十余万汉军兵分数路，以猛将樊哙为前锋，沿邯郸广阳大道一路北攻。在汉军的凶猛攻势下，襄国、曲周、观津、枣强等清河郡和河间郡二十七县短短数十日即被收复。十一月底，汉军兵进柏人县。

柏人县虽是小县，但却是邯郸郡最北部的县城，出了县城向北不过数里即是恒山郡柏乡县地界。

说起柏人县也是有意思：汉八年年初，刘邦征讨韩王信班师时即宿于柏人。当时，赵相贯高等人就在此地馆舍中伏下刺客准备刺杀刘邦。可谁知，刘邦因柏人有"迫于人"之意而连夜离去，以致刺杀未成。于是，这县名颇为不佳的柏人县，倒成了刘邦的福地。

不过，此时屯于柏人这块"福地"的却是陈豨的代军精锐。于是，在充分准备后，汉军正式准备攻城。在刘邦的部署下，汉军猛将樊哙披甲执戟，亲自领兵突阵。激战半日，樊哙负羽先登，一举克城。

从柏人向北一直到东垣，地势都较为平坦。而且，柏人县距东垣不过区区一百六十余里，数万汉军步骑交加，不出意外，只需三日便可抵达城下。因此，汉军攻克柏人县便意味着打开了东垣门户。于是，在肃清邯郸周围的代军据点后，刘邦亲自指挥十余万步骑经柏人全军北上，很快进入恒山郡界。

恒山郡为陈豨起兵后控制的第一个大郡，且有地利之便，按理说应当好好经营，即便不能好好经营，也应该认真布防以阻击汉军才是。可令人意外的是，当汉军进入恒山郡界，居然没有代军、韩军或匈奴骑兵的丝毫踪迹。看来，陈豨兵力不足已无法处处设防。如此一来，外无援兵、困守一城的赵利在绝对优势的汉军的包围下已经毫无取胜之可能。所以，这东垣之战基本是不需太过操心的。然而，当大军经过中丘县，目睹恒山郡的战火后，身为皇帝的刘邦还是重重长叹。

战国时恒山郡原属赵国所有，秦人并天下后以赵之东垣、灵寿、元氏、石邑等二十五县合为新恒山郡。根据御史府统计，秦始皇时代，恒山郡有户十余万，口五十万众，是名副其实的北方重郡。而且，恒山郡虽不如南部的邯郸郡、巨鹿郡富庶，但郡境内河流纵横、土地平整，农业也不算落后，郡内的铁官也是赵国诸郡中较大的铁官。所以即便十二月份寒冷，但在太平之时，作为西靠太原，北接代、广阳，南依邯郸、巨鹿的重要交通枢纽恒山郡境内必然也会商旅往来不绝。

40

可是，自秦末丧乱以来，河北战事不断。汉立天下后，河北亦未尝得一日之安宁。就在汉八年，韩王信部还曾南下侵扰，其主力甚至深入恒山郡郡治东垣为寇。周昌主政赵国后，还没来得及整顿，战火又燃。持续数年的惨烈战乱，让原本应该富庶的恒山郡残破不堪，生民十不存一，如恒山郡北部的大县曲逆，秦时有户三万，可如今却只剩下区区五千。此时，汉军数万人马走在宽阔壮观的秦人驰道上，随处可见的却是代军肆虐后倒塌的断壁残垣和累累白骨，这真是一片苍凉和乱世之象！

生民离散，黎民倒悬！东垣虽然并不难攻克，可是平定代军后，又当如何治理方圆七百里的赵国？赵王如意，赵王如意，可治平赵国却并不如意！

不但治平赵国不如意，东垣战事同样也不是想象中的那样如意。数日以来，汉军聚十万步骑于城下，但面对雄伟的坚城打得依然十分被动。

要知道，自战国中山国筑城以来，东垣便为河北坚城。秦末战乱，屯兵于巨鹿北部的赵将陈余就是以东垣为据点。后张耳治赵，亦用心经营河北，东垣也逐渐成为河北仅次于邯郸的大城。汉十一年十月份代军屯兵东垣后，赵利再一次对城池全力整修。赵利知兵能战，又是凭坚城而守，故原本攻势凌厉挟大胜之势而来的汉军数攻而不克，屡屡重挫于城下。汉军受挫，处于绝对劣势的代军守军却是士气高昂。甚至数日来，代军将士居然冒着淅淅沥沥的寒冷冬雨站在城楼上对着汉军指点笑骂。

战事不利，还被对手如此奚落，真是忍无可忍。最后，气得刘邦在军中破口大骂："待城降之日，出骂者必斩之，不骂者可赦之！"

鉴于强攻未能奏效，刘邦只得在东垣城下构筑大营，准备掘壕长期围困。可问题是，长期围困也不是长久之计。且不谈十余万步骑顿兵坚城劳师糜饷，也不谈战事长期不利将不利于军心士气，就是形势也决不允许战事旷日持久。要知道，陈豨已经亲自前往草原联络匈奴。一旦匈奴引兵自代郡南下投入到赵国战场，那河北将不可收拾。为今之计，只能先剪除外围据点以孤立东垣，再图克城。

此时，东垣外围的据点中，唯有北部的曲逆县有精锐代军屯守。如能顺利攻破曲逆，既能震慑东垣，又能困死赵利。所以，经过慎重思考后，刘邦便将主力撤下来，并集中军中梁、赵、齐、燕、楚战车百乘、骑万匹，组成一支万余人的独立机动军团，交给车骑将军灌婴和骑都尉靳歙指挥，以最快的速度北攻曲逆。

说起来也是有趣，受命出击曲逆的骑都尉靳歙也是东郡宛朐人，而且还是陈豨的同乡。当年身为特将的陈豨带着部下五百人从宛朐起事后，靳歙甚至在其麾下为中涓数月。

靳歙，素称骁勇敢战，每战必率先登城，冲击敌阵，有勇冠三军之称。秦二世三年三月的启封之战，靳歙披甲突阵，居然以一己之力斩首五十七级，生擒七十三人，而且这战果中竟然还有千人将这样重量级的军官！要知道，军中第一猛将且先登启封城的樊哙不过斩侯一人，斩首六十八级，捕虏二十七人而已，由此可见靳歙的勇武。正因作战勇猛，悍不畏死，故早在汉元年四月汉中建政时，靳歙便被封为建武侯。

靳歙不但能力突出，而且还和灌婴一样深受刘邦信任，多次被赋予重任。汉六年年初，刘邦以护军中尉陈平之计伪游云梦以擒韩信。当时，领兵扈从刘邦前往陈县取韩信的就是靳歙和灌婴。后来，汉军征韩王信、匈奴，靳歙亦与灌婴一起领车骑部队，协同作战。

因靳、灌二人多次合作，彼此相互了解，故便可最大限度发挥这支车骑的战斗力。在两人的指挥下，汉军车骑自东垣出发后，直奔曲逆而去。

曲逆北距东垣不过一百五十里，灌婴和靳歙领车骑仅两日便兵临城下。曲逆代军实力较强，并非弱敌。此时，屯守曲逆的是陈豨的代相侯敞指挥的代军一部和韩王信部将王黄的千余精锐甲骑。侯敞是陈豨手下大将，而且颇得陈豨之信用。故代相箕肆在云中之战中被周勃生擒后，侯敞便被陈豨迁为代相，守备曲逆。月余前，侯敞曾将万骑顶着严寒席卷邯郸北部数县，威逼邯郸。

而且，曲逆是仅次于东垣的河北坚城。按兵法常理，灌婴和靳歙所将的五国车骑机动能力和战斗力固然强大，但车骑毕竟不擅攻城，而且也不具备"十则围之，五则攻之"的条件。因此，在粮秣充足的情况下，侯敞只需坐守坚城，汉军便束手无策。

然而，战事的发展往往不像庙堂运筹的那样。不知为何侯敞已经放弃固守坚城的策略，选择出城与汉军交战。

十二月中，当汉军车骑全军渡过滹河时，侯敞率领曲逆步骑已经出城在曲逆城南部的平原上列阵迎战。

此时，列阵已毕的数万曲逆代军以王黄的千余最精锐的重装甲骑居中，代军轻骑居两翼，向汉军车骑缓缓压来。于是，灌婴、靳歙便指挥车骑列阵迎敌，在曲逆城下和代军展开决战。结果一战下来，风驰电掣的汉军车骑大破代军精锐，阵斩包括主将侯敞在内的代军特将五人。曲逆城中的数万代军精锐，唯有韩王信部将王黄侥幸逃脱。大胜之后，靳歙率领车骑趁势而进，两日疾驰一百六十里，连下曲逆、卢奴、上曲阳、安国、安平五县，彻底平定恒山郡北部和燕国广阳南部。

至此，整个赵国境内，唯余东垣孤城仍在代军手中。按照兵法常理，无援之城是不可能守得住的。因此得到车骑大胜曲逆的消息后，刘邦大喜过望，立即部署汉军对东垣发动猛攻。最后，士气如虹的汉军顶着严寒强攻月余，终于攻克东垣。

陈豨的主力覆灭于东垣，大乱看似平定，可大胜之后得到的却是一片支离破碎的山河。当刘邦踩着残肢断臂登上东垣的城楼向下四处观望时，进入视线的却是满目疮痍的大地。皑皑白雪上，偶尔露出的两军将士枕藉的尸骸和散落的刀剑似乎是在告诉这位皇帝，这不过是个乱世而已。极目四顾，一片萧条的景象让这位出身寒微的皇帝心中纵有千言万语却说不出一句话。当年，孟子说："争地以战，杀人盈野；争城以战，杀人盈城。"自平王东迁至如今，天下何曾安定过？这东垣，以后就叫真定吧！

第十章　　陈兵参合

　　然而，天下真定又岂是容易之事？不说天下，即便是小小的代郡，现在也谈不上真定，因为仗虽然基本打完，但朝廷抚境安民的任务却不轻。

　　汉定天下以来，北方最让人头疼。不说连续几次刀兵不绝以至河北之地沦为一片废墟，单论此次陈豨以赵代边防军举兵，以致整个河北地区防备匈奴的机动兵团彻底崩溃就是大问题。要知道，此时匈奴的态度还在摇摆不定，说不定就会引兵南下。故重建赵代边防体系是重中之重。有鉴于此，尚在前线的刘邦便正式下诏分代郡以西诸县重置云中郡。同时，原属太原郡北部数县并入代郡，以巩固朝廷对北方的控制。安排好这一切后，朝廷又下诏大赦天下，以安定人心。

　　接着，刘邦又采纳卢绾、樊哙等人的建议，立皇四子刘恒为代王，重建代国。重置的代国下辖云中、代郡、定襄、太原四郡，将是朝廷稳定北方的重要亲藩大国。不过鉴于皇四子刘恒尚幼，刘邦又以薄夫人之弟、刘恒之舅薄昭辅佐刘恒；同时，以勇猛知兵事的大将阳陵侯傅宽为代相，全面主持代国军政。

　　砀郡横阳傅宽，原为魏豹部下五大夫，统帅魏军骑兵。秦二世二年刘邦的沛县义军发展到砀郡后，傅宽即以魏骑将投奔。不久后的启封、曲遇之战，傅宽以舍人勇猛突阵，斩首十二级，崭露头角，汉中建政时，得赐封号共德君，迁为右骑将。汉二年彭城之战时，傅宽领兵屯于河内怀县，为汉军稳定后方。汉四年时，傅宽随从淮阴侯韩信将兵击齐。历下之战时，已身为骑将的傅宽再次勇猛突阵，大破齐军大将田解，威震三齐。总的看来，傅宽久经战阵，熟知兵事，且为人沉稳，擅于指挥骑兵。因此，由其为代相主持代国军政，算是合适的。不过，因傅宽毕竟年事已高，故朝廷又另调尚算年轻的都尉宋昌为代中尉，以配合傅宽。

宋昌，乃是楚国贵族之后，其父宋襄，其祖正是为项羽所杀的上将军宋义。当年巨鹿之战前，宋义之子宋襄曾受命出使齐国。项羽夺取楚军指挥权后，宋襄被杀。在父亲宋襄死后，宋昌便追随刘邦征战。当年荥阳之战，宋昌以都尉参与战斗，扈从在刘邦身边。宋昌虽然稍显年轻，但勇猛而知兵事。以宋昌为代中尉配合傅宽，再合适不过。

不过，代国虽置，身为代相的傅宽和代中尉的宋昌却不能去代郡郡治代县上任，而只能去太原郡中都。为何？盖因至汉十一年正月，赵国战场虽然已经尘埃落定，朝廷十余万步骑也已班师返回长安，可是陈豨的根本之地代郡却仍未收复。

此时，代军残部仍有万余人在别将王黄（为陈豨别将胡人王黄，非韩王信大将王黄）的指挥下盘踞在代郡境内。而且据传言，匈奴单于冒顿已调单于庭本部精骑配合韩王信南下，其前锋已经进至代郡中部参合县。所以，如今代郡的情况应该是王黄的代军残部守备代县附近，而韩王信的韩军和匈奴骑兵在参合一带活动。

陈豨和韩王信可以动用的主力基本已经全军覆没，即便频频异动也用不着过于担心。可是，一旦控弦三十万的匈奴介入战事，那情况就复杂。所以，讨平陈豨后，刘邦便遣使命正在经略云中的西线汉军统帅太尉周勃部署好云中防线后立即引兵向东，攻取代郡；同时，正在配合燕王卢绾平定燕国的舞阳侯樊哙在收复无终、广昌等县后领兵向西，自上谷进入代郡。如此部署，东西两线汉军便可迎头对进，合围代郡，一举平定陈豨。不过鉴于周勃和樊哙久战疲敝，为了以防万一，在朝廷主力班师时，刘邦还留下数万精锐交由棘蒲侯柴武指挥，从东垣北上直攻代郡。

之所以将平定代郡的重任交给棘蒲侯柴武，也是因其为朝中少有的资历极深且很早便可以独当一面的大将。十余年前的秦二世元年，柴武在薛县起兵抗秦。柴武素有任侠之气，在薛县一带极有威望，所以起兵未久便募得薛县子弟两千五百余人。秦二世二年四月，项梁叔侄领江东楚军至薛县后，柴武率部加入楚军，集中整编。三个月后，楚军各部从薛县开拔至东阿救齐。当时，柴武便独领一军，配合项梁、刘邦的楚军进攻东阿。由此可见，当曹参、樊哙等人尚为司马、都尉一级的中级军官时，柴武便已经和吕泽等人一样，独领一军活跃在战场上，足见其资历之深厚。

归汉后，柴武也一直是独立作战，并不直隶于韩信或吕泽。汉四年攻齐之战，柴武曾作为前军，配合韩信南下。在历下之战中，柴武亲自领兵突阵，大破齐军大将田既。汉五年垓下决战，柴武和周勃一起领数万后军投入战场。在韩信初战失利的被动情况下，柴武和周勃指挥后军递补中军，稳住了汉军的阵线，最终击败项羽。

因此，在朝廷大军班师的情况下，以柴武的资历和能力，作为领兵击代的统帅是毫无问题的。而且，由柴武统兵，即便不能全歼南下的匈奴骑兵，但击灭陈豨的代军残部必然是手到擒来。因此，在稍作休整后，柴武便统兵北上。

数万步骑在柴武的指挥下自东垣出动后，从广昌、灵丘一线迅速向北机动。当柴武翻过太行八陉之一的飞狐口，兵进平舒县时，突然收到东线樊哙汉军的捷报：数日前，陈豨别将王黄已经在代县南部被击溃。

捷报传至，柴武所面临的形势大为有利。要知道，既然代军的万余残部已经在代县崩溃，那樊哙部不日便可从当城、桑干北上，和柴武的中路汉军会合。两军也可以由配合作战变为联合作战，一举击败盘踞在参合的代军。于是，在收到捷报后，柴武便在代郡等候樊哙全军抵达。数日后，两路汉军会合，兵临参合城下。

然而，当两军对峙于参合时，拥有绝对优势的柴武却并未急于决战，而是停下来商议如何部署。为何？因为匈奴骑兵已经进入代郡，参合之战的关键不是韩军而是匈奴。如果不能堵住南下的匈奴骑兵，那这一仗无论斩韩王信部多少级，也算不得胜利。于是，樊哙和柴武商议后即决定以柴武领汉军主力在参合和韩王信决战，而由樊哙领步骑一部北上横谷以拦截可能到来的匈奴骑兵，防止匈奴骑兵突然南下。鉴于匈奴骑兵的机动能力极为强大，骁勇敢战的刘泽所指挥的骑兵也配属给樊哙。

刘泽，为刘邦的远房从弟。其血缘虽已疏远，但却是正宗的刘姓宗室。而且，刘泽和刘邦的亲兄弟合阳侯刘仲还颇有不同，其人少有材力，颇通兵略，且为人豁达而有智计，早在汉三年时便被拜为郎中，参与荥阳之战。此次陈豨起兵于代，刘泽亦以将军身份领骑兵从军出征。以刘泽配合敢战的樊哙，即便不能大胜，也必能击溃匈奴骑兵。

然而，谋划已定，身为主帅的柴武遥望对面点点营火，却始终无法安眠。此时，十多年前的点点滴滴不断浮现在眼前：当年，在反秦的战场上，他柴武曾和韩王信同在军中为将，后来又同殿为臣。一直以来，两人虽不能说是生死与共，但也颇为友善。可是，天意弄人，相交多年且生死相随的袍泽现在成了你死我活的对手。虽说，来到两军阵前，也是身不由己！可为了那最后一丝化干戈为玉帛的希望，柴武还是就着昏暗的营火给多年的老朋友、如今的对手韩王信写了一封信。

"今上宽厚仁爱，诸侯三番复叛者，亦会既往不咎，复其爵位，并不诛杀。此事乃大王所知。大王何至于此啊？大王是因战败逃归匈奴（指白登之围前韩王信投降匈奴），并无大罪，当尽早归汉才是！"

很快，这封信被送至韩王信军中。当大战前夜收到这封来自昔日袍泽情真意切的书信时，这位活跃于秦楚之际、在朝中素有"材武"之称，如今却作为反王纵横北方的韩王信慷慨伤怀。面对这封信，当年协助刘邦、张良平定韩国，东出灭楚的那些早已模糊的往事，立时浮现在眼前。威震天下的开国元勋，怎么就沦落到如此境地！当年，项羽说"此天亡我，非战之罪"，这真的是天意吗？

两百多年前，越王勾践卧薪尝胆，"十年生聚，十年教训"，终于一举灭吴，成就霸业。当时，辅佐勾践的贤臣是文种和范蠡。然而，范蠡在灭吴后即逃亡于齐，并特意给文种写了一封信，告诫文种勾践此人外宽内忌，只可同患难，不可同富贵，唯有在功成之际身退才能保全性命。可是，文种到底还是慢了一步。在收到范蠡的书信后不久，文种便被勾践所嫉："先生曾教寡人七策击吴。今者，寡人用其三，吴国已灭。余者四条，先生去地下教先王击吴国先王！"听到这番话后，文种只得自杀。

当年范蠡在外而存，文种在内而死，这难道就是所谓的天意？刘邦固然不是越王勾践那样外宽内忌之君，但今海内为一，为刘姓天下之长治久安计，韩王信虽无必死之罪，却有必死之理！否则，陈豨何故铤而走险，韩信何故被贬为淮阴侯？也许，这就是所谓的天意吧！当年，孟子说："君之视臣如手足，则臣视君如腹心；君之视臣如犬马，则臣视君如国人；君之视臣如土芥，则臣视君如寇仇。"刘邦视臣虽不似犬马、土芥，但身为藩臣的韩王信却无论如何也不能以"腹心"自诩之。于是，韩王信提起笔写道：

"陛下不以仆臣卑鄙，简拔信于寒微之中，使臣南面称孤，可谓恩重如山。然荥阳之战，我不能像纪信、周苛那样以死效忠而为项羽所囚，此一罪也。汉七年马邑被围，我身为藩臣却不能守境安民，而以城降之，此二罪也。今者，为敌领兵与将军争战，以有罪之身抗拒朝廷王师，争旦夕之性命，此三罪也！夫文种、范蠡无一罪而身死家亡；今仆臣有三罪于陛下，岂能求活于世？仆北匿于胡已五年矣。今逃匿于高山深林，且暮向蛮夷乞讨以求苟活，岂不耻哉？仆思归之心，同瘫痪之人不忘直立行走，盲人不忘睁眼，中原又怎能不想回去！实在是势不可耳。"

事已至此，夫复何言！该说的不该说的都已说完，剩下的也只能交给后人论断了！

次日清晨，两军决战。樊哙、刘泽部汉军首先在参合东北的横谷与匈奴韩王信联军展开激战。在樊哙的指挥下，汉军一鼓作气向匈奴骑兵发动突击，获得大胜。匈奴精骑全军溃散之后，韩军大将赵既被临阵击杀，代相冯梁、代郡守孙奋、代太仆解福被汉军生虏。

在诸多战俘之中，被刘泽所擒的名震边郡的韩王信部大将王黄可能是最让朝廷重视的。自汉六年韩王信反于马邑以来，被韩王信引为左膀右臂的王黄便活跃于北部边郡。其人深通骑兵机动作战之道，因此在数次大败中都安然无恙，甚至皆能全身而退。比如汉七年的铜鞮决战，在五万余韩军主力全军覆灭的情况下，王黄居然还能领所部安然突出重围，可见其能。大约也正是如此，韩王信才在其屡战屡败的情况下仍赋予其统兵重任。不过，数场大战的事实还是证明了王黄除善于"机动"外，到底不是个能打仗的人。

横谷大胜，樊哙、刘泽引兵南下，参合已经毫无悬念。一场血战下来，早已士气低迷的韩军在参合被彻底击溃，韩王信亦被汉军阵斩于军中。至此，除了已经逃亡草原、苟延残喘的陈豨尚未被擒斩之外，困扰朝廷数年的北部边郡问题已经基本解决。

韩王信先于陈豨举兵，终于也先于陈豨死去。纵观韩王信的一生，起于"兵"而终于"兵"，以没落王族远支最终而裂地封王。"材武"之称，并不为过。然而，韩王信确实也不是一个坚定的人，更不是一个忠厚的人。就像韩王信自己说的，荥阳之战中韩王信没有像周苛、纪信那样赤胆忠心，而是叛汉投楚，又再叛楚再叛汉，让人不齿。

或曰朝廷刻薄寡恩，行鸟尽弓藏之事，否则为何在统一天下后将韩王信改封到北方？朝廷的背信弃义，是让韩王信铤而走险的主要原因。可是，故代王刘仲封于代，皇子刘恒亦封于代。而当年韩王信屡次叛投敌国，刘邦也并未追究，甚至复其王爵，算得上是恩重如山了。所以，以此指责朝廷，指责刘邦，或有不公之嫌，这确实也不能作为身为藩臣的韩王

信举兵的理由。总之，韩王信沦落到如此境地，就像他自己所说的，有点
无奈，有点后悔。所以，多年后在论及韩王信时，司马迁也颇为惋惜地
说："事穷智困，卒赴匈奴，岂不哀哉！"

落得如此令人唏嘘的下场，在秦楚那个英雄辈出的年代，韩王信的
"材武"多少显得有些黯然。可韩王信的后代确实传承了其"材武"之
风。韩王信有子韩颓当（生于匈奴颓当城，故名之）、孙韩婴，俱生于匈
奴。三十年后的孝文前元十四年，韩颓当率领家族历经千难万险从匈奴归
汉，受封为弓高侯，又过了十余年，韩颓当随周勃之子周亚夫领兵自荥阳
东出，讨伐吴楚，战功为诸将第一。韩颓当庶孙韩嫣，少为武帝玩伴。韩
嫣弟韩说，多次领军随大将军卫青出战，积功封案道侯。

第十一章　　淮阴受诛

代郡虽然打得颇为激烈，但刘邦没等韩王信授首便从赵国返回了。之所以如此匆忙，是因为与平叛战争相比，长安发生了一件震动朝堂的大事。原来，就在汉十一年正月赵国战事进入尾声之时，长安传来淮阴侯韩信图谋不轨的消息。

其实，对韩信，刘邦本来是寄予厚望的，否则又岂会将其以执戟郎中骤拜大将军、左丞相，并授予其节度一军一国之全权。如此重用，即便是相国萧何、齐相曹参也无法望其项背。

可信用如此，韩信不但不能忠于臣道，反而屡有不臣之行。汉四年，韩信擅自将兵击齐致使广野君郦食其无端被杀，接着又无视困在荥阳危在旦夕的刘邦而要求自立，在击灭项羽前夕又是挟功求封以致汉军兵败固陵。凡此种种，皆可见韩信此人不能让人放心。也正因如此，天下既定后，韩信才从楚王被革为淮阴侯。

即便不谈秦楚之际的陈年旧事，数月前韩信对朝廷击代的消极态度也让刘邦难以忍受。汉十年九月份刘邦出兵击陈豨时，曾下令韩信从军出征，可韩信却称病不从，坚决不去。韩信和陈豨素来友善，交往甚密，称病不去岂能让人放心？

若是别人称病也就算了，可韩信决不能等闲视之。历观韩信之领兵，一月击魏代，半月平燕赵，数日定楚齐，几乎是拔城摧敌，战无不胜。其用兵之能几乎可以用鬼神莫测来形容，以致连素有知兵之称的刘邦也颇为忌惮地说："连百万之军，战必胜，攻必取，吾不如韩信。"秦楚之际的英雄豪杰，单以用兵而论，也唯有项羽、章邯和刘邦三人能勉强与韩信相提并论，什么曹参、樊哙、灌婴之辈则完全不能与之相比。今项羽、章邯既死，天下英雄，也算唯刘邦与韩信耳。试想，这样的人一旦心有不轨，长安谁能镇得住？太子还是吕后？可想而知，当韩信不轨的消息传至军中，刘邦自然是大惊失色。因此，当风声传至赵国前线，刘邦不得不匆匆结束正在进行的平代之战而班师回朝。

可谁知，刘邦刚刚回到长安，便收到了韩信已死的消息。于是，顾不得鞍马劳顿的刘邦立即招来主审此案的廷尉王恬启和相国萧何详细询问。

"陛下，先是廷尉署探知前年陈豨以巨鹿守迁赵相，陈豨至长安拜会淮阴侯韩信时，两人颇有密语。韩信引其入密室曰：'公之所居乃天下精兵处也；而公亦陛下之信幸臣也。人言公之叛，陛下必不信；再至，陛下乃疑矣；三至，必怒而自将。吾为公从中起，天下可图也！'闻此不臣之言，陈豨则曰：'谨奉教！'去年陈豨果反，韩信乃遣密使至代，曰：'弟举兵，吾从此助公。'其后，韩信即伪造赦免官奴之诏书以图攻击宫城。然事不凑巧，韩信门下舍人曾因得罪韩信被囚禁，准备处死。其弟栾说遂向朝廷检举韩信图谋不轨，意欲谋反。得相国之助，将其擒杀，我廷尉署审理此案证据确凿，韩信之罪罪无可赦，当夷三族！"

按王恬启、萧何等人的意思，是韩信早有不轨之心，被其舍人的弟弟栾说所检举。在得到这个消息后，相国萧何诈称陈豨被平，让韩信入宫道贺。韩信入宫，即被吕后擒于长乐宫钟室并就地斩首。不难看出，整个过程是先杀后审。而其所谓之证据确凿，当指栾说的证词了。

可是，如此指证着实不能令人信服。谋反政变"举大事"，这可是九死一生的大事。韩信久经兵阵，统兵作战经验丰富，不可能不知道此举的凶险。但如按廷尉和相国所奏，思维缜密的韩信在此次"举大事"中的谋划可以说是漏洞百出：首先，要靠官奴作为基本武装，官奴在何处集中？其次，即便能将官奴召集起来，兵甲又从何处取得？要知道，武库位于长安城南，在长乐、未央两宫之间，由中尉执掌的武库兵负责守卫，戒备异常森严。徒手空拳想要攻占武库，无异于痴人说梦。没有兵甲而去面对装备精良的二万南军卫士，岂非自寻死路？另外，"举大事"最重要的是要保密，一个门下舍人的弟弟又如何会知道谋反的具体经过？最后，长安至代一千七百里，即便以速度最快的轻骑联络，来回也得有一个月之久。"举大事"是旦暮之事，岂能久拖一个月？凡此种种，廷尉皆无法合理解释。韩信一案，颇为可疑。

即便不谈这些无法自圆其说的漏洞，按廷尉言，汉七年韩信便与陈豨有密室谋事之举，反意昭然若揭。可既然是密室谋事，廷尉如何得知？即便是真，为何当时廷尉不言，而要等到今日？最后，依朝廷律令，定罪量刑都有章可循，有程序可走，且要制成爰书，记录在案。吕后、萧何在仅有证词、证据不足的情况下便动手杀人，是否有违朝廷律令精神？所以，如此定罪，既不合朝廷律令，逻辑上也讲不通。

然而，当听完相国萧何和廷尉王恬启的奏报后，刘邦这位高高在上的皇帝却良久不言。当初被项羽围在荥阳，且暮期盼韩信引兵来救，等来的却是一句冷冷的狂妄之语"齐伪诈多变，愿为假王便"，试想，当年天下未定时，这韩信都目中无人，更何况如今？如今朝中有他刘邦在，尚可压住。一旦百年，韩信心怀不轨之念，天下有谁能制得住？

不过话又说回来，今天下虽平，但朝中波谲云诡，政治斗争极为激烈。这韩信如能像周苛那样忠贞，以其之才必能成为太子的辅弼，即便不能为辅弼，领一军为朝廷戍守边郡，抵抗匈奴还是足能胜任的。韩信就这样死了，多少还是有些可惜的。但是，韩信实在是不得不死！于是，在良久的沉默后，刘邦终于重重长叹一声开口：可！

谈完了韩信案后，刘邦再次开口询问："韩信死时，可有什么话留下？"当得知韩信临死前开口大呼悔不用蒯彻之言后，刘邦再次皱眉："蒯彻乃是齐辩士，素有机变之才，有司务必将其缉拿至长安。"

齐国范县蒯彻，是天下著名辩士。听说当年韩信无视郦食其已经说降田横而擅自将兵击齐，就是受到这蒯彻的鼓动。能以一己之力鼓动拥兵十余万的韩信攻齐，可见蒯彻之能。朝廷如果对这样的人不加重视，则是留下隐患。

于是，在刘邦的严厉催促下，蒯彻很快被缉拿至长安。可谁知，这蒯彻在面对"若教淮阴侯反乎"的质问时，居然还振振有词曰："正是，确实是臣所教。惜乎韩信这竖子不用臣之计，以致受灭族之祸。如韩信竖子用臣之计，陛下岂能灭之？秦人法度败坏，社稷崩溃，以致山东大乱而异姓并起。秦失其鹿，天下共逐之，高材疾足者先得。当是时，臣唯独知韩信，而不知陛下。且天下手执利刃想干陛下所干的事业的人太多了，只是力不从心罢了！陛下岂能尽烹之？"一番话说的有理有据，刘邦无言以对，只得释而不究。

蒯彻言之有理，且其本人不过是个不得不依附于枭雄的辩士，杀之无益，不杀还能示朝廷之仁。可是，韩信则完全不同。为大汉长治久安计，韩信不但要杀，而且要连根拔起，斩草除根以威慑天下不轨之徒。于是，在"刚毅"的吕后的建议下，韩信很快被夷三族，而举报韩信的门客栾说则被封为慎阳侯，食邑二千户。

《史记·淮阴侯列传》记载：信钓于城下，诸母漂，有一母见信饥，饭信，竟漂数十日。信喜，谓漂母曰："吾必有以重报母。"母怒曰："大丈夫不能自食，吾哀王孙而进食，岂望报乎！"今江苏淮安市淮阴区有淮阴故里，传说当年韩信曾经在这里钓鱼、受辱。

韩信出陈仓、定三秦、灭魏伐赵、平定三齐，有定天下之功。然而，天下卒定时却只知进而不知退，悲剧也因此而开始。《周易·乾》上说："上九，亢龙有悔。"当事物发展到极点力量充盈于高空，进无可进，退亦无可退，则往往会产生悲剧。韩信不懂得自存之道，以至于英雄一世，到头来却死得如此窝囊。

据说，当年长乐宫钟室的大门缓缓关上时，韩信仰天长叹曰："蒯彻啊，蒯彻！后悔不用你的计策，如今被吕雉这妇人所诈，岂非天意！"然而，韩信的死又如何算是天意？

七十年后，司马迁出游至淮阴。当看到韩信之母高大而壮观的坟墓时，司马迁也颇为惋惜："假令韩信学道谦让，不伐己功，不矜其能，则庶几哉，于汉家勋可以比周、召、太公之徒，后世血食矣。不务出此，而天下已集，乃谋畔逆，夷灭宗族，不亦宜乎！"是啊！如果韩信能谦让一点，他的功劳就像是西周的周公、召公和姜太公。可是他不识时务，结果身死族灭，不也是咎由自取吗？

司马光在《资治通鉴》中总结了韩信一生的两件大错：一曰"信灭

齐，不还报而自王"，二曰"与信期共攻楚而信不至"。最后认为：韩信用市井小人之志谋利，而要求他人用君子胸怀回报，是取祸之举。这可不就是咎由自取吗！

第十二章　　反形已具

身为皇帝的刘邦实在是寝食难安！因为刚刚诛杀韩信，朝廷又接到梁太仆检举梁王彭越图谋不轨、意欲谋反之言。

汉十年陈豨起兵于代，朝廷曾以羽檄至梁国征梁军北上参战。可是，接到朝廷羽檄后，彭越却以称病为名不亲自引兵北上，而是仅遣一将将梁国轻车至邯郸参战。要知道，汉十年九月刘邦正困于邯郸，殚精竭虑寻思破敌之策。可是急调梁军参战，彭越居然称病不往。平时不病，一召就有病。而且，陈豨称病，韩信称病，彭越也称病，这天下还真有如此巧合之事？所以，听到彭越称病的消息时，刘邦不禁破口大骂："陈豨举兵于代，乃公夜不能寐，一个月便赶到前线。乃公在赵国拼死奋战，彭越这竖子居然以称病为名安坐于梁？"

骂归骂，但对彭越这个人，刘邦实际上也并未多想。和韩信不同，彭越毕竟还是忠厚的。十多年前刘邦自彭城引兵攻昌邑时，曾得到在巨野一带游击的彭越的鼎力相助。汉三年，荥阳之战进入反复拉锯的最艰苦的时刻时，也是彭越主动在后方不断向楚军发动牵制性进攻，削弱楚军战斗力，配合汉军反击。唯有汉五年的固陵之战前夕，彭越才因封赏不公而未领兵如约助战。可以说，在十多年的戎马生涯中，刘邦和彭越多有合作，两人多少有些感情。也正因彭越为人还算忠厚，所以在受封于富庶的砀郡后，刘邦也未像韩信那样将其革爵降封，控制于长安严加防范。

这样的人，理应为藩臣之表率。事实上，彭越在受到朝廷的申饬后也确实准备入朝请罪。可谁知，梁将军扈辄却言于彭越曰："陈豨举兵大王不往，今见让而往，往则为朝廷所擒矣。为今之计，只能发兵而反，方能自保!"于是，彭越才最终未再入朝。

试想，若不是梁太仆潜逃至长安检举，谁又能想到本来老实忠厚的彭越居然仅在受到申饬后即和部下密谋举兵。虽说梁太仆多少有些挟私恨而报复的意思，但在前有陈豨、后有韩信的情况下，任谁也不敢大意啊！彭越和韩信颇为不同。其不但极富统兵才能，而且有隶属于自己的兵力。当年在楚军的围剿下居然能以区区三万精兵坚守梁国三年，甚至屡败楚军，可见其能。而且，彭越不是被控制于长安并削去兵权的韩信，其梁国之砀郡西接河南，东出吴楚齐，是天下中枢。一旦彭越举兵，必然天下震动。因此，从梁太仆处得到彭越不轨的这个消息后，刘邦不敢不重视，立即诏令有司前往梁国秘密缉拿彭越。

彭越毫无准备，于汉十一年二月份被押送至洛阳问罪。经过审讯，廷尉署王恬启认为："反形已具，请论如法。"意思是虽然彭越尚无谋反之实，但闻扈辄不臣之言却不诛杀，可见已经有了作案动机。按朝廷律令，既然有不轨之动机，论罪当诛。

这简直是滑天下之大稽！淮阴侯韩信谋反倒是"证据确凿"。虽然可能是伪造的证据，但毕竟有作案动机、作案经过，且证人证词俱齐，尚且勉强能让人信服。可是，彭越是真冤！所谓"反形已具"者，实无谋反之行也！可是，面对廷尉署的巧舌如簧，素来不善言辞的彭越是百口莫辩。

好在自廷尉署出来后，彭越得知皇帝"宽宏大量"，已经赦免了死罪。不过，梁国肯定是不能再回去了，最后的结果是彭越被废为平民，流放到蜀郡青衣县。

数日前还在梁国为一国之王，数日后即成阶下之囚。朝廷无上的君威，让这拥有王侯之尊的藩王感受到无比恐惧；国家森严的法度，消磨了这位昔日纵横天下的枭雄的英雄气概。朝廷命令甚急，彭越不得不在当日便离开洛阳向西进发，赶往蜀郡。数日后，走到内史郑县时，正好遇到吕后。看着壮观的皇后仪仗，再想到这数日以来的不公待遇，彭越顿时老泪纵横，悲从中来。于是，彭越跪在地上向吕后哀求，希望能回老家昌邑养老。

此时，匍匐在地上浑身颤抖的彭越已是满头银发，言语不清，哪里还有当年的英雄气概。看着这个唠叨不已的老人，吕后缓缓开口曰："梁王劳苦功高，我定会向陛下进言。梁王且不必前往蜀郡，可随我的车驾同回洛阳。"可谁知，至洛阳不过两日，满怀希望的彭越被再度下狱。又过了两日，廷尉王恬启奏请当仿韩信之例夷灭彭越三族的命令传出。原来，吕后回到洛阳后并非向刘邦求情，而是力谏应立即处死彭越，理由为"彭王壮士，今徙之蜀，此自遗患，不如遂诛之！"

斩草当除根！《左氏春秋》就说：治理国家，见恶就要像农夫急于除杂草一样，锄掉它聚积起来肥田，挖掉它的老根，不要使它再生长，那么善的事物就能发展了。如今天下统一，彭越这样的人就是所谓的"杂草"，必当除之。如果妇人之仁，则如当年陈平所说的那样是养虎遗患。为汉家天下长治久安计，不得不慎重。于是，刘邦立即听从吕后之言，批复同意。

三月初，彭越三族被逮捕并斩首于长安。彭越被杀后，其肢体被醢为肉酱并遍赐诸侯，其首级则被悬于洛阳城门，以震慑天下不轨之徒。并宣示即便是"腹诽而心谤"也必须以"反形已具"而残酷镇压！不但如此，朝廷甚至特意颁布诏令曰："有敢收尸者，立即逮捕。"

可是，单纯的杀戮又岂能让人心服。孔子曰："志士仁人，无求生以害仁，有杀身以成仁！"孟子则说："生，亦我所欲也，义，亦我所欲也。二者不可得兼，舍生而取义者也！"正如孔孟之言，在有些人看来，生命并非是最重要的。

栾布，就是这样一个不畏死的人！梁人栾布，出身贫寒，早年便与彭越结识。后天下大乱，栾布被人劫持卖至燕国为奴。在燕国，栾布为燕王臧荼所看重，拜为都尉。汉五年燕王臧荼举兵时，栾布正在燕军中为将。后臧荼兵败，栾布便被汉军所俘。消息传至梁国，彭越立即以梁王之尊向朝廷求情。不久，被赦免的栾布便辗转来到梁国为梁国大夫。

彭越谋反案发生时，栾布正受命出使齐国。然而，待回来后，栾布才知梁王彭越已死。当此之时，梁国上下人心惶惶，梁国群臣人人自危。于是，朋友们都劝栾布赶紧躲起来，不要招惹是非。可是，栾布却执意前往洛阳。

三月的洛阳草长莺飞，景色宜人，正是出门踏青之时。尚未进城，栾布便看到昔日故主的首级已经被高悬于洛阳的城门之上。于是，在洛阳数万民众众目睽睽之下，栾布整肃衣冠，庄重地向彭越的首级下跪。行完大礼之后，栾布向彭越汇报：臣布奏，日前大王遣臣出使齐国。今臣已顺利完成使命，特向大王复命。接着，栾布大哭一场，为彭越祭祀尚飨。

仪式结束后，有司即将栾布逮捕押送至宫中。于是，刘邦指着栾布大声质问:"朕已下令不准为彭越收尸,你这逆臣却置若罔闻,不怕死吗?"遂命左右当场架起大锅。

然而,看着沸腾的大锅,栾布却镇定自若:"臣死自不足惜。臣尚有一言,说完可死。梁王有大功于社稷,天下共知也。今陛下仅因相疑就诛灭功臣,臣恐天下功臣人人自危!难道陛下又能诛尽所有功臣?梁王是臣主君,臣侍奉梁王是职责所在。今梁王已死,吾等人臣却还在苟活!陛下可知,臣早已是生不如死啊!"

栾布说的是,治理天下又怎么能依靠血腥的屠杀呢?即便韩、彭真的有不轨之举,惩办首恶即可,何必施以夷灭宗族、绝人子嗣的酷烈手段呢?孔子说:"恭宽信敏惠。恭则不侮,宽则得众,信则人任焉,敏则有功,惠则足以使人。"孟子说:"君之视臣如土芥,则臣视君如寇仇。"为人君者,以仁爱之心对待臣子,天下自然归心。反之,单纯以杀戮为手段,则必然使天下人心尽失。因此,沉默良久后,刘邦还是选择了赦免栾布,并拜为都尉以示安抚。

韩信、彭越无故被杀,大约也是刘邦无奈之下的最后选择。今刘邦垂暮而刘氏式微,如不铲平异姓强藩,百年之后刘氏天下如何能长治久安?一个开创万世不易基业的皇帝,是绝对不会如项羽那样妇人之仁。

第十三章　　陆贾使越

为了刘氏天下，区区虚名毫无意义。在汉十一年的三月，朝廷连续发布两道诏书：以陈郡、颍川郡，置淮阳国；以砀郡、东郡，置新梁国。立皇五子刘恢为梁王，皇六子刘友为淮阳王。对异姓诸侯是心狠手辣，稍有"腹诽"便动辄诛杀；可对同姓却又如此大度，不但将两个毫无治国之能的幼童刘恢、刘友裂地封王，甚至还分割支郡，宰割天下。

刘氏天下，一家一姓之天下！为了一家天下的万世不易，刘邦是何等殚精竭虑，用心良苦。处置彭越两个月后，整日如履薄冰的刘邦终于接到一个三千里外的好消息：南越赵佗向朝廷上表称臣，国家的南方边境即将迎来久违的和平。

说到南越赵佗，要追溯到二十多年前。

秦定天下后，因越人屡屡侵扰南方，秦廷遂以屠睢为都尉，领兵平越。彼时，秦人扫平六国，兵威赫赫。以关东六国百万之师尚且不能当秦之兵锋，何况尚在茹毛饮血的区区蛮夷。数万秦军兵分五路，东自黔中郡镡成县，西到庐江郡余干县长达一千余里的战线上向越人发动了猛烈进攻。

然而，平越之战远不像原本设想的那样轻松。面对强悍的秦军，越人采取避免正面野战，分散在高山密林中以游击骚扰的方式迟滞秦军。在南方丛生的瘴气和浓密的原始森林的掩护下，骁勇善战的秦军打得极为艰苦，损失惨重。在最后的决战中，秦军"伏尸流血数十万"，甚至主将屠睢亦被越人所杀。战事糜烂至此，实际上已经无法收拾。于是，伤亡惨重的秦军不得不停下来，战争也随之陷入了僵局。

为彻底征服越人，取得战争的胜利，秦人开凿了灵渠以连通湘水和漓水，保证大军后勤补给可以从巴蜀直接水运至岭南。秦始皇三十三年，秦廷又下令发"亡人、赘婿、贾人"为兵，以补充征越兵力，甚至还抽调了四十万移民随军南下。待一切准备就绪后，始皇帝正式任命任嚣为主将，领兵征越。

当时，恒山郡东垣（即真定）人赵佗也接到朝廷调令，为任嚣之副将。需知恒山郡东垣战国时属赵，所以赵佗是赵人，而身为赵人的赵佗居然能在数万南征的秦军中谋得一军副将之职，可见其能。

秦法以严酷著称，一旦战败，必将身死国法，故虽受重用，赵佗肩上的担子也不轻。因此，受命出征的赵佗丝毫不敢懈怠。在前途未卜的南越战场上，赵佗在任嚣的指挥下忠于职守，奋勇拼杀。最后，经过"三年不解甲弛弩"的努力，赵佗终于随任嚣平定了越人。

然而，本以为可以班师返回故乡的赵佗却接到了朝廷的命令：大军就地屯守，不得班师。任嚣为南海郡尉领兵屯守南越，行使南越军政大权；赵佗则以龙川令留在南越协助任嚣。之所以如此，自然是鉴于越人反复无常，唯恐大军撤走，南越复叛。可如此一来，任嚣和赵佗便只能在这远离故乡的异土生活。于是赵佗不得不留在南越协助任嚣推行秦法，积极安顿军民，发展生产。

若天下太平，赵佗追随任嚣治理好南越之地，则必能称之为治世能臣，功绩卓著，大可调入咸阳为公卿。可是，短短三年之后，始皇帝逝于沙丘，随之便是天下分崩离析、英雄奋起的乱世。

很快，南海诸县盛传朝廷将调集南海军北上勤王，且诏书和发兵的羽檄将不日发至南方。接着，三十万长城秦军在王翦之孙、王贲之子王离的指挥下加入赵国战场的消息也传至南越。看来，只需南越秦军按诏书的意思立即动员，即便不能在第一时间赶到关中稳定局势，至少也能兵临会稽，直捣反秦联军中最为强大的楚军的后方。

可是谁知，在龙川苦等朝廷诏书的赵佗却并未接到任何命令。直至数月后，心急如焚的赵佗终于接到郡尉任嚣的文书，要求其立即以最快的速度至南海郡治番禺。可当赵佗快马加鞭赶至番禺时，才得知任嚣已经躺在病榻上，时日无多了。于是，在病榻前，赵佗接受了任嚣这位老朋友最后的嘱托："陈吴等作乱中原，天下大乱。然秦为无道，天下共苦之。若出兵北上，则是无道之行，故朝廷发至南越的诏书和羽檄已为我所藏匿。天下大争，也是英雄奋起之时也，然南海僻远，我诚恐盗兵侵地至此！我本欲兴兵绝新道而自备以待诸侯之变，可今已病甚，不可为也。我番禺负山险，阻南海，东西数千里。颇有中国人相辅，此亦一州之主也，可以立国。郡中诸人皆是故秦长吏，实无足与言者。你我生死至交，故召公告之！"

身为朝廷命官的任嚣居然在天下大乱之时不思领兵赴难，而是想着欲以南越之地行自立割据之事。真是乱世枭雄！不过已经缠绵病榻的任嚣没有成为乱世枭雄的机会，而是将这个机会给予了更为年轻的赵佗。

于是，听完老朋友这断断续续的一番嘱托后，赵佗从任嚣手中接过了南海军政大权。随后，赵佗立即封锁中原大乱的消息以稳住军心，然后发郡尉檄书至横浦、阳山、湟溪三关守将，让他们以最快的速度封锁关口，绝断与中原的通道。如此，南越之地便被彻底被孤立起来，成为一个封闭的世界。其后，赵佗又秘密击杀秦人各级官吏，并换上亲信党羽，彻底控制南海郡。汉元年年初，秦崩溃的消息传至南海，赵佗即发兵兼并桂林、象郡，完全控制岭南地区。

至此，在赵佗的统治下，领有诸越之地，北至岭南，南达海滨，东西万余里的南越成为可以与汉并列的强大政权，其北部是汉之长沙国，东是闽越，西为夜郎，进可威服四夷，与中原争雄，退可据险自守，割据一方。

赵佗有数十万雄兵，其本人久经沙场，深谋远虑，不同于彭越、韩信等人。如果这样的人一旦在南方举兵而上，则南方诸郡国必然难安。于是，在汉十一年年初，朝廷即颁发诏书封赵佗为南越王，并遣使赐其印信，以图和解。可问题是南越已经自立为国，朝廷的诏书对其是否有效力？如赵佗不奉诏，朝廷又将如何处置？因此，为朝廷出使南越者不但要有大勇，还必须要有大智。

大智大勇的辩士，首推广野君郦食其，次则护军中尉随何。然而，郦食其已死多年，似乎也只有随何合适。而且，当年随何以区区二十人便胁迫英布反楚，确有机变之智，当得使越大任。可问题是，这随何不知为何并不受信用。

记得天下已定后刘邦曾置酒于洛阳，纵论汉所以得天下。当时，刘邦说"夫运筹策帷帐之中，决胜于千里之外，吾不如子房。镇国家，抚百姓，给馈饷，不绝粮道，吾不如萧何。连百万之军，战必胜，攻必取，吾不如韩信。此三人皆人杰也，吾能用之，此吾所以取天下也"，对三杰大加赞许。可谁知此话刚过，又称："随谒者一介腐儒，治理天下岂能用得上你！"

这句话说完，侍从在侧的功臣们无不大笑。随何无奈，只得微微笑曰："夫陛下引兵攻彭城，楚王未去齐也，陛下发步卒五万人，骑五千，能以取淮南乎？"在得到否定的回答后，随何再拜曰："陛下使何与二十人使淮南，臣如陛下之意平定淮南之地，是何之功贤于步卒五万人骑五千也。然而陛下谓何曰腐儒，为天下安用腐儒，何也？"

言辞如此犀利，搞得本来兴致甚高的刘邦是当场下不来台，只得立即表示正在核算功绩，可拜为护军中尉。

谒者是皇帝的仆臣，不过是比六百石的奴仆小吏；而护军中尉则是参与军机，拥有监察大权的要职，非亲信不能用。被视作左膀右臂、心腹之臣的曲逆侯陈平就是护军中尉。随何从谒者迁护军中尉，自然是超迁。可问题是，随何虽升护军中尉之职，但又一直未能受重用。比如，汉七年征讨韩王信，汉十年征讨陈豨，随何都未能随军参战，更不要说建言献策了。既然朝廷不予重用，随何空占护军中尉之职，还能"护"谁？

随何这"竖儒"，平时都不用，何况是事关重大、不容丝毫懈怠的使越之事？所以，朝廷纵有机变之谋臣，可真正让身为皇帝的刘邦放心可用的却是寥寥无几。最后，经过反复思虑，刘邦选择了稍微年轻的陆贾来担此重任。

陆贾虽然年轻，但早在沛县起义时就已经以客随军征战，从资历上说并不弱。而且，陆贾思维缜密，素有辩才，早在十年前便已经和郦食其一样出使各国。汉五年时，正是陆贾和平国君侯公两人临危受命前往楚军提议议和，才最终救回被囚数年的太上皇刘太公和吕后。

郦生已死，随何不用，唯有陆贾可堪大用。于是，陆贾再度受命，出使南越。

汉十一年开春之时，陆贾便带着皇帝的诏令和赐予南越的印绶离开了长安。出长安城后，陆贾先走武关南郡道南下南郡郡治江陵。在江陵短暂休息后，陆贾又泛舟云梦，溯湘水而上长沙国国都临湘。横穿八百里的长沙国，翻过岭南的阳山关，便是南越国南海郡郡界了。南越国都番禺便在阳山关南三百余里，只需顺湟水而下，不过七八日便可抵达。

进入南越国国都番禺后，陆贾一行很快被带入宫中谒见南越王。然而进入宫殿后，陆贾才发现这位高高在上的赵佗居然不着冠带，甚至箕踞而坐。其任侠桀骜之气，倒是和出身市井不重礼节的刘邦颇有相似之处。不过，越王无礼，身为外臣的陆贾却不能无礼。

于是，素来诙谐能言的陆贾庄重地整肃衣冠，然后微微开口曰："大王为中原豪杰，父母兄弟、祖宗世代坟墓均在恒山真定。而如今，大王自弃华夏冠带，欲以区区南越之地与汉相抗衡否？诚如是，则大祸不远矣！大王，秦人失政，群雄并起，却只有陛下能先入关中占据咸阳，此乃天命之所归也！后项羽倍约，自立为西楚霸王，诸侯皆属焉。当此之时，其势可谓至强矣。然汉王起巴蜀而鞭笞天下，劫略诸侯，遂诛项羽而灭之。五年之间，海内既定。如此功业绝非人力，实乃天命之所建也！君王王南越，不助天下诛暴逆，故我将相欲移兵而诛王。我天子怜百姓新劳苦，实不愿妄动刀兵，故遣臣授君王印，剖符通使。故外臣愚以为，君王宜郊迎，北面称臣。然君王不思归顺，反欲以新造未集之越以抗我王师乎？汉诚闻之，则掘烧君王先人坟冢，夷灭君王宗族，再使一偏将将十万众临越，则越杀王降汉如反覆手耳！"

陆贾这番义正词严的指责让赵佗不得不蹶然起坐，向陆贾谢罪曰："寡人在蛮夷之地居住已久，礼仪不周，先生勿怪。"

62

陆贾之言并非危言耸听。与国力雄厚的中原相比，南越虽威服四夷，但也不过是蕞尔小邦而已。一旦中原从战乱中恢复，凭借雄厚的人力物力，以南越那区区带甲十万的兵力岂能自存？以区区南越之地，抗命不从必会引来中原倾国之兵，结果只能是身死国灭。上表向汉称臣，不过失虚名而得自立之实，孰轻孰重，一看便知。观赵佗短短数年便能稳固执掌南越之权，并非不明形势的草莽，又岂会做出不明轻重的愚蠢举动？因此，当陆贾提出南越必须上表称臣后，赵佗并未矫揉造作。

不过，在谈完正事后，任侠之气极浓却已经离开中原二十年之久的赵佗还是聊到了长安的近况。三言两语之后，赵佗口风一转，问道："寡人与萧相国、曹相国、韩淮阴相比，谁更贤能？"没想到在得到陆贾"王似贤"的回答后，桀骜不驯的赵佗又问："然则寡人与陛下比，谁更贤能？"

这个问题极为无礼，君臣有别，又岂可相提并论？于是，陆贾立即正色开口道："今上承三皇五帝之伟业，混一中国。中原物财丰盈，人杰地灵，实非远邑小邦可比也。今上能治天下亿兆万民，御极华夏，实开天辟地以来未有之事！大王治下臣民不过几十万，且尽为散布在贫山瘠岭之蛮夷。论丁口，不过当朝廷一郡，又怎能与陛下相提并论呢！"

可谁知豪气干云的赵佗却仰天大笑曰："寡人不居于中国，自然在这蛮夷之地称王。如寡人居于中原，怎么就见得不如皇帝陛下！"

挟十万之众，成一国之王，固然是了不得的英雄事迹，但此时此刻，赵佗对北方那位以一介亭长而扫平海内，成就皇帝之业的刘邦大约也有惺惺相惜之感。然而，"吾不居于中国"，以至英雄奋起之时却不能与那刘邦驱驰并立，又未尝不是这位一世枭雄的最大遗憾。大约，此时的赵佗也只得长叹：也正是刘邦这样的英雄人物，才能让陆贾这样的机变之才俯首称臣啊！于是，感慨的赵佗将陆贾留在番禺数月，日日畅谈中原的英雄人物和故乡的风土人情。

时光飞逝，终于到了离别时刻。在番禺城外，已经两鬓斑白的赵佗执陆贾手依依不舍："寡人离开故土已经二十余年，日日尝思故乡之水。然寡人今已近天命之年，奉天子令而守南越，不知能否再回真定。今闻天子已定恒山真定，望陆生能代寡人前去看望真定父老。蛮夷之地，实无有可言语之人。陆生来此，才让寡人每日听到从未听过之事，才知道中原的英雄豪杰！南越鄙邑，亦有千金之资，奉予陆生。"

于是，陆贾庄重地拜别了这位南越之君，然后沿着原路返回长安。随陆贾一起回到长安的，还有南越上表称臣、剖符通使，以及将为汉室镇守南方的好消息。

第十四章　　　淮南之忧

"上表称臣，为汉镇守南方？乃公非无知小儿！当年，刘季这匹夫定盟誓曰：'使河如带，泰山若厉。国以永宁，爰及苗裔。'韩淮阴苗在何处？梁王裔在何处？"

就在南越上表称臣的消息传出之时，淮南国都寿春却隐约传来对朝廷颇有微词的声音。对朝廷颇有微词者不是别人，正是代天牧民的淮南王英布。

英布，九江郡六县人。传说英布乃上古贤臣皋陶之后，有贵族血统。可是，英布这个人无论是作风还是性格都完全不像贤明的上古贵族的后代。英布成年之时即坐法而受黥刑，不久，又被发至骊山为刑徒。如果说出身亭长小吏的刘邦是寒微，那这英布就是卑贱。不过，英布为人有任侠气，心胸倒也豁达，不但对自己坐法为徒之事毫不在意，还时常对朋友们笑谈往事："少年时代有人相面说我当刑后而为王。今者即已受刑，岂不能为王乎？"甚至改英姓为黥姓，自称黥布。

在骊山服役时，英布在刑徒中积极联络豪杰，最终逃匿于江中为盗。秦二世元年七月，先是陈胜起兵于大泽乡的消息传至，随后便是沛公起于沛、陈婴起于东阳、项梁起于会稽，秦人在东南一带的统治土崩瓦解，天下大乱。

当时，鉴于张楚军及其他反秦军和秦军在砀泗一带激战，形势尚不明朗，而庐江郡番阳令番君吴芮为人宽仁，有英杰之气，在吴越一带有很强的号召力，因此潜匿在江中的英布思虑再三后没有立即北上参与战争，而是带着手下群盗南下至庐江郡番阳县投奔吴芮。

至番阳后，颇有勇力的英布很快便得到重用，甚至娶得吴芮之女为妻。正当英布在番阳不断发展时，张楚败于章邯，陈胜亦死的消息传至。于是，英布便和吴芮领兵北上，并与蒲将军、东阳陈婴等人一起渡淮加入项氏叔侄的楚军。

英布此人，作战时往往悍不畏死，勇猛顽强。其所部由豪杰群盗整编的义军战斗力也极强，素来以敢打硬仗、作风坚韧而著称，为当时楚军中一支特别能打的劲旅。正是凭借自己的统兵能力和麾下这支强大的武装，英布在投奔项氏后很快崭露头角，并得到重用，甚至被封为当阳君。汉元年四月项羽分封时，英布受封为九江王，领故秦之庐江、九江诸郡。

得项羽看重，昔日的罪犯还真裂土封王。不过不知为何，英布对恩重如山的项羽却并非忠贞不贰。汉元年五月项羽平齐时曾征九江兵，英布仅调四千人北上，应付了事。汉二年四月楚汉决战彭城，英布甚至连样子都不愿做，对相距不过二百里的彭城未发一卒，自始至终坐观成败。汉二年夏，英布更是在随何的胁迫下彻底弃楚投汉，成为冲锋陷阵的反楚大将。汉五年平项羽时，英布又领淮南军积极配合刘贾的汉军进攻九江，并最终在垓下击败项羽。

如此背主无信，自然是小人行径。可在乱世中，谁讲道义？远者，讲道义的宋襄公军败身死，以诈力并诸侯的秦人却最终得天下；近者，"常称义兵不用诈谋奇计"的代王陈余于井陉被韩信一战而灭，最终落得个身死国灭的下场，而以诡诈强力"劫略诸侯"的汉王刘邦却扫平海内，建立不世之业。礼崩乐坏，道义不存，乱世之理！

所以，出身卑贱的英布能有如此之功，自非靠什么虚无缥缈的道义。英布在平楚之后之所以能得封淮南王并领有九江、庐江、衡山、豫章四郡靠的绝不是玄虚的道义，而是手中的数万精锐。数万淮南精兵，就是英布在乱世中安身立命的根本保证！

不过，汉十一年即便不是海内清晏的治世，也已不是英雄并起的乱世。乱世中引以为富贵的根本，在治世中却成为让朝廷时时警惕的催命符！否则当年一同奋战在反秦战场上的异姓藩王为何先后死于非命？

该来的，总归要来。汉十一年英布出猎返回寿春时，却被从长安远道而来的使者告知有朝廷赏赐送达。英布打开赏赐的木盒一看，居然是血肉模糊的一摊烂肉！而当朝廷使者告知这是彭越的肉酱时，平素杀人如麻、悍不畏死的英布大骇，立即跪在地上两股战战，口称死罪，不敢背朝廷。

虽是春日，但微风轻拂，浑身冷汗的英布立即感到彻骨寒冷：朝廷先无罪而诛韩信，后又不顾及道义，竟以"反形已具"为名诛杀梁王彭越！彭越也算英雄人物，居然落得被剁为肉酱下场，岂不哀哉！二月诛韩信，夷灭三族；三月杀彭越，剁为肉酱；焉知明日不是他英布？毕竟，有能力"不轨"的除了他淮南王之外已无他人。对安坐长安的那位打了十多年交道的沛公，英布实在是太了解了：那沛公刘邦素来隐忍狡诈，如真当他是什么忠厚长者，早就不知道死多少回。为今之计，未雨绸缪，方为自存之道！于是，待朝廷使者离开寿春后，英布立即密令淮南诸郡动员郡兵，积极备战。

不过，在接到彭越的肉酱后，朝廷又风平浪静，甚至没有派一个御史来寿春调查。

意外，却又不意外。在英布看来：大约是朝廷以"反形已具"为名诛杀功臣，让天下议论纷纷，那沛公刘邦多少还是有些顾忌的吧！可谁知到七月初，英布没听到朝廷动刀的消息，反倒是听到宠爱的美人和中大夫贲赫的风言风语。

66

原来，前段时间，英布宠爱的美姬曾生病求医。当时，家住医者对门的淮南中大夫贲赫便借机送礼，希望能让美姬在英布面前美言几句。这事本不是大事，然英布本就多疑，何况又是在这个敏感的时候。本来嘛！空穴来风未必不实，况且又是这种宁可信其有，不可信其无的男女之事。美人口口声声称两人并无苟且，但空口白话，岂能让人信服？可想而知，正在焦头烂额的英布听到这样的尴尬事是何等震怒！于是，英布也不顾美姬的分辩之辞，立即下令缉捕贲赫。

然而未等多久，得到的却是贲赫早已奔逃，并已经逃至长安的消息。按常理推断，这贲赫逃至长安必然是效法已受封慎阳侯的栾说告发韩信之事，去告发淮南国。而朝廷一旦得到贲赫的告发，则必对淮南国动手。

随着贲赫的出逃，淮南国已经是危在旦夕。可以毫不夸张地说，此时除了放手一搏外已经别无选择。因此，思虑再三的英布急召淮南相朱建等心腹大臣和将军们入宫议事。

朱建，楚人，反秦时便一直跟随英布征战。朱建曾在淮南国有罪而逃，可后来回到寿春后，英布对其依然信任有加。之所以如此信任朱建，是因为朱建素有"行不苟合，义不取容"之称，是忠贞长者。另外，朱建"为人辩有口，刻廉刚直"，在政治上颇有远见卓识，甚至可以说是淮南国最为杰出的人才。而举兵"行大事"有进无退，不可不慎重谋划。所以，此时听听朱建的意见很有必要。可是谁知，素来稳重的朱建听到密谋举兵后急得连连摆手："大王，举兵是有死无生的大事。陈豨骁勇、臧荼有谋略，可是为何不过三月便被朝廷讨平，实乃实力使然！今以淮南国四郡之力，岂能抵挡朝廷倾国之兵？况陛下英明神武，并非昏聩之君。大王自虑，以用兵而论，与陛下相比孰强？"

朱建这番话并不是虚言。共尉、臧荼、韩王信、陈豨，并非不知兵的庸才，可是自汉五年以来，这些人无论用何种方式，无一撑过三个月即被讨平。这绝不是一两句"不知兵"就能解释，实力对比的悬殊是根本原因。

可是，听到直言，心有不甘的英布却立即反驳道："相国只知其一不知其二。今上老矣！我听密探奏报，刘季这匹夫已经卧病十余日之久，群臣如绛侯周勃、颍阴侯灌婴等人皆莫敢入。老病而厌兵，缠绵病榻，必不能来！今我淮南起，刘季必使诸将将兵。诸将我独忌惮淮阴侯韩信、梁王彭越，余辈不足论。而今二者皆死，我又何惧哉？"

英布刚刚说完，心腹之臣梁父侯立即开口称善：今放手一搏，尚有成功可能，否则就是坐以待毙。观陈豨、韩信之事，还能期望朝廷不追究？

道理并非不能理解。刘邦固然是忠厚长者，但诸子年幼，宗室不振。为刘氏天下而计，刘邦也必会想方设法剪灭异姓藩臣。这倒不是因为刘邦本身就是无信无义的小人，而是形势迫使他不得不如此。与其说陈豨、韩信、彭越死于刘邦之手，倒不如说死于至高无上绝对权力的争夺。大势如此，无可奈何！而这大势之下，英布自然也难逃脱。即便今日没有贲赫，明日也有贲赫！

除了放手一搏，英布确实已经无路可走。于是，在七月初时，英布不顾朱建的激烈反对而杀贲赫全家，宣示起兵。

第十五章　　薛公论兵

通过淮南中大夫贲赫，朝廷得知淮南王久有不轨不臣之心，甚至数月前已经违反朝廷律令秘密下令诸郡动员郡兵。如今，淮南之斥候侦骑已经深入楚国沛郡，眼看是大战在即。英布勇猛能战，朝廷应当早做准备，以免到时局势难以控制。

然而进入七月份，公卿彻侯们除了听说月余前皇帝刘邦采纳相国萧何秘密控制贲赫并调御史前往淮南的建议后，便不见朝廷拿出任何实质性的方略，甚至皇帝连续数日不曾上朝。这英布绝非善男信女，其麾下之淮南军也颇为精锐。此时朝廷若熟视无睹，到时候必然不好收场。

统兵平叛是军国大事，不见皇帝，上从相国萧何、御史大夫赵尧，下到列卿谁也不敢发话。最后，直到通过询问舞阳侯樊哙，公卿彻侯们才知道：皇帝病重，躺在禁中已经数日之久，确实无法处理朝政。然而，如今淮南之事甚急，这样中枢无主也不是办法。无奈之下，太尉周勃和车骑将军颍阴侯灌婴建议还是由樊哙带头入内问策，群臣跟进。与旁人相比，樊哙是吕后妹婿，又是皇帝寒微时的好友，还是被视为爪牙的心腹之臣。由樊哙带头，自是最合适不过了。

然而，当樊哙进入禁中寝宫推开宫门，才猛然发现皇帝正以宦官为枕头，孤独地躺在那里。透过高大门廊的丝丝阳光印在这位人间皇帝的脸上，显得格外寂寥。昔日英明神武，纵横驰骋于沙场的开国君王，如今是满头银发，双目微闭，尽显老朽之态。看到如此凄凉的景象，那段在鸿门营帐中生死相随的岁月突然闪现在眼前，让樊哙泪流满面："想当年，丰沛起事，扫平天下，是何等雄壮！今天下已定，陛下又何其疲惫！陛下病甚，大臣震恐。陛下不见臣等而独与宦官同处，不见赵高之事乎？"

听到这番话后，刘邦睁开浑浊的双眼微微发笑："樊舞阳，真是憨直！淮南之事，已经十分紧急？那就召集将军们议一议吧！"于是，在内侍的帮助下，刘邦艰难地穿上皇帝的冠冕章服，前往大殿主持朝议。

在公卿彻侯和将军们全部聚集于前殿后，刘邦对着百官之首的相国萧何开口发问："相国，月余前贲赫致书曰：'英布谋反有端，朝廷可早做准备'，相国却认为'英布不宜有此，恐怕是因仇怨而妄诬之'。今英布既族贲赫，可见其反意已是昭然若揭。既如此，朝廷当如何应对？将军们可有对策？"

谁知百官之首的相国萧何尚未开口，将军们便高呼："朝廷当速速发兵击之，坑竖子耳！"

然而，大呼小叫并不能解决问题。英布此人，颇有用兵之略。淮南国虽小，却也能动员出十万能征善战的精兵。淮南军虽缺少骑兵致使其机动力不足，但其舟师和材官却颇为精锐，甚至超过朝廷郡兵。英布能战，淮南兵精，征讨淮南必须慎重。实际上，秦楚之际的将帅们，除了淮阴侯韩信和梁王彭越，谁也不敢说对上英布的淮南军时能战而胜之。历数朝中诸将：樊哙、周勃勇则有余，谋略不足；灌婴、靳歙虽擅骑兵，步战却非其所长；王吸、薛欧为一营之将，无统帅之才；陈贺、孔聚能为偏师，不能将主力；郦商、傅宽旁系出身，难将嫡系。数来数去，唯有一个曹参可堪大用。可身为齐相的曹参却又偏偏不在朝中，而是在齐国主政。将军虽多，但实在难以拿得出一个让人放心的统帅！

看着将军们大呼小叫、议论纷纷，深知用兵须慎重却暂时又无人可用的刘邦也是颇感为难。游目四顾时，唯见太仆夏侯婴闭口不言。于是，刘邦便开口询问："滕公沉默不语，难道是有破敌之策？"

夏侯婴是个忠厚老实的"长者"，也是一员善将轻车的大将。可是，奇谋诡计、运筹帷幄却非其所长。征讨淮南，事关重大，这平时连话都不多的夏侯婴哪能拿出良策？所以，这句话不过是随口问问而已。可谁知刘邦话音刚落，夏侯婴庄重行礼，然后轻捻胡须谈论英布之事："陛下，臣之门客薛公，原为楚之令尹。数日前，薛公曾对臣说'英布是固当反'。臣问何故，薛公则答曰：'英布、彭越、韩信乃同功一体之人也。朝廷以罪诛彭越，杀韩信，英布必疑；既自疑灾祸及身，岂能不反？'今日陛下发问，臣方知其所言不虚。故臣窃以为，可召薛公问策！"

夏侯婴并未直接对策，而是提出了薛公，这倒是让刘邦大感兴趣，因为薛公也是熟人。楚令尹薛公，原为项羽手下大将。汉三年下邳之战时，薛公领兵击汉，结果败于刘贾、卢绾。此后，薛公便由楚入汉，辗转成为夏侯婴的门客。薛公此人长期在楚军中为将，对英布必然颇为了解。既然朝廷商议对英布用兵，说不定还真能从薛公口中得出可用之策。于是，刘邦立即命夏侯婴将其召来问策。

很快，薛公入殿参加朝议。入殿后，薛公先向皇帝行礼，然后环顾殿中的公卿彻侯侃侃而谈："陛下，臣以为英布举兵实不足为怪。以如今之形势早晚会反，问题是英布会如何部署。以臣看来，英布有三策。英布若用上策，则崤山之东恐将不保；用中策，则胜败之数未可知也；用下策，则陛下可安枕而卧矣。"

何谓三策？薛公对曰："东取吴，西取楚，并齐取鲁，传檄燕赵，固守其所，则山东非汉也。此为上策。东取吴，西取楚，并韩取魏，据敖仓之粟，塞成皋之口，胜败之数未可知也。此为中策。东取吴，西取下蔡，置辎重于越，身归于长沙，则陛下安枕而卧，汉无事矣。此为下策。"

不难看出，薛公所提的这三策基本涵盖了英布所有可能的进军路线。可是，朝廷兵力有限，当然不可能在这三条战线上处处设防。那么，英布会以何策进兵呢？若细细分析，上策过于冒进，下策则过于保守。英布既然素称知兵，大约会采用中策。可是，薛公却保证："英布必用下策！"为何舍上中而用下策？盖因英布乃故骊山刑徒，奋多年之力而致王侯之尊。身即显贵，自不愿顾忌身后，作长久打算，故必用下策！

听到这番话后，刘邦大喜，开口称善，立封薛公千户，随后又下诏废除英布淮南王的爵位，以皇七子刘长为淮南王，迁计相张苍为淮南相。

虽然没有直接说出兵淮南，但诏书的言下之意已明——朝廷已经准备出兵讨伐淮南。

不过薛公的话也只是定下了大方向，出兵讨伐还是要作具体的运筹部署。而庙堂运筹，又以择将为先。由谁带兵出征？刘邦一连数日病重不起，自然不太适合亲征。即便不谈刀兵凶险的战阵，以刘邦残病之躯就是前往一千八百里外的淮南本就不是一件轻松的事情。既然薛公说英布目光短浅，不会作长久打算，那以太子领兵、曹参辅之大约也是可行的。于是在慎重思考后，刘邦决定授予太子刘盈统兵大权，代己出征淮南。

然而不知为何，这个想法尚未制诏，即被吕后得知。在刘邦面前，一直以"刚毅"而称的吕后哭泣哀号："英布乃天下猛将，素善用兵。今领兵出征的朝中诸将皆是陛下故旧，资格甚老。太子年幼，岂能调动？太子将兵，无异于使羊将狼，必然使将帅不和。而英布一旦得知，则会一举向西。到时，太子危急是小，社稷倾颓是大！陛下虽病，勉强载于辒车亦可统兵。陛下统兵，诸将不敢不尽力。陛下虽病，可为了妻儿老小，还是要振作！"

这番话还真是可笑得"有理有据"！当初说太子仁弱，不能当储君大任，群臣不允；如今授予太子统帅大军之权，让其为朝廷社稷领兵出征，又是推三阻四。不敢为国为民以身涉险，一生安坐于深宫，岂能为合格的储君？因此，听到吕后的哀号，一生征战的刘邦忍无可忍，破口大骂："刘盈竖子无能，不足用以遣兵。军国大事还是要靠乃公。"

此时此刻，身为皇帝的刘邦却极为凄怆：太子无能，藩臣不轨，宗室难用，功臣势大，以至于戎马半生后，在病卧不起的情况下还要带兵上阵，甚至要躺在战车上指挥大军。

也许能平英布，但能护得了大汉社稷百年？这个开国之君一旦逝世，刘氏的后代还能镇得住天下？然而，为了子孙能安享太平，刘邦如今也只好拖着风烛之年的疲惫身躯重新跨上战马。

第十五章　薛公论兵

第十六章　　东击吴楚

朝廷虽已着手准备讨伐英布，但大军出动牵涉到的粮秣补给、诸军整编等种种繁杂事务没有一个月断难完成。英布作战经验丰富，深知兵贵神速，自然不会坐等朝廷不断调兵遣将。所以，在七月到八月甚至到九月，朝廷所能依靠的，唯有和淮南接壤的荆楚两国。

自淮南国寿春往东二百里，即为刘贾的荆国。荆王刘贾，为皇帝刘邦远房从兄。刘邦沛县起兵后，刘贾便追随左右。汉元年，刘贾便以将军身份还定三秦，讨平司马欣。汉三年七月修武分兵后，刘贾和卢绾领二万步骑从白马渡过黄河深入到砀郡、东郡一线，向项羽薄弱的后方发动了大规模攻袭。在刘贾和卢绾的指挥下，汉军长驱六百余里，连破数县，焚毁楚军聚积在砀郡的粮库，大大削弱了荥阳前线的楚军。汉五年楚汉决战于垓下时，刘贾自陈郡南下，兵围寿春，迫降楚大司马周殷，从南线完成了对项羽的包围。

因经历连续数年的秦楚战争，刘贾在刘氏宗亲中，算得上是少有的知兵能战之人。也正因如此，汉六年正月刘贾被封为荆王，领原韩信楚国东部之郯、东阳、会稽三郡五十二县。

可是，言及这位战功赫赫的荆王，英布却是不以为然。在英布看来：刘贾固然算得上知兵，但并无深谋远略。比如砀郡之战，刘贾领二万精兵，楚军却是弱兵，故"胜之不武"。其所以能为一国之王，靠的不过是宗亲出身而已。今荆兵虽精，但刘贾无能，故不足为虑。《孙子兵法》曰："故用兵之法，十则围之，五则攻之，倍则战之。"因此，淮南军当先击刘贾，以确保后方无虞。

而此时，根据斥候情报：刘贾已经将荆军主力集结在荆国和淮南国交界处的盱台县一带。

在军营中听到这个消息，一身戎装的英布忍不住对着部将大笑："当年刘仲无能，未见匈奴便望风而遁。刘贾倒不像其从兄那样无能，还知道领兵击我。然荆军聚于盱台，却在我下游。刘贾不知兵势如水，势如破竹的道理？我军顺江而下，刘贾如何能当？只需聚歼荆军于江北，荆国可定矣。"

于是，在英布的指挥下，数万骁勇善战的淮南军自寿春下淮水，再以舟师顺淮水而东，经曲阳、钟离诸县进入荆国东阳郡淮泗口的盱台县。寿春至盱台近五百里，如按步骑的速度，没有八天时间是无法到达的，但淮南军以舟师顺江而下可昼夜疾行，不过五日便可兵临城下。因此，淮南军进入盱台县时，荆军尚未准备充分。结果一战下来，备战不周的荆军在淮南军的凶猛攻势下全军覆没，荆王刘贾奔逃至富陵时亦为淮南轻骑截杀。

荆国虽都于江东吴县，但其统治中心却在江北广陵。所以，今荆军主力既然没于江北，荆王刘贾亦被阵斩，则荆国已定。

扫平荆国后，英布是踌躇满志：刘贾也算是一员大将，可在淮南兵锋下，一战而没。由此可见，大约朝廷汉军也不过如此。而且，荆军素称轻骠勇悍，可堪大用。将这荆军溃兵稍加整编，淮南军又可得数万精兵。另外，荆国素称富庶，广陵县的物资粮秣堆积如山。如今只需取其积粟，收其精兵，则东南归为淮南矣！

于是，英布领大军屯驻在荆国淮泗口短暂休整。一方面对荆军进行整编，将其纳入淮南军作战编制，一方面大肆掠取荆国物资，以为大军补给。

就在英布驻军于淮泗口时，侦骑来报：数万楚军在楚王刘交的亲自指挥下从彭城顺泗水而下，进入僮县，准备进击淮南军。楚军行动甚速，其前锋已经抵达徐县一带。

楚国之彭城、东海、薛郡三郡虽仅有三十六县，但都是大县，其民户超过拥有五十二县的荆国。以楚国之国力，楚军至少可动员十万带甲之士。所以，单论国力，淮南远不能和楚国相比。然而，英布听到这个消息并不担心。因为庙堂运筹，当以择将为先。楚军若以楚中尉或楚相冷耳领兵，则淮南军或有一场血战；但若是刘交亲自领兵，则和刘贾一样不足为虑。为何？盖因刘交实非知兵之人。

楚王刘交，为刘邦异母幼弟，少时好书，多有材艺。几十年前，刘交曾与鲁之穆生、白生、申公诸人俱受《诗》于荀子弟子齐国儒学大师浮丘伯。秦始皇三十四年，因秦廷焚书，刘交才自齐回到沛县，并跟着刘邦游历。后来沛县起事，刘交又跟在刘邦身边出谋划策。

因长兄刘伯早死，次兄刘仲无能，故刘邦对这个幼弟格外宠爱，不但允许其常侍禁中，而且在至霸上时便将其封爵文信君。汉六年大封同姓时，刘邦便以原韩信楚国之淮西三十六县立新楚国，并将其封给刘交。当时，因长期战乱，原本富庶的楚国已是一片废墟，因此治理好楚国并不轻松。刘交至彭城后，采取文治政策，休养生息。不过数年，楚国即从战乱中恢复过来，成为和齐国一样的东方大藩。

不过，刘交虽善治政，却从未上过战场，也从未听过有治军之才。试想，此人为将，岂能打胜仗？因此，听闻楚军全师而来，作战经验丰富的英布毫不在意，立即动员淮南军溯淮水向西，迎击楚军。

当淮南军急速行军到徐县北部时，发现楚军已经屯兵于此。可是，待英布细细观察楚军营地时，却发现数万楚军居然并未屯兵一地，而是分成三军。《六韬》曰："凡兵之道，莫过于一。"行军作战最忌讳的当属无故而分散兵力，散则弱，弱则败，这是兵法常理。可是楚军不但不集中兵力，还要在徐、僮之间无缘无故将数万车骑分为三军，岂不怪哉？如此怪异的部署，让征战十多年的英布实在想不通。

直到数日后，英布才得知此事的来龙去脉。原来，楚军如此部署均拜刘交所赐。其所以如此，是为了三军可以互相救援，互为犄角，达到出奇制胜的目的。可是，当时就有楚军将领认为如此部署乃舍本逐末的下下之策，并提出"布善用兵，民素畏之。且兵法，诸侯战其地为散地。今别为三，彼败吾一军，余皆走，安能相救。"

何谓"散地"？《孙子兵法》云："诸侯自战其地为散地。"那为何"散地"交战就"彼败吾一军，余皆走"呢？道理也不难理解。徐、僮之间虽为吴楚交界处，但距楚国彭城并不远，是楚军主场。当在主场作战却首战不利时，士卒必然认为后方不稳，作战意志也必会受到影响。因此，今楚军分为三部，只要一部兵败，余部气势一丧亦会崩溃，谈何互相援救，出奇制胜？其实，此时淮南军挟大胜之势全军而来，本就锐气正盛。面对如此强敌，就更要集中兵力。最为稳妥的部署是全军集结一处，深沟高垒，拖住淮南军，等汉军主力抵达，再进行决战。可是，刘交居然选择了下下之策。

有如此统帅,楚军再精锐又有何惧哉?于是,大感机不可失的英布立即集中淮南军主力,不顾疲劳向楚军发动猛攻。结果,锐气正盛的淮南军一战而下楚军前军,楚军左右两军立即望风崩溃。全军大溃后,刘交一路向北狂奔二百五十里,至薛县才稳住阵脚。

刘交出逃,楚军主力数万精锐车骑大溃于徐、僮间,楚国已无可战之兵。于是,英布调一部轻骑继续追击刘交残部,主力则立即溯泗水北上,围攻楚国都城彭城,准备一举灭楚。

彭城,古为唐尧所封的彭祖之都,春秋属宋。周赧王二十九年,齐、楚、卫三国联军灭宋,彭城遂属楚。秦并天下后,以彭城为彭城县,属泗水郡。秦二世二年,楚怀王在彭城主持会议,命楚军诸部集结于彭城,共议救赵灭秦大计。此后,彭城便成为楚军的根本之地。项羽称王后,亦以彭城为西楚国都,大力经营。经数百年之营建,彭城算得上是东南第一大邑。而此时,留守在彭城的是辅佐刘交的楚相冷耳。

冷耳,沛人,秦二世元年刘邦沛县起兵时,冷耳即以客从。汉四年韩信将兵攻齐,冷耳被配属至韩信军中。在攻齐之战中,冷耳和傅宽一起领军大破齐国大将田解,威震三齐。冷耳虽然年轻,但用兵沉稳,绝不是刘交那样不通兵略的人。然而,楚军大溃,主力已经覆灭于徐、僮之间,如今彭城已经是一座空城。冷耳手中无兵,又岂能抵挡挟大胜之势而来的淮南军?

然而,当数万淮南军推进至彭城连续猛攻数日,却屡攻不克,以至损兵折将,士气大挫。

重兵不能聚集于坚城之下,此乃兵法常理。于是,英布调偏师继续围攻彭城,主力则西进攻取蕲县、下蔡诸县,以孤立彭城,同时确保淮南军侧翼的安全。

下蔡,为故秦泗水郡最南部的县,和淮南国都寿春隔淮水相望,两城相距不过六十里。汉军若南下,则必从下蔡渡淮。所以,淮南军攻取下蔡,即可稳定寿春北部,为长期作战做好准备。本来,下蔡之地至关重要,同样也为朝廷的必争之地,需认真守御。可是,英布攻击甚速,下蔡、蕲县又兵微将寡,岂能抵挡连战连捷的淮南军?不过数日,下蔡、蕲县等地即失陷。

至八月末,除了彭城尚在冷耳掌控之中,楚国南部的国土全部被英布收入囊中。

第十七章　　大军东出

汉十一年八月，仲秋时分，秋雨洒落在关中大地，让干涸的关中平原一片泥泞。远处，几十名披甲骑士，纵马越过道上积水。骑士通过后，列阵森严的骁勇骑士四骑一排，缓缓踏过积水处。轻风吹过，负羽摆动，气势非凡。

如此骁骑，必是朝廷最精锐的郎中骑。月前，朝廷颁诏吊民伐罪，以征讨淮南叛臣，想必这便是朝廷大军集结了。郎中骑既已出动，则朝廷必是全军而出。

大军一出，劳师糜饷，日费万金。若非英布势大，朝廷岂会全军而出！要知道，自七月至九月，刘贾被杀，刘交溃逃，彭城被围，荆楚被灭。短短一个多月，东南半壁江山已不姓刘，这可是朝廷自汉五年臧荼以来从未有过的大败。即便势大兵精的陈豨，也未能一个月连破两国。谁又能想到，朝廷刚刚做出征讨淮南的决策便遭遇如此大败；谁又能想到，英布之兵居然精锐到如此地步？既然英布之兵甚精，则决不可等闲视之，亦不可妄图以区区奇兵便讨平淮南。为今之计，唯有集结大军以绝对优势兵力将其碾压！于是，就在英布被牵制于东南时，朝廷有条不紊集结兵力。

为彻底讨平英布，汉军集结的兵力可谓异常庞大。早在七月，西北上郡、北地、陇西边郡车骑开始集结南下；自巴、蜀、汉中调集的巴蜀材官也已从汉中北上进入关中。八月，朝廷直辖之北军除尚在北方平代未归的一部外，其余诸营悉数动员并集结于霸上、蓝田。此外，太子卫率以及卫士三万余人也悉数集结，至霸上待命。同时，朝廷又以最快速度发出羽檄至燕、赵、齐、梁、楚诸国，命各地藩臣立即动员步骑南下，与朝廷会兵于淮南。

不算关东诸藩之兵，仅集结于关中的汉军精锐已达十余万。如此庞大的兵力，用来剿灭陈豨、韩王信已经足够，但对阵威震天下的悍将英布则恐不足。于是，除一线主力外，朝廷又下诏赦天下死罪以下囚徒，皆令从军参战。

所谓"赦天下死罪以下皆令从军"只能算是紧急征兵的一种极端方式，正常情况下是不会采用的。不过，英布连并两国，其势甚大，唯有以绝对优势兵力方能取胜。因此，这也是朝廷深深忌惮英布，不得已而为之的举动了。

朝廷诏令已下，故从七月开始，自霸上至杜县、蓝田、新丰诸县，或是披甲执戟的甲士，或是操弩引弦的蹶张士，或是策马奔驰的骑士，整个关中很快成为巨大兵营。至九月，朝廷各部完成调动部署：除巴蜀材官、太子卫率和卫士三万余人由太子监领，驻兵霸上作为二线兵力外，西北车骑及北军诸营将东出函谷，投入淮南战场。

九月初，十万步骑从霸上拔营而出。同时，刘邦也离开长乐宫，来到肃杀的霸上。

霸桥曲邮边，皇帝的仪仗车驾赫然在列。此时，早已满头银发的皇帝刘邦正与随行的大臣议论国政。

"陛下，闻英布举兵淮南，臣自当随从出征。然臣已是残病之躯，实无能追随。英布素称悍将，且臣闻淮南军已连败荆楚两军，兵锋正锐。如此，我军不宜浪战。深沟高垒，疲惫英布，寻机决战，此乃制胜之道。陛下大军出征，关中空虚，当以太子监领关中之兵，此为万全之计也！"

说话的是早已不问政事的留侯张良。张良重病缠身，且辟谷、导引多年，早已不问朝政。然而，皇帝亲征，事关重大，身为社稷之臣的张良又岂会视而不见？因此，大军集结时，张良还是强撑病体来到霸上送行，并主动开口提及军政之事。

听到这番话后，刘邦开口："先生身体不好，本不该劳动于先生。可我马上出征在外，太子只能托付给先生。望先生行少傅之事，教导太子。"

一世君臣，不必多说。嘱咐已毕，刘邦统兵沿着渭水，一路烟尘向东进发。数日后，大军出函谷关。在洛阳稍事休整，大军通过成皋，沿三川东海大道出荥阳。出荥阳后，汉军通过武强、曲遇诸县进入梁国陈留县，再顺睢水而下至梁国都城睢阳。在这里，汉军汇合了已经整编完成的由梁相指挥的数万梁军车骑。

梁国素称富庶，所以梁军虽然仅有数万兵力，但主力却是由轻车和甲骑组成的精锐车骑。轻车，是速度极快、可以独立行动的轻型战车；甲骑，则是人马俱甲的重装突阵骑兵。

在汇合梁军后，兵力更为雄厚的汉军继续南下。大军经栗县往南，便是刘邦极为熟悉的，也是朝中诸多将军们的故乡砀泗地区。遥想二十多年前，刘邦曾带着手下百余人潜匿于芒砀山。秦二世二年，已为沛公的刘邦再次引兵至砀郡南部，并在此征砀郡兵六千。这些来自砀泗地区的将军们西征灭秦，东出击楚，兼并天下，终成大汉帝业。如今，在垂暮之年再次来到这个"龙兴之地"，岂非天意乎？希望砀泗"龙兴之地"能再次成为征讨淮南，稳定天下的后方！

大军休整于砀泗时，前军轻骑汇报：齐军在齐王刘肥和齐相曹参指挥下已在日前击破彭城北部淮南军。此时，齐军之前锋已至下邑，即刻便可与汉军汇合。

原来，一个月前朝廷羽檄传至临淄时，曹参便已经在齐国发布命令征兵备战。鉴于英布已经击破荆楚二国，其势甚大，故曹参命齐国七郡七十三县全线动员。齐军于数月前才从平陈豨的河北战场返回，且曹参向来治军甚严，所以前后不过一个月便已经动员车骑十二万之众！而且，齐国素称富庶，十二万齐军并非简单的"徒兵"，而是甲械精良的精锐车骑，甚至和梁军相似，军中还编制了战斗力极为强大的甲骑。如此庞大而精锐的兵力，实际上已经远超英布的淮南军。英布在淮南苦心经营多年，也不过得精兵数万而已，即便并荆楚二军亦不过十万。因此，仅凭十二万齐军，即便不能彻底讨平英布，也足以压制淮南军不能北上。

不过，曹参没有草率作战，而是步步为营，稳步推进。在齐军动员完毕后，十二万车骑以内史魏勃为前锋，自临淄而出。出临淄后，齐军从济南经嬴县、博阳进入楚国薛郡。在薛郡，曹参领齐军主力汇合了刘交的楚军残部后经鲁县、瑕丘、任城南下至方与、单父，与朝廷大军汇合；同时调出偏师一部自胡陵沿泗水南下击淮南军偏师，以牵制淮南军主力，为被围于彭城的楚相冷耳解围。

经过一个月的紧急动员和行军，至九月时，齐楚联军主力已经抵达下邑附近。此时，汉军主力既然已经进入楚国境内，那屯兵于下邑的齐楚联军自当前来与朝廷大军汇合。于是，诸军于梁国南部的芒县一带会兵。合朝廷以及齐、楚、梁、赵、燕诸王国之兵，汉军的总兵力近三十万。

第十八章　　战于蕲县

以众击寡，本是用兵正道，但兵法亦曰"正合奇胜"。所以，在诸军大会于芒砀后，刘邦没有草率作战，而是召开作战会议，认真分析淮南军的部署。

月余前，因楚王刘交失策，楚军主力败于徐、僮之间。数万楚军主力崩溃后，守备彭城的楚相冷耳兵力不足，只能守城而无力出战，故楚国北部留县、萧县也逐渐为淮南军所控制。围困彭城的这部淮南军偏师虽为精锐，但兵力不足，因此在短期内应该不用担心彭城。而且，今齐军已南下，彭城周围的淮南军更不足为虑。十余万汉军云集砀泗，即便彭城有失也无关大局。

事实上，如此大规模的战争，决定成败的是主力决战，而不是偏师。此时，淮南军精锐主力正集中于睢水以南的相县、竹邑、符离和蕲县诸县周围。其中，淮南上柱国、大司马以及别将肥诛屯于相县南部至铚县一带，而英布则屯于蕲县西部。

英布素称知兵，如此部署是有原因的。淮南国虽领有四郡，但长江以南的三个郡民户贫瘠，甚至只能算是化外之地，因此淮南国的根本是以寿春为中心的淮南地区，即故秦九江郡北部。寿春虽然是坚城，但南靠芍陂并临淮水而建，渡过淮水便是一望无际、毫无阻挡的砀泗平原。所以，作为淮南国国都的寿春南无纵深，北无险阻，死守寿春而直面朝廷大军毫无前途。一旦寿春城破，淮南四郡便会立即土崩瓦解。英布只能依靠寿春北部的蕲县、龙亢、下蔡诸县组织防线，拦截汉军，保证寿春不会暴露于汉军兵锋之下。而汉军自砀郡而来，所以对英布的淮南军来说，最为重要的据点就是寿春以北一百七十余里的蕲县。

守蕲县则不可不保证相县和竹邑等县的稳定。相县为故秦泗水郡郡治，往北六十余里即萧县，顺萧县而下则是楚国彭城。所以，相县和竹邑是蕲县的淮南军主力和正在楚国境内围攻彭城的淮南军偏师相联系的重要据点。也正因如此，早在月余前发动彭城之战时，英布即挥师南下攻取相县，并命淮南大司马领诸将屯兵据守。

寿春北部层层设防，就是要迟滞和疲惫汉军，再利用主兵补给便利的优势一战而胜。可是庙堂部署再好，也要有将士去执行。然而，相比汉军，淮南军先天被动。其被动主要在两点上：一为兵力不足，二为用兵无奇。

淮南虽有九江、庐江、衡山、豫章四郡，但这四郡都是南方的小郡，民户不丰，四个郡加在一起还不如中原一个大郡。这样的四个小郡，能动员多少兵力？十万还是八万？即便能极限动员出十万人，可与朝廷稍一传檄便能得兵三十万相比，也是处于绝对劣势。实际上，从击溃荆王刘贾后立即"尽劫其兵"以击楚，便不难看出英布兵力的窘迫，否则主力决战何必用不太可靠的降兵为前锋。

当然，在兵力不足时，善用奇兵是可以做到"出奇制胜"。英布的统兵风格深受项羽影响，淮南军编有一部分稍具规模的甲骑，局部战役的正面冲击力极为强大。可问题是，淮南之地并不产马，所以甲骑极少，其主力还是步兵和舟师。而缺少大规模骑兵，便导致淮南军的整体机动能力不足。这种劣势表现在战场上就是无法对战役做出及时有效的反应，而且难以形成决定性的突击力量，以至整体被动。

正因有此不足，英布在部署上虽然可以算四平八稳，但堂堂之阵并无奇兵。所以，汉军只需一路平推便可。有鉴于此，刘邦遂命将军周聚将兵下淮渡江，收复会稽，截断英布归路。同时，车骑将军灌婴领车骑从砀县先出，东击相县，截断两支淮南军的联系，并为汉军打开南下通道。待灌婴收复相县后，主力再跟进至蕲县与英布决战。

相县东距砀县不到一百里。灌婴受命领兵东出后不做停息，当日便突进至相县附近，向淮南军发动进攻。一场激战下来，灌婴以摧枯拉朽之势大败淮南军于相县城下，阵斩亚将、楼烦将三人。大胜之后，灌婴没有选择强攻相县县城，而是不做休整立即南下，连续奔驰七十里，突击铚县。结果，屯驻铚县的淮南上柱国、大司马以及淮南别将肥诛部淮南军仓促迎战，再度大败。

相县和铚县的连续胜利，既截断了淮南军主力和偏师的联系，又保证了汉军主力后方稳定。于是，在灌婴的汉军车骑连战连捷之时，刘邦亲领主力自砀县南下进逼蕲县。

蕲县乃是楚国南部重镇，城北二十里即为著名的大泽乡。遥想十多年前，陈胜、吴广在这里振臂一呼"王侯将相，宁有种乎"，随即天下大乱、英雄并起。然而，天下已定，亦不能再有陈吴之辈。英布是韩信、彭越之后最后一个有能力反叛的异姓藩王，待讨平英布，天下可定！就在刘邦进至蕲县地界，回想当年往事时，前锋轻骑汇报：布兵甚精，且已在蕲县西部的甄乡等待多时。

既然布兵甚精，便不可轻率交战。于是，刘邦决定根据出兵时张良的建议在蕲县西部的小城庸城筑营据守。

一时间，蕲县西部小小的甄乡壁垒森严，旌旗蔽天，汇集了两军数十万步骑。

两军对峙数日后，立于望台之上的刘邦遥望对面的军阵。只见一片旌旗之中，淮南军并不是大橹甲士居中，材官蹶张士居后，轻骑为两翼的常规军阵，而是以重装甲骑为中，甲士居后的少见部署。如此军阵虽然不同寻常，但对作战经验极为丰富的刘邦来说却实在是再熟悉不过。想当年，善用骑兵的项羽不正是如此作战的吗？一想到这里，十年前那段不堪回首的岁月立即浮现在眼前，当年为楚军伏弩所中的胸前伤口也隐隐作痛。最后，伤痛带着愤怒汇聚成一句话高声喊出："当年你为楚军所败，乃公赐你四郡而王之，待你可谓不薄矣，何苦而反？"

然而，良久之后，只听得对面的帅旗下高声传来四个字："欲为帝耳！"欲为帝耳，英布这竖子倒是爽快，强撑残病之体的刘邦闻之怒极反笑："英布啊英布，你这竖子以骊山之徒而致万乘之主，然仍是贼性不改！乃公奉劝你可顾镜而自视，能为帝耳？"

既然已经谈无可谈，则只能用手中的刀剑决定天下归属。于是，刘邦命令望台打出列阵决战的旗号。决战的命令下达后，太仆夏侯婴将轻车百乘缓缓出阵，然后加速奔驰突敌陷阵。战鼓响起，轻车奔驰。趁车骑厮杀在一起，淮南军失去由有限的甲骑组成的攻击锋锐之际，刘邦命列阵于轻车之后的万余重装甲士立即出动。于是，手持长铍的重装甲士在各都尉、司马的指挥下保持阵线，列阵缓缓前进。

轻鼓则进，重鼓则击。随着鼓声越来越急，头戴铁胄、身披重甲的汉军甲士顶着如雨的弩矢，踩着鼓点奋勇冲锋。很快，数万甲士沿轻车的缺口突入敌阵，与淮南军展开肉搏。激战良久，作为锋锐的万余甲士终于攻破淮南军前拒，并连陷其两阵，大破淮南军前军。

不过英布指挥下的淮南军颇为精锐，在前军不利的情况下，中军递补，很快稳住了战线。正在此时，淮南军两翼同时出现数千汉军甲骑。为首带队冲锋的骑将虽然年轻，但却悍不畏死，极为勇猛，此人正是刘邦之侄沛侯刘濞。

刘氏宗亲能战者并不多，为保证汉家天下的稳定，刘邦这几年来一直在着力培养刘氏宗亲中年轻一辈。比如，在汉十一年平陈豨时，刘邦特地将远房从弟刘泽派至柴武和樊哙军中为将。老将曲周侯郦商从卫尉上迁为右丞相后，刘泽便代为卫尉，主管南军卫士。刘泽如此，刘濞亦是如此。与刘泽相比，刘濞血缘关系与刘邦更近，他是已经被废为合阳侯的刘邦次兄故代王刘仲之子，汉十一年十二月受封沛侯，朝中颇称其"有气力"而能战。大约正因如此，刘邦才将这个刚刚弱冠的侄子带到身边作为骑将，统领骑兵。甚至朝中颇有传言：皇帝欲以才二十岁的刘濞代已经死于战场的刘贾镇守荆国。

而刘濞果然也未让刘邦失望。随着刘濞奋勇死战，突遭打击的淮南军两翼逐渐不支而溃。淮南军两翼大败，英布主力立即受到包围。最后，经过激战，英布的数万中军终于崩溃。英布本人在数百精骑的拼死护卫下，杀出重围向南奔逃。

为不给其喘息之机，英布溃逃后，受命出击的五千汉军轻骑一日夜疾行二百里，在淮南江北之间拦截英布残部。数战之后，狼狈逃窜的英布渡江而至番阳，最后在几个月后被番阳人杀于兹乡乡下。至此，声势浩大、席卷东南的英布之叛宣告彻底平定。

英布，以一介刑徒终能裂土封王，确有过人之能。或许，英布才最能验证楚隐王陈胜当年的那句"王侯将相，宁有种乎"！又或许，英布的一生，才恰好说明了自上古传承下来的延续千年的血缘贵族体系无可挽回的崩溃，以及平民阶层的崛起！百年后，司马迁作《黥布列传》也颇为感慨地说："英布者，其先岂春秋所见楚灭英、六，皋陶之后哉？身被刑法，何其拔兴之暴也！"

无论如何，英布之死，正说明了活跃于秦楚之际的英雄人物们已经到了谢幕的时候。

第十九章　　还歌大风

　　英布的淮南军主力已经覆灭，其残部不足为虑，身为皇帝的刘邦自然也不需要在蕲县等着英布授首。经过短暂休整，汉十二年十一月初，刘邦即决定班师回长安，朝廷大军陆续从蕲县北返。

　　数万汉军以齐相曹参的齐军车骑为前军，从竹邑、相县、萧县至彭城扫荡淮南军残部，并为彭城解围。解围彭城后，大军再从彭城出发北上。自彭城溯悠悠泗水而上，不过七十里便进入留县地界。

　　留县和北部的沛县一样，本属宋国，至战国为齐所并。后五国伐齐，楚国并有齐国淮北之地，留县也就成为楚国治下之县。楚人治淮北五十年，让这里盛行尊凤尚赤、崇火拜日、喜巫近鬼的浪漫楚文化。

　　"带长剑兮挟秦弓，首身离兮心不惩。诚既勇兮又以武，终刚强兮不可凌。身既死兮神以灵，子魂魄兮为鬼雄"，英雄浪漫的楚文化让这里"尚义轻生"的游侠之风盛行。因此，出生在沛县的刘邦在青年时代便多次游历留县、戚县、胡陵等周边诸县，甚至二百余里外的属于魏国的外黄也成为他仗剑游历的地点。

　　青年时代仗剑游侠壮怀激烈，可是几年后，便是秦并天下。秦人行郡县，留县和沛县、戚县一样，都是泗水郡北部的大县，也是秦人在东南的重要据点。于是，肃杀的秦风和酷烈的法制取代了英雄的浪漫。不过，严苛的法制并不能在短期内让感性浪漫的楚人成为刻板顽固的秦人。因此，当车驾进入留县土地，看到熟悉的故土故民之时，已经垂垂老矣的刘邦顿时倍感亲切。

　　从留县溯泗水北上三十里，便是故秦之泗水亭，亦是刘邦为吏之地。

在秦人严密而残酷的法制下，游侠已无出路。能识文断字的中年刘邦除了走文法吏之路出仕外，已经别无选择。因此，昔日的游侠便成了秦人的亭长。亭长虽是微末之吏，但却并非微贱。只要踏踏实实，亭长亦可逐级而迁，甚至入郡侍奉府君。也许，中年的刘邦多次听到过父亲刘太公的斥责：你应该仿效沛县的主吏掾萧何好好为吏，如此才能有一番出息！

故而，中年的刘邦按照朝廷的法令风里来，雨里去，带着几个求盗、亭父缉捕盗贼，维护境内治安。然而，身为楚人又仰慕英雄的刘邦难以适应枯燥的小吏生活。于是，在兢兢业业履行朝廷法定职责的同时，狎侮亭中小吏、贳酒而饮、秘密结交英雄人物这样朝廷法令之外的事情，也是频频有之。

若说沛县、留县、外黄的游历是青年时代的激情和浪漫，那泗水亭长则是中年时代的不断成长和成熟。

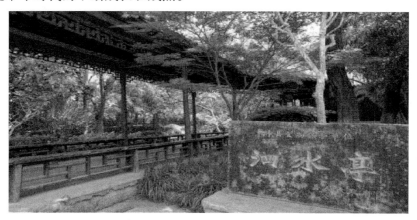

今江苏沛县泗水亭公园

由泗水亭东的渡口渡过泗水，沛县县城便在眼前。十多年前起兵夺取沛县，始称沛公，争雄天下，自此而始。汉二年四月彭城之战大败后，仓皇逃窜的汉王也经过了沛县。然而无论是争雄天下还是仓皇不已，故乡仍然是故乡，沛县还是沛县，不会因人奋起或落魄而改变。《荀子》曰："过故乡，则必徘徊焉，鸣号焉，踟蹰焉，踟蹰焉，然后能去之也。"鸟兽尚且如此，何况人乎？可是政务繁忙，身为皇帝的刘邦却不能如常人一般常来故乡。如今虽贵为皇帝，可却是游子。长安虽繁华，可是如何比得上当年在沛县游侠时逍遥自在。沛县，那是魂牵梦萦的故乡啊！

"昔我往矣，杨柳依依。今我来思，雨雪霏霏。"淅淅沥沥的冬雨随着萧瑟的寒风挥洒在空中，落在大地上。刘邦回过身来，向南极目眺望。风雨中，县寺外的那颗大树早已不如往日一般枝繁叶茂。看着随轻风扬起的枝条，刘邦思绪万千：还记得十余年前那个秋天，那个叫刘季的亭长站在大树下振臂一呼，站在台下的兄弟们纷起相从。当年震动天下的大事，仿佛仍在眼前一般。

在接下来的十几年里，出身寒微的刘季击败项羽成为继秦始皇之后的皇帝；而后，又接连平定臧荼、共敖、韩王信、陈豨、英布之乱。戎马半生，奋斗十余年从不言败的人间皇帝终于深感疲惫。

而此时，一起打江山的兄弟却已经不多了。当年的三千沛县子弟，能同享富贵的不过几百人。这几年中，张良归隐了，韩信死了，彭越死了，英布也死了；还未死的萧何、曹参已经垂垂老矣，时日无多；尚在偷生的周勃、樊哙也开始畏惧和猜忌，再也无法如当年那样推心置腹，甚至同年同月同日出生的卢绾也传出疑虑和不安。

环顾天下，已经没有人能和这位高高在上的皇帝把酒言欢。尘归尘，土归土，此时陪伴皇帝的居然只是寂寞和空虚！

可是，皇帝百年之后，又有谁帮刘氏子孙守护天下呢？秦人名臣良将无数，却二世而亡；汉家之天下，未有如秦人之将相，可否传至万世？百年之后，如意是否能如意？看着沛县的父老乡亲，想到这里，刘邦老泪纵横。

沉吟片刻，刘邦令身边的郎官将堂后的筑拿出来。面向堂外的萧瑟秋风，刘邦就坐于堂中的地面上将筑竖抱在怀中，左手握筑体，右手执竹片。随后竹片轻击，弦动发音。

三两声弦音初时轻缓，如轻风缓缓拂过静静的溪水。随后，弦音逐渐转快，如大风呼啸过山林。执竹片的右手越发越快，筑音也由低而高，渐至激亢。伴随着穿堂而过的微风，高亢的筑声仿佛如沙场金鼓之声不断。众人如痴如醉，恍惚似见森严战阵中刀兵林立，勇士披甲执戟乘马疾驰，突阵先登。筑音越转高亢，堂中侍从郎官和沛县少年纷纷拔剑起舞，叱咤踏步穿梭。未几，以歌和筑之声传出庭院，惊得墙外的飞鸟或盘旋四周，或飞向高空。

只听激昂的筑音中，刘邦慷慨高歌："大风起兮云飞扬，威加海内兮归故乡，安得猛士兮守四方！"

歌毕，凄怆泣下，拔剑起舞。舞毕，刘邦端酒对沛县的父老、故旧言："如今虽贵为皇帝，可毕竟是故乡人，当年亦是从沛县起兵，诛灭暴秦。人人都知道沛公、沛公！如不是故乡又怎能有今日！今日，我要以沛县作为皇帝汤沐邑，免除百姓赋税徭役。今日便无须顾忌君臣之礼，开怀畅饮，不醉不归。"言毕，陪同在侧的将军们齐声高喝万岁，沛县父老亦齐声万岁。

留饮十余日，刘邦又特意赦免了丰邑赋税，才离开沛县。

沛县的宴饮，当然能让刘邦稍稍开怀。然而，当出了沛县，这种开怀很快为苦思冥想社稷长治久安之策的殚精竭虑所取代。英布虽平，但绵延千余里的战乱足以让东南震动。称帝以来短短七年，异姓不轨者不算陈豨已有六人之多。如此频繁不臣，终究是异姓难用！

安得猛士兮守四方？猛士，还必须是刘氏之猛士，所以，出了沛县县城，刘邦便与侍从在身边的侄子沛侯刘濞提及封王之事："今荆王已薨，吴、会稽之民轻悍骁勇，无知兵事者不能镇守。蕲县之战你作战甚为勇悍，以你为吴王，可为我刘氏镇守吴国。"

刘濞才二十岁，且无治国之能，贸然裂地封王并不适合，但刘氏宗室中已无能领军治国之人，除以刘濞为吴王外实在是别无选择。故而，深恐无"守四方猛士"的刘邦也只得发布诏书，立刘濞为吴王。可是在授印之后，患得患失的刘邦又嘱托侄子："五十年后东南有人举兵不臣，莫不是你？天下同姓为一家，慎无反也！"

之所以如此小心翼翼，实在是有覆车之辙在前。周室东迁后延续几百年的战乱，让依靠血缘，维系统治的这套办法漏洞百出。绝对的权力足以让一切血缘成为笑话。而且，即便依靠血缘，血缘也会随着时间的推移不断淡化，终究还是靠不住。

算来算去，除了像秦人那样实行严格的法制外已经是别无良策。可是，完全依靠法制的秦人二世而失天下，又让刘邦这位出身寒微的皇帝不得不去反思单纯法制的危害。

当年，齐景公问政于孔子。孔子对曰："君君，臣臣，父父，子子。"景公则曰："善哉！信如君不君，臣不臣，父不父，子不子，虽有粟，吾得而食诸？"或许，用孔子的治国之道，让臣僚恪守臣节，方是长治久安之道。问道于孔子，或可求得治国之策。于是，在封立刘濞为吴王的诏书发布后，刘邦带着大军继续沿着泗水向北进发，前往鲁县。

至汉十二年十一月底，大军经胡陵、方与进入薛郡，再通过任城、瑕丘折而向东，抵达薛郡郡治鲁县。

鲁县，为孔子的故乡。百余年前，孔子便在这里传经布道。孔子虽已逝三百年，但自孔子之后齐鲁之地儒风愈浓。如今，善治《诗》的齐人浮丘伯便在鲁县传教。浮丘伯是天下闻名的儒学大师，其老师正是荀子。二十多年前，浮丘伯在鲁县传学时，刘邦的幼弟今楚王刘交便曾至鲁县受《诗》。

　　或许，在浮丘伯处能求得治国之道。于是，在以太牢祠孔子后，刘邦便召见了浮丘伯及其弟子，并和儒生们在一起谈论治国之道。

第十九章　还歌大风

第二十章　　鸿鹄高飞

然而，治国之道即便求得，也无法在短时间内实行。

出征之前，刘邦已经身染重疾，在对阵英布淮南军时，又为流矢所伤。自鲁县返回长安的路上天气寒冷，以至箭伤突然发作。难以忍受的病痛，让刘邦这位戎马半生一直精力旺盛的皇帝终于无法站立起来。

所以，当躺在战车上不断颠簸时，强忍病痛折磨的刘邦愈发痛恨不能代己出征的太子刘盈无能。忍无可忍之下，在汉十二年十二月刚刚回到长安后，刘邦便立即召集公卿彻侯们紧急召开廷议，商议立即废掉太子刘盈。很快，长乐宫中不断回荡着天子之怒："这竖子实在不足遣！于外不能领兵平叛，扶社稷之倾颓，是为无能；于内不能侍父于家，代父领兵出征，是为不孝。如此无能不孝之人，岂能为储君？"

皇帝再议易储，让深感不安的群臣立即紧张起来。于是，行太子少傅事的留侯张良强撑病躯赶到长乐宫力谏不可。然而，素来深得信用和尊重的张良拼死强谏却仍不能改变刘邦之意，甚至以称病不朝而"威胁"也未能奏效。

刘邦确有易储之心，这是朝野皆知的事情。汉十年年初的朝会时，君臣便争执了很久。最后，因御史大夫周昌的强硬，大臣们又坚决不妥协，这事最终才不了了之。不过，当时刘邦虽然极不满意，但也没有愤怒痛骂群臣，甚至最后还"欣然而笑"。至少在这个敏感的问题上君臣之间表面上还算和谐。可是，此次显然不同于上次。刘邦态度之强硬，易储之坚定，甚至连张良也无法动摇。这其中的缘由，自然是对赵王如意的宠爱和对太子刘盈无能的厌恶。

需知此次平英布归来，刘邦重疾不愈又增新创，想来时日无多，如果还像两年前那样和群臣们你推我让而不能在短期内确定易储之事，那只怕是再也易不成了。大约正是如此，刘邦才一改往常从善如流的风格，执意易储。

刘邦毕竟是皇帝，皇帝执意如此，太子少傅张良无能为力，吕后又该如何应对？向辅佐太子的商山四皓问计吗？

汉十一年，极力劝阻不让太子领兵的不是别人，正是商山四皓。当时，商山四皓听闻朝廷欲以太子领兵后，无视太子执掌兵权可以稳固储位的巨大好处，而献计说"太子将兵，有功于储位无益，无功则从此受祸"，然后让吕后立即去哭诉，最终令太子统兵出征之事未成。在现如今刘邦回朝后的第一件事就是易储的情况下，还能指望这措手不及的商山四皓再提出什么良策？

就在吕后彷徨不已时，太子太傅却主动提出入宫力谏。

太子太傅者，薛县叔孙通也。叔孙通精通儒术，为当世著名学者。早在十多年前，叔孙通即和济南伏胜诸人一起西入关中，在秦廷中为待诏博士。不过，叔孙通性格圆滑，和伏胜完全不同。

当时，陈吴起事于蕲县，秦二世胡亥召集博士商议对策。三十多个博士纷纷开口，建议当立即出兵讨伐。可是，善于察言观色的叔孙通却进言曰："鼠窃狗盗之辈，何足挂齿。郡守、郡尉就可讨平，不足以让陛下担忧。"结果，三十多个博士要么被下狱，要么丢官，叔孙通不但未受任何惩戒，还得了二十匹帛和一件衣服的奖励。虽如此佞言谀词，让同僚们不齿，但叔孙通出宫即解释："你们不知道，我差点进入虎口出不来了！"说完即逃回薛县老家。

叔孙通隐匿不过几个月，便逢项梁楚军攻至薛县。于是，叔孙通又投奔项氏。汉五年汉军攻克彭城，叔孙通又弃楚从汉，跟着刘邦来到关中。汉七年所定之礼乐，正是叔孙通根据前制而改定。因博通经史，故叔孙通在汉九年夏以奉常迁太子太傅，负责教导太子刘盈读书。

从叔孙通由秦至楚再到汉的历仕经历看，确实是个极有远见的谋士。然而，正因多次易主，叔孙通甚至被自己的弟子痛骂"面谀以得亲贵"。当时之世，士人视名节愈性命。被弟子骂成这样，实在是名誉尽毁。可是，这倒不能说叔孙通是毫无底线毫无原则。事实上，在应该恪守原则之时，叔孙通绝不会退缩。太子太傅是太子的太傅，也是国家储君的依靠这就是原则。今储君都不稳，他这个太傅还去"傅"谁？于是，叔孙通入宫后立即力谏："陛下不知晋国之事？不知晋国之事，亦不知秦国之事？"

所谓晋国之事，是指晋献公废长立幼的事情。因宠爱骊姬，晋献公欲废太子申生而改立骊姬的儿子奚齐。结果，素有贤名的申生被逼自杀，次子重耳（晋文公）、三子夷吾（晋惠公）被迫流亡在外，导致了晋国长达几十年的内乱。而秦国之事当然就是说秦始皇没有早立扶苏之事。秦始皇雄才大略，却在立储之事上出现重大决策失误，以至于失掉天下。晋国的例子距今几百年，但秦人的例子就在眼前，岂能视而不见？所以，叔孙通大声斥责："秦人之事为陛下所知！如今太子仁厚，岂能改易？如陛下改立太子，臣请伏诛。"

叔孙通素来圆滑，岂知今日如此倔强！眼见叔孙通真有抽剑在手的架势，刘邦只得忍住"竖儒"的痛骂并安慰道："公罢矣，吾直戏耳！"可是，叔孙通仍然不依不饶："太子，天下根本，根本一摇天下振动，陛下岂能以天下为戏言？"

好说歹说，相劝良久，才让叔孙通离开长乐宫。此事传开后，朝中公卿彻侯们虽然大多仍默不作声，但亦多支持叔孙通。

易储，何其艰难！

数日后，身体稍稍好转的刘邦在宫中召见亲近之臣宴饮。酒酣之时，太子刘盈入侍。看着老实忠厚的儿子已经逐渐成年，不再如童年时代那样畏畏缩缩，身为皇帝和父亲的刘邦亦颇感欣慰。但是温情转瞬即逝，感情最终让位于理智：镇守天下，光靠忠厚老实就行了？他刘邦自己若是什么传言中的"长者"，早就死得不能再死。刘盈为太子，并不太合适。

就在刘邦思虑易储之时，却见有四人跟在太子之后。仔细打量，只见这四人是年皆八十有余，须眉皓齿，衣冠甚伟，绝不是寻常人物。而且，朝中公卿也绝对没有这样的人。于是，颇感怪异的刘邦便开口询问："彼何为者？"等俱闻四皓之名后，刘邦开口感叹："我求公等数岁，然公等避不出仕。今者，公等何故从太子而游？"没想到，四人则齐声答曰："陛下轻士善骂，臣等义不受辱，故恐而亡匿。窃闻太子为人仁孝，恭敬爱士，天下莫不延颈欲为太子死者，故臣等来耳！"

听到这番话后，刘邦慨然不已。经历了人间诡黠狡诈之谋的刘邦深知所谓"窃闻太子为人仁孝，恭敬爱士"不过是托辞而已。久居深宫的刘盈，岂能有这样的本事？"为人仁孝"倒是不假，可刘盈从来谈不上"恭敬爱士"。而商山四皓之所以能说出这番话，无非是借此为太子造势而已。

可即便明知这是造势，刘邦也不得不慎重思考易储之事。试想，在民间有巨大威望的商山四皓也"甘心"为太子仆臣，若强硬易储如何向天下交待？民心激荡，社稷不稳。到时候，再加上萧何、张良、叔孙通等老臣众口一词，即便如意能为皇帝，皇帝之位也绝对坐不长久。所以，当看到商山四皓时，刘邦当然明白太子已易不成。沉吟良久，伴随着种种不甘和苦涩，延续数年之久的易储之争终于化为一句"烦请公等好好教导太子"吐出口外。

宴饮已毕，刘邦召来宠爱的戚夫人，然后指着殿外的背影，凄怆开口："我欲易储，但太子有这四人辅之，其羽翼已成，势难动矣。皇后以后就是你的主人！"话音刚落，深知吕后"刚毅"手段而自知难逃一死的戚夫人泣涕数行，泪如雨下。

面对宠爱的戚夫人泣涕不已，时日无多的刘邦也感到无比寂寥。纵横海内、扫荡群雄，可谁能想到到头来连心爱的儿子和宠姬都不能照顾？于是，对着翩翩起舞的戚夫人，刘邦击筑高歌，歌曰："鸿雁高飞，一举千里。羽翮已就，横绝四海。横绝四海，当可奈何！虽有矰缴，尚安所施。"

如意啊如意，皇帝之事，往往并不能如意！

第二十一章　　相国死罪

　　两次易储的失败，让刘邦对朝政深感无能为力，随着身体状况的不断恶化，刘邦又对坚决反对易储的朝臣们深恶痛绝，极度不信任。不过，个人感情到底还是让位于理智。待正月（汉十二年）天气转暖后，刘邦仍带病上朝主持政务。

　　朝会刚刚开始，相国萧何手执笏板，小心翼翼开口："陛下，关中承平日久，民户滋殖。今长安地方狭窄，百姓地少，垦殖已无以为继。上林苑中有荒弃空地，可准许百姓入内耕作。秋收后留下禾秆不割，亦可作为苑中鸟兽饲料。"

　　皇帝病重，主持朝会已极为不易。因此，这是奏报军国大事的难得机会。可谁知萧何不去解决国政大事，所提议的居然是这些微不足道的小事。这不是萧何不知轻重，而是朝堂动荡，君臣对立，让萧何不敢轻言国事，招来灾祸。说这样的话并不是危言耸听，实际上，朝中公卿彻侯们都知道短短一年之内，这位萧相国已经在生死之间走了两个来回。

　　事情还要从平定陈豨说起。汉十一年正月，吕后以萧何之计诛杀淮阴侯韩信。事情传出后，从平陈豨前线回到长安的刘邦对萧何这位设计擒杀韩信的股肱之臣是大加赞赏，不但益封五千户，还给相府增派五百人护卫作为相国卫队，可谓极尽荣宠。可是，萧何的门客故秦东陵侯召平当时就提出这并不是什么好事，并认为这是朝廷已起猜忌之心的表现，所谓相国护卫者，不过是监视相国而已。若果真信以为真，必难善终。最后，萧何采纳召平之计推辞所有封地，将家产充作军费，果然让刘邦大喜。

　　不过，这个"大喜"并未维持多长时间。几个月前的汉十二年十月，刘邦亲征淮南。大军离开长安未过多久，萧何便被从前线派回的使者不断查问国政和相府工作。萧何任相国，从来是兢兢业业，勤勤恳恳，何需考察？刘邦在千里之外的平叛前线殚精竭虑时还不忘遣使至后方考察相国，自然是对萧何不放心。萧何恐惧便如平陈豨时那样拿出家产充作军资，以打消刘邦的疑虑。可是，这一次又不同于以往，其门客认为："相国灭族之祸不远矣！您位居相国数十年，功居第一，已封无可封。相国镇守关中数十年，又深得民心。陛下遣使来问，分明是已起猜忌之心！"

如门客所说，站在那个位置上，有时候确实不是想退便能退得下来的。萧何以镇守关中的不世之功，积累了巨大的人望。而刘邦却长期出征在外，以至于长安民众不知有皇帝，只知有相国。君臣不正之势已成，萧何即便口口声声说自己忠贞，刘邦也绝对不会信。而且，即便萧何确实是忠贞之臣，也难免会有不轨之徒借萧何的名望行不轨之事。所以，此时的萧何已经进退不得。

最后，在门客的建议下，萧何以自污之策来求得保全。所谓"自污之策"，也不是新鲜招数。当年，始皇帝拜王翦为大将，让他统六十万兵灭楚。六十万是秦国的举国之兵，始皇帝对王翦也不放心。于是，王翦在出征前后不断地向朝廷提出买房置地的要求，搞坏自己的名声，最终才让始皇帝打消疑虑。因此，萧何便仿效王翦，通过多买田地，并低价赊购、借贷等做法来败坏自己的名声。结果，事情闹得越来越大，以至于刘邦在班师回长安的路上便接到民众举报曰：相国萧何强制贱买田宅数千万，搞得百姓民不聊生。

不过，萧何如此声名狼藉，却是让刘邦"大笑""大悦"。看来，这个自污之策多少是起到了一些效果。

其实，自污也好，辞封也好，都不是什么奇谋诡计。而且，刘邦也不是什么庸人常君。所以将刘邦的无限信任寄希望于区区陋计之上，是肯定靠不住的。刘邦和萧何都是聪明人，两个聪明人对自污、辞封这种把戏大约也都是心知肚明。不过，虽然彼此知根知底，该做的样子还是要做，毕竟这是态度问题。

可见，在至高无上的君威面前，韩信、彭越、英布相继伏诛，让萧何这位从来都以小心谨慎而称的贤相也是如履薄冰。至高无上的专制君主，今日可以让人位极人臣、富贵荣华，明日也可以让人身死族灭、挫骨扬灰啊！试想，在如此严重的君臣相疑之下，萧何又岂能不小心谨慎，岂敢再去言什么军国大事？在波谲云诡的政治斗争笼罩下说易储？那是嫌命长，还是嫌命硬？所以，除了说说"长安地狭，上林中多空地"这样不痛不痒的小事外，萧何这位相国也确实无法再说什么军国大事。

可谁知，萧何说完后却久久不闻刘邦的回话。既然听不到刘邦的回话，萧何也只能尴尬地跪在地上不敢起身。正在萧何准备微微抬头看看是不是刘邦年老耳背没有听清时，却突然听得刘邦愤怒咆哮："你萧何必是受贾人之财物，才会算计乃公的上林苑！"在刘邦的雷霆之怒下，萧何来不及做任何分辩，便被交付廷尉宣义下狱论罪。

说来也巧。宣义原为中地郡郡守，为萧何的直系下属。汉九年，渭南、河上、中地三郡合并为内史，朝廷撤销中地郡建制，宣义便因政区调整而于汉十年被调为廷尉。廷尉是主管天下刑狱的银印青绶二千石列卿，位高权重，远非同为二千石的郡守可比。宣义以郡守内迁为廷尉，毫无疑问是右迁。可是谁想到，刚刚被提拔为廷尉，就要接手审理相国这个大案……

宣义素称忠厚长者，为老上司萧何说两句好话也是应该的。可问题是如今刘邦震怒，谁敢说话？不说宣义，就是朝中百余公卿彻侯，从留侯张良到舞阳侯樊哙，也无一人敢开口为萧何求情。

直到数日之后，王卫尉在侍从时为萧何说了句公道话："份内之事只要对百姓有利就要向天子建议，此宰相之责也。陛下亲征英布、陈豨，以相国守关中，是举国相托。彼时，若相国真是心有不轨，关中还为陛下所有吗？相国当时都无二心，难道今日还会贪图贾人区区财货？秦人以不闻其过而亡天下，此乃秦丞相李斯之过也！李斯之过，今朝廷又何足效法？陛下岂能如此轻易猜疑相国？"

话虽然难听，但却句句属实，让人无法反驳。即便是猜忌萧何，但仅凭一句话便让其下狱，在群臣中实在交待不过去。不顾朝廷舆论，是将君王置于所有人的对立面。如此毫无节操的做法除了证明君主是昏聩之君，是独夫外，毫无意义。于是，在王卫尉说完后，刘邦思索再三还是遣使持节赦免萧何出狱。

不过短短一年，素来以谨慎而闻名朝中的相国萧何便在生死间走了三个来回，真是让人唏嘘不已。要知道，在所有功臣中，萧何可是皇帝最为信用的亲近之臣。当年在寒微时，萧何和刘邦相交莫逆，甚至有救命之恩。楚汉相争的几年里，留守后方的萧何不但镇守关中，而且还举整个宗族追随，功不可谓不大。而且萧何从不争权结党，两次易储之争也没有直接参与，可谓人臣的楷模。然而谁会想到，即使是这样完美的人臣都不能免于君王的猜忌。

其实，君臣之间又岂能简单的以感情来衡量？历观雄才伟略的古代帝王，又有几个以感情用事？也不必为萧何叹息，受到猜忌的又何止萧何？张良为何在平定天下后淡出政治，不也正是如此？

"萧何系狱，非以履盛满而不止耶。故子房托于神仙，遗弃人间，等功名于外物，置荣利而不顾，所谓明哲保身者，子房有焉！"绝对的权力，足以让一切人情成为笑话。君王如此，人臣亦是如此。所以，萧何出狱后做的第一件事就是向圣明的皇帝朝拜谢恩。因此，在寒风凛冽的初春之时，萧何不得不顶着大雪，入长乐宫。

第二十一章 相国死罪

第二十二章　　亲近之臣

　　或许萧何确实是贤相，朝廷的信用之臣，但是却并非亲近之臣，这才导致猜忌。若是至亲之臣，也就不会有这些问题了。

　　若以亲近而论，天下唯有一人算得上是至亲之臣，那就是燕王卢绾。卢绾为丰邑中阳里人，为刘邦同乡同里。不但如此，卢刘两家还是多年的世交。而且，卢绾和刘邦既是同日出生又是同学，并跟着刘邦游侠，从沛县到外黄，从薛县到留县。后来反秦时，卢绾也是丰沛三千子弟中的刘邦嫡系。这样亲密的关系，满朝公卿彻侯无一能比。

　　也正因如此，卢绾虽无特别杰出的统兵治政之才，但却屡屡受到重用。比如，在汉三年修武分兵时，从无独立带兵经验的卢绾便得到节度二万步骑的大权。随着战争的不断发展，并没有斩将搴旗之功的卢绾也是步步高升，从独领一军的将军到武官之首太尉，甚至封爵长安侯。汉五年平臧荼后，卢绾更是被封为燕王，治辽东、辽西、右北平、渔阳、上谷、广阳六郡。卢绾以异姓而封王，在"砀泗元从集团"中是唯一一人，足见信任和重用。由此可见，卢绾自然是不会像萧何那样受到猜忌。

　　不过，帝国行政不能事事取决于感情。随着主政一方、大权在握，卢绾本人却不敢自信朝廷对自己是信任如初，特别是在朝中波谲云诡、斗争不断的情况下。当长安君相相疑的事情传到蓟县后，谋士张胜的话又浮现在卢绾的脑中："燕所以久存，乃诸侯数反，兵事久连不决。今燕欲急灭陈豨，是为朝廷计。然陈豨既灭，燕能独存？何不缓图陈豨，以为依靠？若事有急，燕国也可援胡为助！"

　　张胜，是卢绾的重要谋士。当年陈豨举兵时，身为燕王主持燕国军政的卢绾便曾遣张胜前往匈奴，游说冒顿单于不要引兵南下。可是，张胜回到蓟县后却坦言得臧荼之子臧衍之计，让卢绾缓图陈豨，甚至引为臂助。如此不臣之言，深受国恩且向来以亲近之臣自居的卢绾当然是不以为然。于是，在大发雷霆后，卢绾即将张胜这个不忠之人囚于狱中。

可是，短短一年之内，韩王信、韩信、彭越等异姓藩王纷纷落于马下，同样身为异姓藩王的卢绾终于越来越担忧。要知道，在绝对的权力面前，是不存在什么所谓的"亲近"的。那种虚无缥缈的"亲近"，不过是自我安慰而已！试想，当朝廷听闻燕王在东北有异动后，还会信用如初吗？当年淮阴侯韩信所说的"人言公之畔，陛下必不信；再至，陛下乃疑矣；三至，必怒而自将"绝不是空话。退一步讲，即便皇帝信用，可身为皇帝的刘邦还能活几年？一旦皇帝百年，执掌大权的吕后会无动于衷？

值此前途不测之际，早做打算才能高枕无忧！于是在不断纠结后，卢绾还是认可了谋士张胜的建议，并派遣心腹范齐秘密前往匈奴，联络陈豨残部和匈奴，做好不测的准备。可谁知，在短短数月之后的汉十二年正月春暖之时，卢绾不但未能高枕无忧，反而接到朝廷的命令：燕王立即前往长安入陛！

通过前线密报，卢绾才得知月余前汉军在代郡北部大破陈豨残部。这一仗代军败得极惨，连陈豨本人都被郎中公孙耳阵斩于军中。大败之后，陈豨的几个裨将投降汉军，并将范齐之事如实汇报于汉军，这才有了朝廷使者至燕之事。所以，了解事情的前后缘由后，深感大祸临头却又无处逃避的恐惧顿时笼罩在卢绾心头。一想到彭越剁为肉酱和吕后这妇人夷灭韩信的冷血，卢绾不寒而栗。这长安无论如何是去不得的，一旦去了必然是回不来了！于是，卢绾便称病不往。

然而，如此称病岂非儿戏？平时不病，一召就有病，天下有如此巧之事？

果然，朝廷使者离开蓟县不过一个月，朝廷特使辟阳侯审食其和御史大夫江邑侯赵尧又抵达燕国。审食其是卢绾熟识的"砀泗元从集团"的老兄弟，赵尧则是朝中闻名的机敏干练的年轻干才。不过，审食其和赵尧虽然是爪牙，却都还算得上是老实忠厚的"长者"。此时，遣这两人来迎接入陛，可见朝廷尚算仁厚，否则来到燕国的就不是审食其和赵尧，而是廷尉署的狱吏和稽查地方的御史了。可即便如此，卢绾还是不敢出头，因为朝中盛传皇帝病重，主政的是吕后。

于是，卢绾仍深感恐惧，对着自己的心腹谋臣坦言："非刘氏而王，独我与长沙耳。朝廷春族淮阴，夏诛彭越，皆为吕后之计。今上病甚，朝政皆决于吕后。吕后一介妇人，专欲以事诛异姓王者及大功臣！"

进退不得，前途灰暗，无奈之下，卢绾只得藏匿起来。

可是，这也不是办法。试想，身为朝廷特使的审食其和赵尧两人到达燕国后别说见到卢绾，连卢绾的部下也没见到几个，堂堂一个藩王，居然说消失就消失了，岂非滑天下之大稽？

所以，审食其和赵尧离开蓟县短短一个月后，朝廷废卢绾燕王爵位以皇子刘建代之，赦免燕国吏民的诏书便昭告天下。二月末，十万步骑在舞阳侯樊哙的指挥下兵临燕国。见朝廷大军已经抵达易水，卢绾只得命燕相统兵至蓟县南部据守。不过，卢绾自己都无战心，燕军又何来战心？很快，稍做抵抗的燕军便溃于蓟南的易县方城一带。

至汉十二年四月，樊哙因罪被陈平囚禁遣送长安，汉军由周勃接替指挥。在周勃的指挥下，燕军再次大败于蓟县，燕国大将抵、丞相偃、太尉弱、御史大夫施和郡守陉（抵、偃、弱、施和陉均为人名）等高级官吏均被汉军所擒。随后，周勃指挥汉军溯治水北上，在上谷郡郡治沮阳再次击溃燕军。一路势如破竹的汉军长驱三百五十里，攻至长城脚下，获得决定性胜利。短短一个月，燕国六郡被悉数平定。不过汉军并未擒获卢绾本人，因为早在燕军出降的前后，卢绾便已带着家属及残部千余骑逃匿至长城脚下。

谁能想到，当年的兄弟，如今却要反目成仇？率真而忠厚的卢绾极为不甘。于是，卢绾准备待皇帝病愈之时亲自前往长安入陛谢罪。然而，上天终究没有给卢绾这个机会。在长城脚下的卢绾最后等来的却是皇帝驾崩消息。中原，这辈子恐怕难回了！

最后，卢绾只得流亡匈奴并被冒顿单于封为东胡卢王。然而，短短一年后，卢绾便在匈奴含恨而终。

卢绾死后，部下则不断逃散。有的流亡匈奴，有的历经千辛万苦归汉。当时，部将卫满却选择逃亡到偏僻的朝鲜……

六年后，卢绾的妻子带着家人历经千辛万苦从匈奴归汉，并最终病逝于中原。三十年后的孝景年间，卢绾的孙子卢他之以东胡王的身份归汉，被封为亚谷侯。

第二十三章　　高帝崩逝

刘邦在病榻上发布诏书，命樊哙将兵讨伐燕国。可是谁知，樊哙出征不过月余，刘邦便接到密报："（樊哙）党于吕氏，图谋不轨。"

樊哙此人，素来忠信。当年鸿门宴时若非樊哙闯帐救人，刘邦断难走出楚营。平定天下后，樊哙也是低调做人，从不非议朝政。这样赤胆忠心的人会心有不轨？其实，不轨之论或有夸大，但对刘邦来说，樊哙绝不是能放心任用的人。

樊哙之妻吕媭，乃吕后之妹。樊哙之女则嫁与在征讨韩王信的参合之战中立功的宗室营陵侯刘泽。正因有如此敏感的身份，即便在两次易储之争中樊哙从未说话，但无疑仍属于吕后"外戚集团"的嫌疑。吕氏一党虽然实力雄厚，但自汉八年周吕侯吕泽死后，却没有拿得出手的真正掌握兵权的干将。而这位吕后素来"刚毅"而残忍，深通权谋之术，绝非一般的女子。既然妹婿樊哙手握重兵，那在关键时刻又岂会不用？

短短两年，刘邦在易储失败后对群臣产生了很大的不信任感。对如意母子安危的担忧和对国家未来的迷茫，让这位向来以英明睿智著称的人间皇帝变得极度敏感和躁动。因此，樊哙"党于吕氏"的消息传至长乐宫，又岂能不让刘邦忧虑万分？于是，躺在病榻上的刘邦终于忍不住破口大骂："樊哙这竖子见乃公病了，便盼着乃公赶快死！"随即在病榻前着制诏御史下诏，命曲逆侯陈平和绛侯周勃两人带着御史和缇骑立刻前往广阳郡接收燕国前线汉军的指挥权，并缉拿樊哙就地斩首！

不过，诏书虽然发布，但却不可能立即实行，因为从长安到燕国来回三千里，即便轻骑快马也要一个多月。刘邦自己也知道，只怕是等不到陈平带着这道诏书回来了。

其实，早在征讨英布前，刘邦便已经身染重疾，连续两个月的淮南之战更是耗尽了残存精力。在鲁县返回长安的路上，刘邦身上的箭疮突然迸发，病情急剧恶化。所以，在回到长安的几个月里，深感时日不多的刘邦便已经陆续安排了不少朝臣不能理解的事情。汉十二年十二月份，刘邦便特意下诏："楚隐王陈涉、魏安釐王、齐缗王、赵悼襄王无后，给予守冢各十家。给予秦始皇帝守冢二十家。"另外，魏公子无忌虽非君王，也被特批五家守冢，世世不绝，供奉香火。

当初，魏公子信陵君门客三千，存赵却秦，天下闻名，是早年游侠的刘邦极为崇拜的偶像。可是，信陵君去世的时候，刘邦只是一个十三岁的楚国少年。所以，仰慕英雄的刘邦虽然出生在战国，却并没有赶上那个英雄浪漫的时代。十多年后，青年的刘邦在听闻名闻魏楚的外黄张耳曾为信陵君门客后，便仗剑而出，自丰邑前往三百里外的外黄投奔。

然而在外黄不过几年，魏国便为秦所灭。秦人灭魏后，以高效严密的法治重建社会秩序。因此，在地方上一呼百应、严重破坏社会秩序的张耳便成为秦人的重点打击对象。无奈之下，青年刘邦不得不匆匆结束不过数年的游侠生活，回到丰邑并出仕为秦泗水亭长。

几十年的激荡岁月转瞬即逝，张耳也已死数年。当年纵横天下的英雄们已经进入垂暮之年，亦不能再仗剑游侠。这样一道诏书，也算是这位人间皇帝在临终前为自己青年时代的游侠梦想所做的最后的心灵寄托！

听杨喜说，当年项羽死于乌江，其遗言曰："天之亡我，我何渡为！"当初还曾嘲笑项羽怨天尤人，非君子所为。然而不过七年后，这个赢得了天下的刘邦也要步其后尘了？虽然荀卿曾曰："天行有常，制天命而用之！"君子岂能屈从于虚无缥缈的天命。但是，尘归尘，土归土，终究还是要结束了。所以，当吕后请来良医诊视后说"病可治"时，刘邦破口大骂："吾以布衣提三尺取天下，此非天命乎！命乃在天，虽扁鹊何益！"说完便赏其五十金，让其不要再来饶舌。

开春转暖之时，病情虽然一度好转，但刘邦自己也知道，对一个已经六十余的行将就木的老人来说，那不过是回光返照而已。

果然，到陈平、周勃离开长安月余后的四月份，刘邦的病情急剧恶化。于是，躺在病榻上的刘邦挣扎着打起精神将对朝廷最后的设想传达给吕后："齐相曹参可代萧何为相国，曹参之后王陵可代。然王陵憨厚忠直，不能见容于人，护军中尉陈平可辅之。陈平智虽有余，然断难独任。周勃重厚少文，然安刘氏者必勃也。至于二三十年以后的事，则亦非你我所知！"这番并不算长的言语几乎用尽了刘邦最后的精力。

对帝国未来的迷茫，让即将油尽灯枯的刘邦仍然不敢有丝毫懈怠。所以，躺在病榻上的刘邦仍然艰难地为即将执掌大权的吕后，为这个由自己开创的帝国做最后的谋划。

该说的，不该说的都已经嘱托完。汉十二年四月二十五日，当第一缕温暖的阳光越过巍峨宫墙照进长乐宫时，这位六十二岁的开国之君崩逝。

汉高帝刘邦生于长平之战后五年，秦昭王五十一年，算起来只比秦始皇小三岁，是一个时代的人。论及"雄才大略"，大多想到的是秦始皇，可是如果将这两位开创大业的君主进行对比，还是很有意思的。

当同样面对死亡时，始皇帝显得过于执着，总是将希望寄托在虚无缥缈的神仙之事上，以期求得不死之药。比起始皇帝追求长生不死时的仓皇和不安，刘邦则更为慷慨。也许，这就是平民和贵族的区别。

其实，正因身为平民，又久在民间，才让作为皇帝的刘邦少了贵族威严，而多了庶民人情。比如，刘邦有个沛县老乡叫单父圣。当年刘邦寒微之时，曾有一次有急事外出，向此人借了一匹马应急。这件事情，刘邦一生未忘。平定天下后，军功不足的单父圣不能封侯。可是，刘邦不但予以重赏，且将这位单父圣封为中牟侯。刘邦说得很清楚：这个侯就是为了感激你当初借我一匹马！非仅单父圣，《功臣表》里记载的一百四十三个军功彻侯只有六人为刘邦的亲属，其余的都是按照战争中的功劳给予封邑，即使阵亡也不例外。比如，在还定三秦之战中阵亡的猛将纪成和平齐之战中被杀的郦食其。两人虽未看到天下一统，但纪成之子纪通、郦食其之子郦疥，均以父之故而被封侯。即便没有儿子继承爵位，刘邦也会想方设法找到直系亲属继承。猛将奚涓和樊哙一样，每战必冲杀在最前线，立下汗马功劳。平定天下后，奚涓论军功当为四千八百户，和猛将樊哙同等。可是，奚涓已经阵亡，也没有留下儿子。刘邦追念这位同生共死的老兄弟，特意将奚涓的老母亲接到洛阳，并将鲁侯的爵位封给这位老夫人。

不仅如此，封侯的当天，刘邦还与这些功臣们剖符立誓曰："即使有一天，宽阔而奔腾的河水变得仅如细带般，巍峨而雄伟的泰山也只剩下磨石那般，你们的封国依旧永远牢固，并可传及子孙，世世不绝！"这个符由两半组成，受封的功臣拿着一半，另一半存在皇家档案，以作凭照。

凡此种种，都不难看出刘邦虽贵为皇帝，但实与庶民无异。

大风起兮云飞扬，威加海内兮归故乡，安得猛士兮守四方！无论如何，属于刘邦的时代，终于结束了。

宽仁之主

至朝时，惠帝让参曰："与窋胡治乎？乃者我使谏君也。"参免冠谢曰："陛下自察圣武孰与高帝？"上曰："朕乃安敢望先帝乎！"曰："陛下观臣能孰与萧何贤？"上曰："君似不及也。"参曰："陛下言之是也。且高帝与萧何定天下，法令既明，今陛下垂拱，参等守职，遵而勿失，不亦可乎？"惠帝曰："善。君休矣！"

——《史记·曹相国世家》

第二十四章　刘盈登基

汉十二年，五月二十日。

初夏的太阳尚未升起，未央宫已经钟鼓齐鸣，公卿大臣们依照谒者的引导鱼贯进入宫城。忽明忽暗的灯火下，大臣们神情肃穆，手持笏板，小步快走穿过巍峨高深的宫墙。按照朝廷制度，今日将第一次正式觐见高帝的嫡长子、大汉的新皇帝。

钟鼓齐鸣之时，刚刚十六岁的太子刘盈第一次穿上与高帝一样的皇帝衮服、戴上皇帝的冕旒冠，端坐在高台之上等待大臣们。此时，刘盈已经不再是储君，而是正式的皇帝。皇帝十二旒，警示为人君者当遵守礼制，以显示威严。然而，当少年皇帝刘盈目视冕旒时，也会思绪万千！

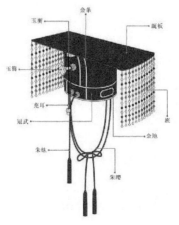

天子冕旒冠。《后汉书·舆服志》："冕皆广七寸，长尺二寸，前圆后方，朱绿里，玄上，前垂四寸，后垂三寸，系白玉珠为十二旒，以其绶采色为组缨"。

据沛县老臣传言，当年在沛县丰邑时，有个相面的老父路过，说吕太后和带着的两个孩子都有大贵之相。然而若无大难，又岂能大贵？自十多年前高帝沛县起兵反秦算起，吕太后带着这两个"大贵"的孩子先是逃避秦人通缉，后又躲避项羽追捕，足足过了好几年颠沛流离、朝不保夕的生活。汉二年彭城之战后，若非汝阴侯夏侯婴拼死相救，安国侯王陵带兵护从，此命早休。虽说多亏沛县父老悉心照顾终在乱世中免遭刀兵，但对一个孩子来说，这样艰难的逃亡终生难忘。由此可见，刘盈虽已贵为皇帝，但其童年时代是很不幸的。大臣们都说刘盈"慈仁"，这大约与童年的经历有很大关系。

当初，在高帝宽大强健的臂膀下，"慈仁"的刘盈还可以稍微安逸。可是，随着一手缔造大汉天下的高帝崩逝，既为臣、又为子的刘盈也不得不入主未央宫，担负大汉天下。然而，如此负担，对于一个十几岁的少年来说或许还是太沉重。

实际上，四月份高帝刚刚崩逝时，朝堂局势还在扑朔迷离、波谲云诡之中，皇帝之位还不能说已经坐稳。而之所以如此，则是吕太后在政治上表现出的幼稚和处理君臣关系上的粗暴而致。

要知道，如今朝堂之上位列公卿彻侯的大臣多为跟随高帝起兵打天下的出身砀郡和泗水的"砀泗元从集团"元勋。因多年以来在残酷的战争环境中不断成长，这些"砀泗元从集团"元勋们政治和军事斗争的经验极为丰富，无一是易与之辈。刘盈作为少年皇帝，面对强臣，难免底气不足。以致，朝堂之上"主弱臣强"。

虽说易储之争时，大多数"砀泗元从集团"的军功老臣站在刘盈这一边，但这不过是利益使然。在绝对的权力和利益面前，这帮桀骜不驯的老臣对新皇帝到底是什么态度，会不会用心辅佐，是不是社稷之臣，谁也不清楚。

年轻的刘盈和并无执政经验的吕太后在政治上既无"势"，又无"情"，还能心存幻想不成？自古以来，以臣弑君者还少吗？远者，春秋以臣弑君三十六；近者，赵高一手指鹿为马。可见，"主弱臣强"，从来就不是社稷安稳之道，所以韩非子就曾直截了当地说："圣人德若尧舜，行若伯夷，而不载于势，则功不立，名不遂。"在这种对皇帝不利的"势"面前，为君者又怎能不小心翼翼！

当然，如果朝中能有强大的外戚让皇帝引为臂助，或许可以与这些元老抗衡，稍稍减弱不利之势。可是，随着执掌军权且"发兵佐高祖定天下"的周吕侯吕泽去世，吕氏外戚中无人有资历、有威望抗衡"砀泗元从集团"。如此"大势"之下，缺少强有力的外戚集团的鼎力支持，这个皇帝能当几天？

正因如此，高帝刚刚驾崩的当晚，吕太后决定和当年秦始皇去世时一样秘不发丧，等稳定形势后再诏告天下，同时又以皇帝的名义下了一道诏书：颍阴侯灌婴领兵十万屯驻关中门户河南郡荥阳，以防不测。

皇帝新崩，局势难测，这两道命令算得上是能稳住形势的良策。可问题是，在君"势"不利、主弱臣强的情况下，吕太后对这道诏书的效力并不自信。要知道，老臣在军队中有很高威望，且势力盘根错节，一旦对彼辈轻易授权，谁能保证他们不会心存二念。别的不说，若灌婴走在半路上突然带着十万大军行"谋大事"之举，局势混乱是小，天下大乱是大。吕太后是亲身经历过残酷而血腥的政治斗争的，对于军功卓著的开国元老们，岂敢完全信任？于是，在诏令刚刚下达后，忐忑不安的吕太后便与心腹近臣审食其密谋曰："陛下新崩，局势不稳。朝中老臣俱为从起丰沛的元老，素来桀骜不驯，实非易与之辈。皇帝年幼，元老功高却北面为臣，必心有不甘。为今之计，不如尽数诛杀免生后患！"

实际上，吕太后已经不是第一次使用这种斩草除根的绝户之计。当年，淮阴侯韩信、梁王彭越不就是这样被连根拔起的吗？在吕太后看来，如果诛杀这些老臣，彻底铲除他们在军中的势力，自然天下太平。

然而，有道是"时殊则事异"，这样的绝户之计可一而不可再。要知道，如今站在吕太后背后的不是一手缔造大汉的高帝，而是尚未成年的刘盈；这些元老重臣也不是被削去大权的韩信、彭越，而是手握重兵的公卿彻侯。如此主弱臣强之势下，他们岂会因一个妇人的一道命令就甘心伏诛？旁的不说，正在北方的曲逆侯陈平在高帝未死时就敢公然抗命，何况这些手握重兵的元老？更为重要的是这帮老臣可不是一个陈平，而是一个势力庞大的集团。可以想象，这道命令一旦发布，关中立即就会大乱。不说其他人，手握十万大军的灌婴必然会立即在荥阳举兵。

反之，吕氏在军中可用之人大多是都尉一级的中级军官，目前对军队的控制力并不强。真要到天下震动之时，吕氏中又由谁来领兵平天下？因此，此策不说实施，只要稍有泄露，那便会立即酿成大祸。

可见，没有雄才大略的高帝在背后为支撑，初掌大权的吕太后确实有些乱了阵脚，没有了当时诛杀韩信和彭越的从容。不过好在在卫尉郦商的劝阻下，这道命令终于未能执行，一场大乱得以消弭。

四天后的四月二十八日，随着形势初步稳定，朝廷正式宣布发丧。接着，吕太后宣布大赦天下以安定人心。数日后，朝廷便以皇帝的礼仪规格将高帝安葬在长陵。群臣议定：高帝者，"起微细，拨乱世反之正，平定天下"，功绩最高，当定庙号为汉太祖，上尊号高帝。

有道是"盖棺定论"，无论什么庙号，均是对君主一生功过是非的总结。高帝的庙号一旦议定，便向天下万民宣告属于高帝时代的结束和新皇帝时代的开始。可以说，经过长达一个月尔虞我诈的权力斗争，直至此时，新皇帝之位才算暂时稳定。当然，新皇帝虽然登基，但由于尚未加冠并无执政经验，故朝廷大事基本由吕太后决断。

太后临朝，也未能让朝堂之上的君臣之势根本扭转。但是，粗暴而直接的绝户之计是无论如何也不能再用。就像韩非子说的："君持柄以处势，故令行禁止。柄者，杀生之治也；势者，胜众之资也。"也许，还需要吕太后以更高明的手腕纵横捭阖抓住权柄，以改变这个尴尬的局面。

此时，刘盈便安坐在高台上看着台下跪坐的公卿彻侯，听着吕太后宣布朝廷的各项命令和人事调整。

第二十五章　　局势稍安

吕太后的第一道命令便是赦免樊哙，复其舞阳侯爵位并拜为上将军。

一个月前，高帝在病榻上大发雷霆，严令将讨伐燕国的统帅舞阳侯樊哙处以极刑。于是，这位当年被高帝视作左膀右臂的猛将在攻燕前线被陈平绑了回来。可谁知回长安后，又恰逢朝廷宣布高帝驾崩，朝中混乱。如此一来，处置樊哙一事便被耽搁下来。如今高皇帝既然已经不在，朝政由吕太后处理，那高帝的那封"诏书"自然也做不得数了，幸运的樊哙也因此而躲过一劫。要是早回来几天，高帝尚在朝堂之上，樊哙这条命怕是无论如何也保不住了。都知道樊哙樊舞阳是忠直之人，当年鸿门宴时若非樊哙闯帐，高帝必然危矣！可这样一个重臣，却在一个月内于生死之间走了一个来回，着实令人唏嘘。

而樊哙之所以月余之内在生死之间有惊无险地走了一个来回，其缘由朝中大臣们极为清楚——身份敏感！

樊哙的身份极为特殊：属于"砀泗元从集团"，并且是此集团中久掌兵权的得力干将。同时，樊哙又是吕太后的妹夫，属于"外戚"一党。高帝之所以在病重之时如此敏感，其原因也正是如此。不过既然高帝已死，太后临朝，这个身份便立即显贵。要知道，在主弱臣强的形势下，吕太后想要顺利临朝理政，必须控制住兵权。而欲执掌兵权，非有资历极高的外戚不可，可吕太后家族的子侄在军中人望不足，所能用者，唯有樊哙一人而已。正因如此，在新皇即位之时，不管是于公还是于私，吕太后都要对樊哙视之以宽，这样不但能够壮大吕氏一派的实力，也能够借此安抚"砀泗元从集团"。可见，樊哙被赦免并得到上将军之位，亦在情理之中。

所以，赦免樊哙的命令下来，无论是大臣还是皇帝大概都不感到意外。可是对比樊哙被赦，曲逆侯陈平以护军中尉骤迁郎中令就让人颇为意外了。

之所以意外，实乃陈平犯有必诛之罪。一个月前，陈平在处理完樊哙之事后接到的诏令应该是与颍阴侯灌婴一起屯驻荥阳。这道命令是太后以皇帝名义下达的，因此具有最高效力。然而谁能想到，向来以忠臣自居的陈平居然根本没把皇帝的诏书当回事，非但未去荥阳，甚至直奔长安而来！外臣不奉诏令，这至少是大辟之罪。可是，如今陈平不但未被有司定罪，居然还高升为郎中令，岂不怪哉？

不过，陈平骤升虽然意外，但在才智卓绝之人看来也许并不难推测其中原委：陈平之所以敢于公然抗命，就是算准了时机混乱，在主弱臣强局面下初掌大权的吕太后绝对不会拿他陈平如何。

然而，朝臣或许知道以陈平之计足能自保，但恐怕很难会想到陈平已经完全投入"吕党"，而且更难相信陈平会连丝毫的礼义廉耻都不顾。

当日，陈平一路快马加鞭抵达长安，至长安后，甚至连家都没回便连夜狂奔至宫中，又在吕太后面前撕心裂肺痛哭流涕，向吕太后奏报樊哙未死之事。深夜之时，深宫之中，陈平泣涕甚哀，以至于连吕太后如此冷血的人也感到哀痛不已。陈平之哀，或许确实有对高帝简拔之恩的感激，但以陈平的聪明，未必没有借此为自己争取利益的打算。说句诛心的话，恐怕陈平"泣涕甚哀"的目的或许不是哀悼高帝，而是要在吕太后面前表明态度！

果然，当夜在陈平表态之后，吕太后大感满意并安抚曰："君劳，出休矣！"可谁知，陈平却对吕太后表示："畏谗之就，因固请得宿卫中！"

高帝刚死，吕太后新寡，一个外臣却在这个时候提出"宿卫禁中"，岂不有瓜田李下之嫌！传扬出去，必会令天下臣民耻笑。看来，为了加入吕太后的核心圈子，陈平已经将礼义廉耻完全抛开。

实际上，陈平，也别无选择！要知道，长期以来，陈平虽为高帝的从龙老臣、重臣，但其出身却是楚营降将。在朝堂公卿彻侯多为"砀泗元从集团"成员的情况下，其"降将"的身份颇为尴尬。也正因如此，陈平一直受到"砀泗元从集团"的排挤。当年若非高帝不顾一切而破格重用，陈平岂能做到护军中尉这样的要职？可以说，陈平的一切均拜高帝所赐。然而，深受隆恩既是福也是祸。今高帝已死，他陈平又该何去何从？在背后无人支撑的情况下，朝堂之上将难有立足之地，甚至一步走错，身死族灭也不是不可能。

不过，高帝驾崩也意味着朝廷政治必将重新调整。"砀泗元从集团"势力强大，吕太后当然不敢完全依靠。为了朝廷的平衡，吕太后只能大量起用吕氏族人以制约老臣。但自吕泽去世后，吕氏族人威望不足，无法与"砀泗元从集团"直接对抗。如此一来，吕太后又必须依靠旁系重臣，而身为高帝重要谋士却又是旁系的陈平岂不正是最有力的人选？可见如能在鱼龙混杂之时抓住这个千载难逢之机找一个靠山，至少可保三代富贵。

本来最有价值的辅弼之臣其实应该是高帝的头号谋士留侯张良，否则吕太后又岂会在四月份高帝刚刚驾崩时便以太后之尊亲自前往张良府中探望。不过，张良虽挂太子少傅之职，但在平定天下后几乎未言一策。若非当年吕太后之兄建成侯吕释之强逼表态，张良甚至不会涉足易储之事。因此，早已归隐的张良大概是不太可能主动出谋划策的。所以，在张良难用的情况下，陈平以高帝的第二号谋士相投，必会受到信任。陈平思维缜密，而且善于伪装，在高帝病重时大约便已经权衡再三。正是如此，陈平才会不顾一切要求"宿卫禁中"！

在朝局不明的情况下，吕太后亦无多少腾挪的空间。为了牢牢拉拢这个高帝心腹谋士，吕太后只得表示可拜陈平为郎中令一职。郎中令是二千石列卿之一，主管朝中郎官，是皇帝近臣，位高权重。授予这个职位，或许便可让陈平感恩戴德、肝脑涂地辅佐新皇帝了。于是，在口头约定后，吕太后又对陈平嘱咐曰："君侯一定要辅佐好我儿！"

于是，在五月份的新皇帝朝会时，陈平郎中令的任命便和樊哙的上将军任命同时下达。当然，当夜种种密事大臣们大约是不太清楚的。如果不是宫中谒者内宦隐约传言，谁也不知道这其中的利益交换。谁又能想到，波谲云诡的朝中局势，扑朔迷离的君臣关系，最终让死罪在身的陈平不但没死，甚至最终还坐上了郎中令之职？

不过，从樊哙赦免、陈平迁任两事不难看出，吕太后在高帝驾崩的敏感时期，在朝廷各派的重组上做得颇有效果。通过妥善处置樊哙，安抚了"砀泗元从集团"，接着又迅速拉拢了张良、陈平两位谋士。朝中有舞阳侯樊哙和曲逆侯陈平这两个高帝老臣中颇具分量的重臣坐镇，多少可以保证刘盈皇位稳定。

然而说到皇位，则还有一个人不得不处理，那就是吕太后的生死大敌——戚夫人。

政治斗争就没有仁慈的说法，从来不是你死就是我亡。在"大是大非"面前，吕太后素来"睿智"而"果决"，是极为理智的人，绝不会被感情左右。因此，在五月份新皇帝的皇位刚刚坐稳之时，吕太后便下令将戚夫人囚入宫中囚禁有罪宫女和嫔妃的场所永巷，随后又强迫戚夫人剪去头发，带上刑具，穿上土红色的囚服舂米。

《尚书》上说："树德务滋，除恶务本。"既然除恶，自然要尽除之，这可是圣人的教诲！于是，在处理了戚夫人后，吕太后又派使者去召赵王如意入朝，以绝后患。

第二十六章　　周昌如意

　　太后催促甚急，故朝廷诏令疾驰，很快经驰道从长安抵达赵国邯郸，拜见赵王。

　　赵王如意年幼，如今主政赵国的是当年的朝中名臣、故御史大夫、今赵相汾阴侯周昌。经历了高帝时代的起起落落，赵相周昌虽然"刚"，但却并非蠢人。要知道，此时又非新年朝会，朝廷急召如意入京意欲何为？其实，吕太后在处理戚夫人后无故而遣使急召赵王如意，其意已经不言而自明。

　　虽已经离开中枢数年，但周昌对朝中政治斗争的事情多少也知道一些。而吕太后处理淮阴侯韩信和梁王彭越的手段，时为御史大夫的周昌也是亲眼所见。试想，在这种情况下，周昌又岂会对心狠手毒的吕太后心存幻想？因此，当朝廷的使者抵达赵国邯郸时，周昌便不由得想到数年前高帝的嘱托。

　　当年，高帝在病重之际托付赵王如意，是有托孤之信任。既然如此，当然要护佑如意以报高帝君恩于万一。此时此刻，若为安享富贵而迁就于太后，则是失信于高帝，势必被天下所轻。所以，于情于义，也要尽力阻止悲剧的发生。而周昌当年既然连高帝都敢当面顶撞，如今在"先帝托孤"这个大是大非面前又岂会轻移己志？因此，在见到朝廷的使者后，周昌严词回绝拒不奉诏。最后，吕太后使者来回跑了三次，周昌均不为所动："臣死罪，当年高皇帝将赵王托付给臣，臣不能有负所托。且朝堂皆知太后与戚夫人不善，我王一旦前往长安，后果难测。臣诚恐有负高皇帝所托，实不敢奉诏！且赵王已身染重病，亦恐难奉诏奔驰！"

赵相屡屡拒不奉诏的消息传至长乐宫，吕太后终于勃然大怒：在几年前的第一次易储事件中，确实因周昌力谏才保住刘盈的太子之位。可是如今政治斗争极为激烈，留下如意则是留下巨大隐患，又岂容你这赵相放肆？周昌这竖子是欲用当年"期不奉诏"的维护之情倚老卖老，还是无视朝廷法度，确欲抗命不遵？如今"称制"未过五月，诏书已下三封。人人都如你周昌一般，朝廷还能号令何人？君威法度又何在？君臣大势已定，你周昌不过一个二千石的诸侯国相，难道想"行大事"不成？

最后，愤怒的吕太后也没再跟周昌废话，直接下了一道诏令将周昌调到朝中任职。周昌这竖子若再不来，且看是你周昌"刚"还是国法"刚"。

也许，周昌本以为数次阻拦，吕太后便会放过年幼的赵王，可谁能想到吕太后此次如此坚决。如今调任的诏书传至赵国，周昌若再不从，只怕是必死无疑。以吕太后凡事做绝的性格，不但不听调令的周昌本人将身死，甚至很可能如当年淮阴侯韩信那样落得一个举族尽灭的下场！而且周昌一死，赵王如意亦断无独活之理。无奈之下，周昌只得放弃毫无意义的阻挡，辞别年幼的赵王，离开赵国前往长安。

到达长安后，这位以"强力敢直言"而闻名朝野的老臣被吕太后当着侍从内宦的面破口大骂："你周昌竖子不知道我和戚夫人之事？屡次三番无视朝廷诏令，阻挠赵王进京，意欲何为？"骂完周昌，吕太后果然再次下令召赵王至长安。这次没有赵相阻拦，如意很快便被带到长安。

消息传来，吕太后终于放心：事情发展到这个地步，还算顺利。虽有周昌不识时务，但一切都尚在掌控之中。只需一刀，如意这个大麻烦便可解决，持续五年的易储之争也将会画上一个圆满的句号。

可谁知吕太后还未出长乐宫，便接到了赵王被皇帝的仪仗先一步接走的消息。

身为皇帝的刘盈之所以出其不意，自然是因为对吕太后这位母亲太了解了。戚夫人和赵王之事在朝中已经颇有传言，刘盈身为人子，此刻岂会不知母亲的打算。太后因何不喜赵王如意，其中缘由不言自明。刘盈身为人子，不能直接阻止太后，否则即为不孝。然而，刘盈虽不能违逆太后，但却可以以兄长身份照顾弟弟。

因此，当太后将赵王召来长安、赵王车驾已经抵达霸上的消息传来之时，皇帝刘盈也顾不得朝政和礼法，亲自赶到霸上抢先接走弟弟，这才让如意免于一刀。非但如此，刘盈甚至带着这个异母弟弟一同入宫，每日同食同寝。

谁又能想到，身为皇帝的刘盈登基后主动去做的第一件事居然是想尽办法保护自己的弟弟免遭杀身之祸。昔日的君权至高无上，如今却连保护一个兄弟都如此艰难。与提三尺剑扫平天下的高帝相比，这位少年皇帝真称不上霸气。然而，不得不说，刘盈这位新皇帝确实是一个好人。要知道，如意可是刘盈争夺最高权力的生死大敌。最高权力的争夺本来就没有仁慈的说法，可即便如此，作为新皇帝的刘盈对这位异母弟弟也是百般呵护，不可谓不厚道。虽比开国之君少了一点"雄才"，但刘盈这位新皇帝确实算是孝悌仁厚之极了！

有仁慈的兄长在上，如意诚可谓幸矣！然而，世事又岂能处处"如意"？新君纪元第一年的孝惠元年，便从杀戮中开始。

孝惠元年十二月的一天凌晨，刘盈外出游猎。因时间尚早，加之深冬严寒，刘盈不忍叫醒熟睡的弟弟如意便独自出发。可谁知，待刘盈游猎回宫后，却发现弟弟如意已经躺在床上死去多时！原来，一直视如意为眼中钉的吕太后趁皇帝离开之际派人以毒酒毒杀了熟睡中的如意！

连这样已经没有任何威胁的孩子都不放过，吕太后真可谓"刚毅"之主……

虽说政治斗争向来残酷，但如意确实没有必死理由。试想，一个在朝中没有任何支持者，又没有可以依靠的强大母族的少年，又怎么能威胁到名分已定的新君？吕太后"雄才大略"，又何必如此害怕一个幼子？对比高帝厚待项氏的大度，吕太后实在是心胸狭隘。

其实在如意被杀后不久，同是诸侯王的刘肥却仅因献出一郡便免于一死。由此可以看出，这些所谓的对君权的威胁，根本就不足为虑，吕太后对如意痛下杀手，多是嫉恨之心作怪而已。实际上，吕太后大可从宽处理，只需效仿高帝，将如意严加看管即可。而以如此粗暴残酷的手段诛杀如意，则是授人以柄，在政治上是大大的被动。试想宫中如此丑闻传出，天下人会如何看待吕太后？

总之，没有高帝的佑护，独自去面对这样冷血无情的"母亲"，只能算是如意的不幸了。

如意死后不久，吕太后又残忍地处置了如意的生母戚夫人，手段之残忍，方法之血腥，实令常人无法想象。具体做法是：砍断戚夫人的四肢，挖去眼珠，熏聋耳朵，灌哑药让痛苦的戚夫人无法哀号。百般折磨后，吕太后又将这位高帝宠爱的妃子丢在厕所里，谓之"人彘"。

仅仅如此也就罢了。过几天，吕太后却将刘盈招来参观这个"人彘"！如果说杀韩信、彭越以至如意都还有政治上的考虑，那么此时的吕太后简直已经到了丧心病狂的地步：身为人母却让儿子看到自己如此残忍的一面，何苦来哉？

当看到血肉模糊、嘀嘀作响的一摊肉团在厕所里不时抖动时，不明所以的少年皇帝强忍着血腥之气开口询问这是什么。而当得到这就是戚夫人的回答时，少年皇帝刘盈终于崩溃了。但凡是人，岂能干出这等惨绝人寰之事？可是，这不仅是人干出来的，还是皇帝的母亲、天下的太后干出来的！政治斗争的冷血，本不该说什么，可是谁又能想到，人性居然在政治和权力下扭曲到这个程度！

哀莫大于心死，绝望的刘盈痛苦回答："此非人所为。臣为太后子，终不能治天下！"

孔子曰："夫孝，德之本也，教之所由生也！"汉所以以孝而立天下，盖因孝乃德之本也。人人敬爱其父母，才有万民忠于君父。可是，刘盈的弟弟如意被杀后，庶母戚夫人又被生母吕太后残酷杀戮。有这样的母亲和皇太后，朝廷又怎么能以"孝"治理天下？母为如此之母，君为如此之君，天下臣民又会怎样看待朝廷？朝廷又有何颜面要求臣民们"孝"？

从此之后，刘盈"日饮为淫乐，不听政"。

千年后，司马光在《资治通鉴》里委婉批评了刘盈，说："人子者，父母有过则谏；谏而不听，则号泣而随之。安有守高祖之业，为天下之主，不忍母之残酷，遂弃国家而不恤，纵酒色以伤生！若孝惠者，可谓笃于小仁而未知大谊也！"

然而，虽说是皇帝，刘盈也不过是一个仅十多岁的少年而已，又岂能没有人性和感情？实际上，为人君者，先为人子。既然如此，后人又何必如此苛求一个十六岁的少年？况且，刘盈也并非完全对朝政不管不问，当曹参整日无所事事时，焦急的刘盈不也去询问曹参朝政之事吗？

其实，心死之人，并非刘盈一人。如意死后，周昌从此称病不朝。在孝惠六年正月，过了几年行尸走肉般生活的汾阴侯周昌最后也郁郁而终。

百年后，司马迁著《史记》，将周昌和张苍等人合入《张丞相列传》。在传中，司马迁说周昌"为人强力，敢直言，自萧、曹等皆卑下之"。正如司马迁之言，如论亲近，周昌不如卢绾；如论攻城略地，大约也不如曹参；再论治国，周昌必然不如萧何，但要论直言敢谏，周昌确实在汉初功臣中是首屈一指的。可这样的直臣，居然落得如此下场，真是令人唏嘘！

第二十七章　　萧规曹随

赵王如意死后不久，孝惠二年夏，刘盈的伯父合阳侯刘仲去世了。这个合阳侯就是当年被高帝封为代王，听到匈奴入侵后又一路逃回洛阳的刘仲。

《礼》曰："天子死曰崩，诸侯曰薨，大夫曰卒，士曰不禄，庶人曰死。"虽然刘仲此人极为无能，且极为无耻，但因他是高帝的兄长，又是故代王，所以此人之死和如意一样亦郑而重之称为"薨"。如以德而论，此"薨"实在是名不副实。然而巧合的是，合阳侯"薨"后数日，一个颇有才德的人亦将"薨"去，他就是汉之首任相国——酂侯萧何。

若与刘仲相比，那辅佐两代皇帝的萧何萧相国真可谓社稷之臣。汉二年五月，高帝在彭城大败而回，局势危如累卵。当时，多亏萧何在关键时刻及时复发关中之兵东出荥阳，才让高帝挡住了项羽进攻，站稳了脚跟。正因为萧何在后方殚精竭虑地全力筹措、苦心经营，才保证了荥阳成皋争夺战的最后胜利。而当时，身为太子的刘盈也是在萧何的辅佐下，成功为高帝守住关中。汉定鼎后，高帝又长期出征在外，亦是萧何在刘盈身边辅佐，才稳住社稷。

对刘盈而言，这样的相国除了是社稷之臣，也是值得信赖的长辈啊！可想而知，萧何的病危对刚刚经历了如意之死的刘盈来说，必然又是巨大打击：这位一手缔造大汉各项律令，能驾驭大汉走向的肱股之臣一旦与世长辞，未来的朝政将何去何从？而这些，尚无执政经验的新皇帝并不确定。于是，接到相国病危的消息后，刘盈立即以皇帝之尊亲自登门探望，并在病榻边执相国之手询问后事和朝政的安排。

皇帝登门询问国政，这是莫大的尊崇，也是无比的信任。然而当看到这位一手带大的少年皇帝时，三年前高帝为上林苑而勃然大怒之事又浮现在眼前，让这位相国至死都不敢轻言帝王朝政之事。相国虽是一人之下万人之上，位高权重，但谁都知道，处在权力之巅稍有不慎便是身死族灭的下场，不可不慎！因此，当听到少年皇帝询问国政时，萧何平静开口："知臣莫如主。"

然而，刘盈并非雄才大略的高帝，这个模棱两可的回答不得不让其小心翼翼地再度开口追问："相国以为齐相如何？"

齐相者，乃平阳侯曹参。当年，曹参曾为沛县的狱掾，为萧何的直系下属，两人关系极善。不过，在沛县起兵到楚汉战争期间，萧何留在后方主持政务，曹参则领兵出征在外。战事紧张，两人几乎数年不见。在汉六年高帝分封刘肥为齐王后，曹参便作为齐相离开中枢。若从汉六年算起，两人又有近十年不曾见面。长期相离，关系自然逐渐平淡下来。几年来，朝中公卿们大多传言萧相国和曹丞相的关系已经不是太好，甚至"有隙"。

不过两人关系所以平淡而有隙，只怕也是形势使然。高帝英明神武，乾纲独断，在易储之争后对朝臣已经产生了相当大的不信任感。萧何是相国，为朝中第一重臣，地位一直十分敏感；而曹参则是齐相，为天下第一强藩的宰执。恐怕就是两人关系确实好，在这个时候也要刻意保持距离了。身为君主的，谁都希望自己的大臣不和，哪怕是表面的。大约，这才是两人关系不好的根源。

当然，无论两人关系如何，在询问朝政之时，萧何绝对不会含糊其辞。因此，萧何微微颔首，随后点头认可。为何？因为曹参为齐相数年，确实政绩突出。

当年高帝封同姓王时，曹参以右丞相被正式拜为齐相，辅佐刘肥就国。由于刘肥资历有限且无治国之能，齐国的大政其实主要由曹参全权负责。因此，曹参实为齐国七郡的实际主宰者。而且，汉初藩国权力甚大，在行政制度上有很大的自主权，除非涉及谋反，否则朝廷一般不会直接过问藩国国政。所以，曹参身为齐相，手中能动用的权力并不比战国时期的齐王差多少。可问题是，虽有无人掣肘的大权在手，但治理齐国却非易事。

当年项羽平齐，几乎将齐国屠得十室九空。田横主政后，未等安民便遭到淮阴侯韩信突袭，接着楚军北上增援田横，双方又在高密等地激战不休。数年惨烈的战争，使得整个齐国到处是人民离散、土地荒芜的破败之景。至曹参上任时，齐国虽有济北、博阳、临淄、胶东、胶西、城阳和琅琊七郡七十余县，但无论是从户口还是从赋税上看，都远比不上始皇帝时。另外，就像当年田肯和郦食其说的，齐鲁之民向来是不服法令、剽悍好斗的，极难治理，一旦施政不妥极容易激起民变。可见，在上任之初，曹参身上的担子可不轻。

曹参早年在沛县做过狱掾，后来便是戎马生涯，治国理政确无经验。好在齐鲁尚儒，只要礼贤下士，招揽贤才充实相府，想来求得安民之术并不难。故在上任伊始，曹参便将齐国儒生召至府中，询问抚境安民之策。可问题是几百个儒生众说纷纭，最后搞得曹参自己也拿不定主意。正在游移不定之时，听闻胶西盖公德高望重，精研黄老学说，可以问策。于是，曹参便立即派人前往胶西将盖公请来。而盖公提出的治国方案是清静无为的黄老之术，言下之意即在国事上尽量"无为"，让百姓们休养生息。曹参本人早年长期在基层工作，对秦人繁杂苛政深有体会，故立即决定接受盖公建议。

其实，治理齐国确如盖公所言，法令轻简、国事无为便是上策。要知道，齐国东临大海，西据泰岳，兼有鱼盐之利。早在春秋时代，齐桓公用管子而首霸诸侯。到战国时，田氏齐国一度发展为可以和秦国相抗衡的东方大国。二十余年前始皇帝发动统一战争时，齐国也是未放一箭便直接投降，所以齐国虽受战乱破坏，但基础却远强于河北赵国。只要尽除秦之苛政，采取与民休息政策，恢复齐国安宁并非难事。于是，曹参在齐相任上近十年，稳定推行这套无为而治的治国之术。

汉十一年平英布之战中，齐国已经可以以七郡之地短期内动员十二万车骑投入平叛战争。可见，到高帝末年时，齐国已经基本从战乱中恢复过来。而能将满目疮痍的齐国在九年内恢复成天下第一强藩，可见百战百胜的猛将曹参确有治国之能。政绩如此卓著，难怪百姓无不交口称赞曹参为"贤相"。

曹参这几年在齐相任上的治绩，萧何作为国家的宰执自然很清楚。如今，朝廷的各项法度已经基本完备，以后的朝政由既有能力又有威望的曹参执掌，再合适不过。因此，虽然两人关系并不好，但私谊并不妨碍公义，当听到皇帝刘盈对政事已安排妥当时，萧何顿首回答："陛下已找到人选，臣死亦无恨！"

在皇帝车驾离开之后，萧何招来家人对身后之事做了最后的嘱托："我萧家谨记，谨言慎行当是自存之道。若后代贤德，就学老夫俭朴。如后代不贤，这些劣房差地也不会被权势之家抢夺。"

为何萧何购置田地房宅，要选穷乡僻壤之处？盖因君威难测，实在是不得已而采取的自保之计。不过，虽是不得已而为之，但真正能做到亦实属不易。汉初年的这些功臣中，除了张良，又有几个能有这样的智慧？所谓"后世贤，师吾俭；不贤，毋为势家所夺"既是对后世子孙的要求，只怕也是这位萧相国对自己一生低调艰苦朴素的评价。絮絮叨叨嘱托完这些琐事后，萧何终于在孝惠二年的七月初五离开了人世。

百余年后，在《萧相国世家》里，司马迁认为："萧相国何于秦时为刀笔吏，录录未有奇节。及汉兴，依日月之末光，何谨守管钥，因民之疾，奉法顺流与之更始。淮阴、黥布等皆以诛灭，而何之勋烂焉。位冠群臣，声施后世，与闳夭、散宜生等争烈矣。"闳夭和散宜生都是西周的开国功臣和元老。当年，周文王姬昌被商纣王囚禁，正是这二人积极营救，才使文王脱险。司马迁是尚古的人，将汉相国萧何看成和古代贤臣闳夭、散宜生一样的社稷之臣，应该是极高的评价。

当然，萧何并非没有缺点。比如，在兴建长安时因过于奢华而招来了一些非议。再如，世人常以"成也萧何，败也萧何"指责萧何是卖友之人。不过，留韩信是为社稷，杀韩信也是为社稷。身为相国，以维护社稷安危为重，并不应该受指责。对老百姓来说，萧何是好相国；对君主来说，则是好助手。

而当萧何下葬的消息传至齐国临淄时，齐相曹参便嘱咐舍人做好准备，随时入京接相国之位。曹参之所以如此自信，是因其能力突出以及资历深厚之故。要知道，如今朝中公卿彻侯大多是随高帝打天下的军功大臣，个个桀骜不驯，为相者若无深厚资历，岂能对公卿大臣们如臂使指？朝中有能力的人不少，但如以资历而论，当属他曹参为第一。在此朝政动荡之时，更需老臣坐镇，故下一任相国非其莫属。

果然，在七月二十七，曹参便接到朝廷的拜相诏书，让曹参入朝正式接任相国一职。就在曹参接到诏书后不久，朝廷的下一任齐相齐寿（亦作齐受）也抵达齐国。

齐寿，留县人，原在张良部下为卒。当年高帝龙兴丰沛，后领兵走留县，齐寿便与张良等几百名留县义军加入了高帝的沛县义军队伍中，追随高帝征战。因作战勇猛，齐寿仅数年便以普通的士卒积功而升为骁骑都尉，并在韩信将兵攻齐后和曹参一起被配属给了韩信的东线。平齐之战结束后，齐寿又在韩信的指挥下将兵南下至垓下。垓下之战时，身为骁骑都尉的齐寿则与费侯陈贺、蓼侯孔聚统领骑兵猛攻楚军侧翼，截断楚军步骑的联系。

可见，在数年的戎马生涯中，齐寿和曹参颇有交情。既是故人，便可敞开说话。于是在离任前，曹参又对这位新齐相齐寿在施政上做了最后的嘱托。安排完了这些琐事，曹参即离开齐国，前往长安赴任。

到达长安就任相国后，曹参又把在齐国的治国思想带到朝中。首先，曹参对萧何所有的条令不做变更，一律遵照原有规定。其次，在相府辟用属官时，曹参全部选择"讷于文辞，重厚长者"，即为人质朴、拘谨不善言辞的老实人。安排好了一切工作后，曹参便整日饮酒作乐，不再前往相府理政。

这位曹参曹相国一改故萧相国勤勤恳恳的作风，使中枢沦为酒肆，若皇帝降罪，该如何是好？因此在数月之后，惊疑不定的相府属官及宾客纷纷来劝。可无论属官想说什么，来到曹参的府邸总要先三杯酒下肚。喝完欲再说，则再饮，总之绝口不提相府政务。最后，这些"好言相劝"的人均被曹参灌的不省人事，始终找不到说话的机会。事情传出，刘盈颇为焦急：萧相国在病榻上以国事相托，可你曹相国终日饮酒作乐，置国事于不顾，这是何意？堂堂相国如此作为，既是不成体统，也是视社稷如儿戏！

然而，曹参毕竟是元老重臣，按辈分来论还是皇帝的叔父，所以即便再心急也不能直接召来质询。不过，好在曹参之子曹窋在朝中任中大夫，就侍从在宫中。于是，无奈之下的刘盈便招来曹窋："数月来，我听闻朝中大臣们多有议论相国者。中大夫的父亲如此不治国事，莫非是因为我年少无知？中大夫可去代我相询'高皇帝弃群臣而大行，今上年轻，您身为相国，整天饮酒作乐，遇事又不向天子上奏，何以忧天下？'"为了表示对曹相国的尊重，小心翼翼地刘盈还特意嘱咐曹窋要以私人的身份问并且不要说是皇帝询问。

于是，曹窋便按此意思回家问问。可谁知听到这番话后，平时待人温和的曹参却突然勃然大怒，拿出板子便打了曹窋两百板！要知道，笞刑虽不重，但两百下也不是一般人能受得了的，甚至在笞刑中被当场打死的也不在少数。可曹参不但毫无不忍之心，打完后又对儿子曹窋咆哮道："速速给乃公滚回宫去侍奉陛下，国家大事岂是你这竖子该说的！"

这家伙，对儿子可真够狠的！

次日一早，未央宫鼓乐齐鸣，大臣们鱼贯入殿。刘盈如往常一般端坐在高台之上。朝贺已毕，实在忍无可忍的刘盈见这位曹相国还是如老僧坐定一般一言不发，便开口相问："昨日相国答中大夫二百之事，我已有耳闻。相国息怒，此事确实是我的主意，与中大夫无关。可是，我实在不明白相国的治国之道！"

听皇帝出言质询，曹参免冠顿首曰："臣死罪，然臣冒死请陛下自己体察圣明威武比之高帝如何？"

高帝是开国之君，且是三皇五帝以来首以平民身份开创帝国的皇帝。这样英明神武的皇帝在前，刚刚治政才数年的皇帝刘盈如何敢比。于是，刘盈连连摆手对曰："相国说笑了，我哪里敢比高帝！"

"如此，陛下看臣之才能比萧相国如何？"

萧何是辅佐高帝平定天下，缔造朝廷制度的一代贤相，可你曹参为相以来种种作为何德何能称之为"贤"？因此，曹参自然是远远不如萧何的。可是，曹参毕竟是老臣，不能直接批评，因此刘盈只得委婉开口答曰："君似不及也！"

可谁知听到这番话，曹参不但没有生气，还以笏板缓缓击手，然后微微笑道："陛下说得对。高帝与萧相国平定天下，法令已经明确完备。如今陛下垂拱治国，臣恭谨守职，君臣共守高帝和萧相国的法令，不就够了吗！"

治国不尚繁，有先贤君相在前，自当追随从简即可，又何必朝令夕改，劳动天下呢？结果，一番话说得刘盈茅塞顿开，点头称善。于是，曹参恪守萧何的政令律法，在相国任上干了三年，直至病逝。在这三年里，社会经济如齐国一般迅速发展。因此，对这第二位相国，百姓们也是不吝赞赏。当时民歌唱道："曹参代之，守而勿失。载其清净，民以宁一。"

第二十八章　　治国之道

从萧何到曹参，汉初两位相国都不约而同采取无为而治的治国方针，这是为什么呢？难道无为能解决一切问题？

说到这里，不得不提汉时百姓的负担。汉继承秦人的户籍管理制度，编入朝廷正式户籍的平民被称为"编户齐民"。这些"编户"在籍的百姓是国家合法公民，需要为朝廷承担相应义务。这些义务虽然很复杂，不过大致可以分为两种：赋税和徭役。

先说田赋。秦时因大兴土木、兵戈不休而支出浩繁，所以百姓的田赋负担是相当重的。《汉书·食货志》上说："至于始皇，遂并天下，内兴工作，外攘夷狄，收泰半之赋，发闾左之戍。田租、口赋和盐铁专利二十倍于古。"如此重税，实际上已经远远超过了百姓所能承受的负担，所以才有百姓揭竿而起。高帝起自寒微，深知民间疾苦，故将纳税标准定为十五税一，并以祖制的形势固定下来。文帝继位后不久，为减轻百姓负担又下诏将其减为三十税一。如此轻的赋税标准，在历代罕见。要知道，建安初年，曹操在许昌一带屯田，征收标准达到了惊人的官六民四，简直骇人听闻。与曹操相比，汉朝的皇帝可算厚道。

不过，汉时的田赋固然较轻，但百姓在交纳田赋的同时还要承担算赋、口赋和更赋等其他赋税。每个成年人每年交纳一百二十钱为一算，归治粟内史，是为算赋；七岁到十四岁的未成年人则交纳二十钱归少府，是为口赋。由更役的代役钱演变而来的一项正税，是为更赋。如果在田赋外再加上这些人口税，百姓的负担便不算轻了。

当然，这只是正税。除了正税外，往往还有很多名目繁杂、频繁变动

124

的"附加税"。由于很多朝代后期吏治腐败，朝廷控制不力，这些赋税的实际操控权往往在地方政府手中。有道是"雁过拔毛"，地方胥吏岂会放过"发财致富"的机会？如此一来，这些"附加税"就成了地方官吏上下其手的工具。附加税越复杂，农民的负担就越沉重。比如，明朝政府的正税其实并不重，但为什么一"三饷加派"就民变？全国亿万百姓难道真的连几百万两白银都凑不齐？其根本原因就是中央政府对财赋的征收失控。

说完赋税，再说徭役。按汉律，百姓从二十岁起即应登记载入征发徭役的名册，然后开始服行更卒徭役。这种徭役和秦一样，每年的服役时间为一个月，服役地点在本郡即可。更卒服役三年后即二十三岁时转入正卒徭役。按照汉律规定，老百姓需为正卒两年，其中一年在本郡做材官、骑士或楼船士，接受军事训练并负责地方治安。做本郡正卒一年结束后，还有一年要赴长安做守备皇宫的南军卫士，或者做戍边的戍卒。这种徭役除非拥有高于"不更"的爵位可以免役，否则直到五十六岁才可以年老免役。

两年的服役期虽说不长，但对寻常百姓之家来说也是相当大的负担。要知道，汉高帝虽平定天下，但边境并不太平，匈奴人经常来边郡侵扰，掠劫人畜财物。所以在边事紧张时，戍边的戍卒几乎无日不战，往往九死一生。即便戍卒在戍边期里存活下来，但对一个普通家庭来说，一年中少了一个健壮劳动力也是难以承受的。

除了这固定的徭役外，如果朝廷紧急动员，二十岁到五十六岁的百姓要随时参军参战。比如，汉高帝时代数次平叛，朝廷都进行了局部动员。对依靠脆弱的小农经济维持生活的普通家庭来说，这种动员当然也会影响到农业生产。而一旦像秦人那样频繁开边，战斗不息，百姓的日子就会更难过。被征召的兵卒就是能在长年的战斗中活下来，留在家中无人照看的家小大多也要饿死。

秦时，统治者不恤民力，不但频繁开边，而且屡屡调发大批劳动力从事造宫室、建陵墓、修驰道等工作。不谈旷日持久的大战，单说骊山陵这样的大型工程就不是一日能完成的。据说当年为了修造陵墓，动用的劳力达十余万之众，历时数年之久都没有彻底完工。

在频频开边同时又去建造如此规模的工程，得需要多少民力？国家各种徭役不断，丁男不足再征女子，甚至最终让天下出现"丈夫从军旅，老弱转粮饷"的惨痛景象。可想而知，平民生活该是何等艰辛！实际上，在秦人统治天下的十多年里，百姓们或死于服徭役的途中，或死于战乱，或逃亡在深山密林中，数以万计的百姓挣扎在死亡边缘，以至于原本富庶的关东郡县"民无遗类""十不存一"。最后，搞得天怒人怨，百姓终于揭竿而起。

可见，和比较稳定的正税不同，附加税和徭役很大程度上都是看统治者的具体施政方针。如果像秦人那样频频"有为"，百姓的日子就难过了；如果朝廷崇尚"无为"，轻徭薄赋，百姓的负担便会大大减轻。

随汉高帝打天下的大多是出身寒微的社会底层，对秦时沉重的负担深有体会。所以，早在汉高帝时代，与民休息作为一项基本国策被陆贾提出来，并得到了认可。不过终汉高帝一朝的数年里，由于各地诸侯大规模的谋反接连不断，朝廷不得不频繁动员规模庞大的军队平叛，以至于国家兵事连连，与民休息政策一直没有有效施行。

刘盈在位的几年里，国家虽然没有大规模的战乱，不过严重灾害也是不少：

孝惠二年春天，陇西发生大地震，夏天又发生了全国规模的大旱。

孝惠三年七月份，长安太仆的马厩发生火灾，厩马损失惨重。同样在这年，蜀郡湔氐部少数民族发生大规模叛乱，朝廷不得不在巴蜀一带进行紧急动员，出动军队平叛。

孝惠四年长乐宫的鸿台发生火灾，辛苦经营的大片宫殿被烧成白地。七月二十日，未央宫的藏冰室凌室再次发生火灾。第二天，大火又蔓延到少府主管的织室，烧毁了数十年积累的大量财物。

孝惠五年，气候异常，冬天打雷，并且在隆冬时节桃树、李树开花，枣树结果。暖冬虽不作为灾害，但与农业生产也密切相关。这样的异常暖冬出现的话，虫卵难以冻死，一般情况第二年农作物的病虫害就会比较严重。暖冬之后，到这年的夏天，又再次发生了全国性的大规模旱灾，连长江和黄河这样的大河都发生了水少的情况。

刘盈在位的七年里，几乎年年有灾。这对刚刚从战乱中恢复的百姓而言，真可谓雪上加霜。所以，朝廷若再像汉高帝时那样纷争不休，恐怕就真会重蹈秦人二世而亡的覆辙。对此，作为相国的萧何、曹参以及国家最高统治者吕太后均极为重视。所以在这几年里，朝廷数次下诏减轻百姓负担。

刘盈刚刚登基，就以新帝身份下诏"减田租，复十五税一"，同时在诏书里又"赐民爵一级"，以施恩于万民。

除赐爵外，朝廷还以各种方式减轻民众负担或进行赏赐。比如，在孝惠四年正月，朝廷下诏免除民间孝顺父母、和睦兄长、努力耕作的人的赋役。接着，在三月初七，因皇帝陛下成年又下大赦诏，大赦天下。几个月后，朝廷又下诏明文废除了秦时厉行的"挟书律"。

所谓的"挟书律"是秦人的一项法令，意思是除了允许官府有关部门可以藏书外，民间和个人一律不得私藏如儒家的《诗经》《尚书》等违禁图书，否则依律重处。这项律令是秦人以法家思想治理天下的一项重要措施，也是经常被攻击的苛政。在朝廷下诏废除"挟书律"后不久，故秦博士济南人伏胜开始传《尚书》于弟子。秦人统一天下时间不长，很多传承自战国时代的学者大多健在。随着"挟书律"正式废除，这些学者重新活跃布道。他们将先秦的典籍背诵下来，并录于竹简之上，代代传承。

除废除"挟书律"外，这几年里吕太后还着手废止了秦朝的一些其他的繁杂法律条例，以宽仁之术治国。比如，在高后元年正月，吕太后刚刚亲自执政时便下诏废除秦法中的"三族罪"和"妖言令"。所谓"三族罪"，是指诛灭三族的大罪；"妖言令"是指在公开场合诋毁统治或质疑皇帝权威的惑众妖言。始皇帝甚至规定，百姓在公开场合评议皇帝过失的都算"妖言"。

秦人暴政，吕太后是亲身经历过的，故这几条极不人道且又不合时宜的罪名都被下诏予以废除，汉律中也取消了相关处分。当然，终汉一世，"夷族"和"族灭"等记载不绝于书，实际上仍确实存在。别的不说，在孝文年间还组织过一次大规模修订法律的朝议，其中就包括重申废除"妖言罪"。然而不管如何，对升斗小民来说，这至少表明了朝廷的态度。

政策虽大多以皇帝诏书的名义下达，但还是隐约能看到背后执掌大权的吕太后的影子。吕太后虽然残忍毒辣，但在朝政大事上并不糊涂。司马迁在《吕太后本纪》中认为："孝惠皇帝、高后之时，黎民得离战国之苦，君臣俱欲休息乎无为，故惠帝垂拱，高后女主称制，政不出房户，天下晏然。刑罚罕用，罪人是希。民务稼穑，衣食滋殖！"可见，汉代实际上的"与民休息"政策确切说应该是从吕太后时开始的。

不过，汉统治者虽以宽仁治民，但也有"无为"解决不了的问题。在这里举一个发生在高后二年币制改革的例子。

秦人统一天下后通行的法定货币为半两钱。不过由于秦人统一时间较短，加上楚汉之际战乱频繁，社会动荡，所以虽然秦时就已经统一币制，但直到汉初年时，币制仍然相当混乱。当时，充斥市场的不但有秦统一铸造的半两钱，还有各种民间私铸的私钱。

半两钱形制为圆形方孔，重12铢（中国古代规定1两为24铢），有钱文曰"半两"。"半两"二字分列方孔左右。秦统一天下后，废除战国时期流通的刀、布、郢爰和贝币等大小、形制、重量和货值不一的庞杂混乱的六国货币，把秦统一货币的政策和圆形方孔的半两钱在全国范围内推行。西汉初年所铸的钱，虽陆续减轻重量，仍称"半两"。

128

有道是无利不起早，私铸就是为了获利。故时间一长，私钱质地越来越低劣，有的甚至轻至一铢以下。要知道，秦半两一枚为十二铢，钱若轻至一铢以下，那便是地地道道的劣币了。由于这些劣币方孔太大，周边像四片榆荚合成一样，以至于民间戏称其为"荚钱"（亦称榆荚钱）。不过，这也怪不得百姓，当年汉高帝为筹措军费也曾铸过劣币。

可是，这样下去终究不是办法，因此早在汉高帝末年时，朝廷就曾禁止民间铸私钱，但因打击力度不强而禁之不绝，以至于到高后年间，币制已经极为混乱。币制一混乱，那些富商豪强是富了，可百姓的日子就难过了。更不要说还有不法商人囤积居奇，趁机哄抬物价，搞得民不聊生。

所以，高后二年秋，朝廷颁布诏书进行币制改革。按照朝廷的法令，新币形制参考秦半两，钱重八铢，故称八铢钱，三枚八铢钱抵原秦半两钱二枚。可问题是八铢钱面额较大，又导致民间流通不便。到高后六年春，朝廷又下令发行面额较小的、五枚抵秦半两一枚的五分钱，以配合八铢钱的流通。然而，当时朝堂上下弥漫无为之风，又没有配套的强制措施，导致币制改革法令软弱无力，以至于八铢钱的发行并未扭转私铸之风。其中，最具代表性的问题就是地方诸侯手中的铸币之权缺少应有的监督。比如，汉高帝的侄子吴王刘濞就一直自己铸币，从来不把朝廷法令当回事。

可见，治国之道不可能是"无为"一句话就放之四海而皆准。"无为"虽然能使天下安定，但不可能消弭隐藏的各种社会危机。正因如此，在单纯无为之外，从文帝到景帝提拔重用的朝臣中，多有精通法、儒学说的优秀人才，如贾谊、晁错以及后来的窦婴、卫绾等。

第二十九章　　致书之辱

　　孝惠三年年初，正在吕太后逐渐稳定朝堂之时，汉匈关系却因一封书信而突然紧张起来。

　　早在汉七年，与冒顿首次交锋受挫后，汉高帝便权衡利弊采纳了刘敬的和亲之策以羁縻匈奴。自此之后，两国化干戈为玉帛，"约为昆弟"。匈奴人虽反复无信，但在每年赠送大量财货的情况下也逐渐稳定下来。边境小规模的骚扰虽时有发生，但大规模成建制地深入塞内已经很少见到，双方关系总体还算平稳。

　　如此承平之象，有赖于两国君主恪守盟约。可谁知，匈奴使臣却在这年春天突然给吕太后送来了一封措辞极度无礼的书信，其辞曰："孤偾之君，生于沮泽之中，长于平野牛马之域。数至边境，愿游中国。陛下独立，孤偾独居。两主不乐，无以自娱。愿以所有，易其所无。"

　　匈奴确有兄死妻嫂的传统，但对中原来说，这是常人无法接受的"禽兽之行"。且汉高帝尸骨未寒，吕太后新寡未久，在如此敏感的时候送来这样的书信，可谓侮辱。冒顿身为北方草原的君主，虽然就像书信中说的那样处蛮荒之地，但也不可能丝毫不知中原的风俗习惯和这封信将带来的严重后果。既然如此，冒顿为何还致此信于汉？

　　其实，其真实目的绝对不是如信中所说的那样垂涎吕太后的美色而感到寂寞，而是想趁机攫取更多利益罢了。要知道，匈奴虽从和亲中得到了大量物资，可欲壑难填，又有谁会嫌财货多？因此，说来说去，匈奴还是要不时入塞。实际上，就是在汉高帝和亲之后，匈奴亦有南下，如陈豨谋反时，匈奴便曾组织过骑兵入塞，只不过规模不大而已。

匈奴金冠，1972年内蒙古鄂尔多斯市杭锦旗匈奴墓出土，现藏于内蒙古博物馆。金冠通高7.3厘米、带长30厘米、重1394克，由鹰形冠饰、半球形冠顶和冠带组合而成，其上浮雕多处动物纹饰，精美华丽。

冒顿雄才大略，绝非为了追逐蝇头小利而草率动兵的短视之辈。既然欲南下掠劫，那就要找一个好时机。汉边塞壁垒坚固，匈奴骑兵在准备充分防备森严的汉军面前难以讨到便宜。

《孙子兵法》云："主不可以怒而兴师，将不可以愠而致战。"在冒顿看来，中原的太后是个女流之辈，且是个心胸狭隘的"刚毅"之主，必不会甘受此辱。这封书信一旦诱使中原太后因怒兴兵出塞，那是大善！汉军一旦离开坚固的要塞而草率迎战，那就是自寻死路。到时，冒顿大可从容部署，仿照当年围困汉高帝那样将汉军主力一举围歼在草原上，并可乘虚而入横扫边郡，饱掠而还！

和亲能获小利，而入塞劫掠却能获大利。天下哪有舍大利而就小利的道理？或许，冒顿这封书信的本意正在于此！又或许，在这封信送至长安的途中，草原上就已经厉兵秣马，跃跃欲试了。

果然，匈奴使者抵达长安后，整个汉廷顿时呼声震天。

朝中公卿大多是跟随汉高帝打天下的老臣，向来桀骜不驯。有道是"主辱臣死"，汉高帝虽崩，但朝堂上却有吕太后临朝，因此朝中大臣们主张讨伐匈奴的亦不在少数。上将军舞阳侯樊哙更是当着公卿彻侯的面破口大骂："冒顿竖子欺人太甚！臣愿领兵十万，横扫匈奴！"非仅樊哙，整个朝堂的将军们都咽不下这口气，力主开战以讨伐匈奴。一时间，本该肃穆庄严的大殿上一片喊杀之声不绝于耳。若非朝廷礼制森严，恐怕有不少人就要和当年汉高帝时那样拔剑击柱了。可谁知就在这时，大殿中突然一声大喊："该杀樊哙，以谢天下！"大殿之中，这句洪亮的"该杀"格外刺耳，让所有人顿时安静下来。

公卿们回头一看，喊话之人手执笏板，头戴鹖冠，穿戴的是中郎将的服饰。不是别人，正是中郎将季布。

季布曾为项羽大将，当年汉高帝平定天下后，特别下诏通缉的楚营将军即季布。后来，多亏鲁人朱家和滕公夏侯婴积极营救，季布才被赦免。因高帝唯才是举，在短短几年中，季布积功以郎中而迁中郎将，成为朝中名人。

按朝廷制度，中郎将虽为郎中令下属官，但具有较强的独立性。郎中令下有左、右和五官三郎署，其主官即中郎将，是二千石级别的高级武官，直接掌各署郎官。一般来说，由于将军在战时才设，所以两千石的中郎将在平时地位较高。以楚营降将之身份却能升任朝中执掌郎署的中郎将，亦可见季布之能。

可问题是季布虽是中郎将，但却是楚营降将，在朝中并无依靠。中郎将地位虽高，但也不过是比二千石的武官，在公卿彻侯满座的朝堂上亦非显贵。反之，樊哙是元老重臣，此时已为朝廷之上将军。在朝中无太尉和大将军时，上将军为武官之首，不是一个小小的中郎将能比的。同时，樊哙又是太后的妹夫，食邑五千户，封爵舞阳侯，可谓身份显赫。此时，季布当着朝廷公卿的面痛骂樊哙，还说要杀樊哙以谢天下，实在是通天之胆。

可诸位公卿想想是季布，大约便也释然了。季布在朝中素有"为气任侠"之名，其弟季心也是"气盖关中"的一条好汉。旁人或许不敢骂樊哙，可季布却是断然不会畏惧的。而且与匈奴和战之事既涉及兵事，那么季布以中郎将身份开口言兵事似乎也并无不妥。可是，季布何故痛骂为人还算不错的樊哙呢？

只见须发尽张的季布手执笏板，直指樊哙："平城之役，上将军亦曾随高帝驱驰，并非不通兵事。彼时，高帝聚大兵三十二万之众讨伐匈奴，其势不可谓不大。然而，以高帝之英明竟不能全胜，致有白登之事！今距兵困白登不过十年，上将军却大言不惭欲以十万之众横行匈奴？上将军，不知比高帝何如？今四方百姓哀苦之声尚未断绝，将士百姓都需要休养生息，实非妄动刀兵之日。可当此之时，上将军却于殿陛之间大放厥词！上将军是欲邀一己之名，还是欲祸乱天下？"

一番长篇大论骂得极为难听，可想而知樊哙的恼怒和尴尬。不过，季布的话虽得罪人，却不无道理。第一，根据汉七年平城、白登之战的结果，十万大军出塞是难以击败匈奴的。空说白话，于国无益，且万一兵败，北方边疆那就至少二十年不能安宁。第二，如果一旦大规模动员，必然兴师动众。别的不说，边塞百姓的负担将骤然增加。这样，朝廷刚刚定下的与民休息政策就成了一句笑话，社会经济也会因战事久拖不决而受到很大影响。总之，无论胜败都于朝廷不利。由此可见痛骂樊哙并非无据。

可谁能想到，平时勇猛无敌的舞阳侯樊哙居然就这样在朝堂之上，在皇帝和太后面前，被一个中郎将骂得哑口无言。而樊哙都哑口无言，更别提刚刚开口大叫的公卿彻侯！于是，大殿之上一片安静。此时，只见季布又谢罪曰："太后，匈奴人如禽兽一般毫无礼义廉耻，彼辈美言我等不必高兴，彼辈谩骂亦不值一哂。太后明见万里，又何必和这些蛮夷一般见识？"

良久沉默后，吕太后缓缓开口："善！退朝！"

谁能想到，一场朝议居然就这样尴尬收场。在公卿们看来，吕太后既然说"善"，则兵必然不会再出。不过，季布在朝堂上让樊哙如此下不来台，想来这中郎将估计也难以久任。

然而，公卿们虽然知道季布不好收场，但却并不知道吕太后退朝后很快便命大谒者张泽给冒顿回了一封信。回信的内容如下：

"单于不忘弊邑，赐之以书，弊邑恐惧。退日自图，年老气衰，发齿堕落，行步失度，单于过听，不足以自污。弊邑无罪，宜在见赦。窃有御车二乘，马二驷，以奉常驾。"

当汉朝回书送达草原后，冒顿立即放弃了用兵的打算。为何？这封信足以说明汉朝的太后能忍常人所不能忍，能克制感情以国事为重。于是，冒顿便退步挽回和亲，同时又专门派使臣前往长安道歉："未尝闻中国礼义，陛下幸而赦之！"

于是，汉匈重归于好，骤然紧张的边境局势也随之缓和下来。

第三十章　　四夷形势

季布说得好，"得其善言不足喜，恶言不足怒也"。话虽如此，可任谁也不能否认，冒顿是一代雄主。

当年的东胡极盛之时，南北一千里、东西两千里，其直接或间接控制的有肃慎、夫余、秽貊、令支、孤竹等大大小小数百个部族。只要东胡王一声令下，东胡能以最快的速度将能骑善射的民众组织成一支彪悍善战的骑兵。毫不夸张地说，规模庞大的骑兵，精良先进的兵甲，让东胡成为草原上一股令人生畏的强大力量。

可是，如此强大的东胡，居然被冒顿一战而灭之！极盛的东胡，居然只剩下远迁乌桓山的乌桓和鲜卑山的鲜卑两支小部落苟延残喘。试想，如此狡诈而狠辣的匈奴单于不是朝廷强劲的对手，谁又是？难道真的以蛮夷视之而不加重视？《孙子兵法》说："兵者，国之大事，死生之地，存亡之道，不可不察也！"对待如此强大的"蛮夷"，断不能大意。吕太后忍气吞声顾全大局，让北部暂时安定，算是国家大幸。可问题是，让朝廷不放心的又岂是一个匈奴？

孝惠三年五月，就在张泽带着冒顿的"谢罪信"回到长安时，朝廷下诏立闽越君摇为东海王。东海国因建都东瓯，故亦称摇为东瓯王。

虽说诏书的说法是摇乃南方越人首领，为越王勾践之后，在越人中颇有威望，且曾领越军助高帝平定天下，所以叙其功而封王。不过，汉五年高帝统一天下后，便已经下诏将勾践之后越人无诸立为闽越王以统治闽越越人，故此时朝廷再立一个摇为越王，颇有多此一举之意。那么，朝廷到底为什么要再立一个越王？事实上，这与越人和西南诸夷的历史有关。

在南方东西数千里的区域中生活的百越和西南夷诸部分为三大部分，自西向东分别为：百濮、蛮等西南诸夷和西瓯、西越杂居的黔中之地；南越生活的南海之地；扬越、闽越活动的扬州、闽中之地。

在这三大部夷越中，最复杂的要属最西部的黔中之地的西南诸夷。因成分实在复杂，所以在南北八百余里的原始森林中生活的群蛮、百濮、越、瓯和诸夷等大小上千个部落都被统称为西南夷。这些蛮夷部族生产水平极为低下，相当一部分甚至还处于石器时代。不过文明程度虽低，却不能等闲视之。西南的夜郎、滇、邛都、筰都等国颇为强大，极盛时甚至有盛兵数万，其兵虽不足以观兵长安，但"不服王化"、侵扰边郡的能力还是有的。

战国时期楚怀王时代，楚国的势力范围曾发展到长江上游。慑于楚人兵威，这些夷人逐渐臣服于楚国。到楚顷襄王时，楚国大将庄蹻（亦作庄硚、庄峤）领兵沿江西进，一直攻至滇池，拓地千里。后来，为了加强统治，楚国便在西南诸夷近千里的地区设置了巴郡和黔中郡。可数年后，秦军主力便南下攻楚，新设未久的巴郡和黔中郡均被秦国夺取。如此一来，庄蹻便无法回国，最后只得退兵还滇池，并在滇建国自立。所以，西南诸夷中有不少当年楚人的后裔。只不过，当年的楚人也变成蛮夷了。

在庄蹻之后，秦人征服了西南诸夷，并置黔中郡来统治西南夷。不过，巴蜀以南山高林密，条件极为恶劣，没有几百年的经营难以稳定新设郡县。可秦人十五年即二世而亡。所以，西南夷时叛时附状态一直从战国持续到汉高帝时代。

诸夷虽然不能与强大的汉朝相比，但因民风彪悍，时常侵掠汉朝郡县。而因诸夷生活在高山密林之中，即使是像秦人那样动用重兵，只怕也是剿不胜剿。可见，用兵进剿是下下之策。或许只能恩威并用，收降其首领，然后再移民同化，方能奏效。可是，这些措施必须依靠强大的国力作为支撑，以汉初朝廷的力量，也只能是束手无策。就这样，巴蜀以南到黔中之地的这些桀骜不驯的蛮夷一直没有办法有效控制。

说完了故秦黔中郡之地的西南诸夷，再说故秦南海郡的南越。

这三大区域的越人中，南方秦军主力主要集中于开发程度比较高的南海郡，所以在秦末大乱时，故越之地所设的秦政权全部瓦解，唯有南越之地保持稳定。赵佗依靠手中的数万秦军而拥兵自立，建立了独立封闭的南越王国。汉十一年陆贾使越后，南越王赵佗上表称臣。此后，南越和汉朝之间大体上还是保持了较为和睦的关系。

南越能成为一个可以与汉廷对抗的强大政权，正是依赖故秦军和秦人组成的基层政权。可是，闽中之地缺少像赵佗这样的枭雄。所以在天下大乱后，闽中之地的闽越、扬越在无诸和摇的带领下投入吴芮的反秦军，参加了反秦战争，战争结束之后，南越独立，闽越国则由汉封立。

所以，三部越人中，最乱的是故黔中之地的西南诸夷，朝廷能稍微控制的则是由汉封立的闽越，而最强大的却是依靠秦政权组织建立起来的赵佗的南越国。

赵佗和冒顿一样，绝非长者，而是一个诡诈无常的枭雄。据南方郡国奏报，南越通过关市大量进口铁器、战马等战略物资。试想，若无野心，何须大量收购这些敏感器物？可见，南越虽说已经在陆贾的游说下臣服于汉，但决不可对其掉以轻心。而且，有司和地方奏报：南越王赵佗早已经和闽越频繁往来！南越正处在西南夷和闽越之中。从南越至闽越，若走水路浮海而下不过三五日，颇为便利；而自南越沿牂柯江上行数百里，则是西南诸夷。依靠便利的水运，南越可以凭借十万带甲之士，东出结好闽越，西进收服西南夷。闽越和西南夷国小力微，岂能抗拒强大的南越？若赵佗挟东征西讨的大胜之势北上长沙国，东观兵会稽郡，彼时朝廷又该如何应对？更为严重的是越人反复无常，一旦闽越王无诸明为朝廷藩属实和居心叵测的枭雄南越王赵佗勾结，朝廷又当如何？

可是，闽越远在会稽之南，距长安更是有三千余里，朝廷对其颇有鞭长莫及之感。所以，现在将闽越之地一分为二，将故闽中郡北部以东瓯（东瓯即今浙江温州，故东海国亦以国都称东瓯国）为中心划出来新立一国，化大国为小国，这样多少可以对南方的闽越形成一些制约。蛮夷虽是蛮夷，但毕竟事关国家安危，不得不谨慎！

可谁知，朝廷刚刚在东南地区分闽越国为二，西南地区的蜀郡便传来了湳氏部蛮夷举兵之事。

湳氏部是活动在蜀郡最西北部地区的一支部族，并非西南诸夷，而是属于西北甘青的羌种一族，为三苗之后。羌，是极为故老的民族。传说上古时代唐尧流共工于幽陵，以变北狄；放驩兜（亦作欢兜）于崇山，以变南蛮；迁三苗于三危，以变西戎；殛鲧于羽山，以变东夷。自祖先三苗被迁至三危，羌人千百年以来便一直游牧于湟水谷地和黄河周边的草原上。

甘肃敦煌三危山

　　三危山以"三峰耸立，如危欲坠"而名之。《尚书·舜典》载："窜三苗于三危"。《五帝本纪》云："三苗在江淮、荆州数为乱，于是舜归言于帝，迁三苗于三危，以变西戎。"三危山是我国西北古羌族的发源地。

　　千年的繁衍生息，被排斥在华夏之外的羌人逐渐成为高原上一股强大力量。恶劣的生存环境赋予了羌人异常勇悍的性格。羌人每遇战争，无不拼死搏杀，以战死沙场为荣，以老死病榻为耻。

　　不过，因组织水平低下，羌兵长在山谷，短于平地，不能持久。所以，与步骑车诸兵种整合协同、列阵而战的中原相比，善于山地战而不善正规结阵野战的羌人难以占得便宜。正因如此，当在战国中期刚刚走出甘青高原的羌人遭遇到通过变法而逐渐强大起来秦人时，屡受打击。最后，在秦人强大的兵锋威胁下，羌人陆续分散迁徙，分化为众多羌种，被称为"诸羌"。长期以来，蜀郡和汉中的西北部便生活着不少从"诸羌"中分化出来的部族，而蜀郡北部的湳氏部，就是诸羌中的一支。

　　湳氏部继承了诸羌"以战死为吉利，病终为不祥"的风格，战斗力很强。关键是湳氏部不但强大善战，其位置也颇为敏感。为何？盖因从湳氏部控制的高原向西北不过五百余里就是月氏人活动的最南端。

　　虽说在日益强大的匈奴的威胁下，此时的月氏人已经有西迁之意，但仍有一部坚持活动在甘青草原南段，被称为小月氏。小月氏虽然并不强大，但却拥有一支来去如风的精锐骑兵，可以在五日内冲进蜀郡北部。所以，一旦月氏和诸羌联合，蜀郡北部的威胁将大大增加。

第三十章　四夷形势

因此，这支出自"诸羌"的湳氏部虽然远不能和能动员控弦之士四十万骑的匈奴相比，可一旦形成气候，亦会趁机兴风作浪。因此，当消息传至长安后，朝廷立即下令动员巴蜀数郡的郡兵，速速平叛。

第三十一章　　齐相齐王

如今朝中主政的是百胜名将曹参曹相国，小小蛮夷，只需朝廷调度有方，三军用命，自然不难平定。然而，当平定滇氏部的捷报抵达长安后不久，曹参却已重病不起。

孝惠五年八月，开国功臣、第二任相国平阳侯曹参在长安薨逝。相国曹参重病而逝，百姓作歌："萧何为法，颟若画一；曹参代之，守而勿失。载其清净，民以宁一"以表达对其政绩的肯定。观曹参宰执三年，国家朝政稳定，海内晏然，所以以"贤相"称之亦无不可。看来，依萧何所言，将国政托付给曹参，是所托得人了。

不过，曹参为相国不过三年，为齐相却有十年。若以主要政绩而论，当算在齐相任上。高帝将庶长子齐王刘肥交给曹参，亦算知人善任。而或许冥冥之中确有天意——就在曹相国去世不久，尚算年轻的齐王刘肥也薨逝了。齐相和齐王在半年内相继去世，世间之事真是巧合！

刘肥之母为高帝寒微之时的外妇曹氏，身份卑贱。所谓母卑子贱，故刘肥虽为皇长子，但地位不说与嫡出的刘盈相比，即便是和高帝幼子淮南王刘长相比也是远远不如。而且，高帝年轻时游侠在外，中年以后又逢反秦战争，故作为私生子的刘肥少年时代极为不幸。当年，刘盈都要跟着吕太后四处奔逃以躲避战乱，可想而知无人照看的庶长子刘肥必然更加艰辛。

汉五年，高帝平定项羽，统一天下。幸赖高帝重情重义，刘肥虽为无名无分的私生子，却也被立为齐王。也许是出于愧疚，当年高帝特意下令"诸民能齐言者皆予齐王"，让齐国成为当之无愧的天下第一大藩。于是，昔日的私生子便成了天下最大的藩国之王。

藩王虽然显贵，可也并非幸事。要知道，一旦受封为王，就必须离开长安，独自前往大海之滨的齐国就藩。朝廷法度森严，入朝觐见，留朝几日都有严格规定。所以，刘肥身为藩臣，在高帝在世的七年中，只入朝四次。父子分处东西相隔千里不能相见，无异于生离死别。故刘肥虽贵为王爵，但还不如庶民自由。

不但人身自由受到限制，守藩责任也极重。当年高帝封立同姓，赋予藩王治国之权，同时也将守藩之重任交给了同姓藩王。如果守藩不力，何以面对高帝？虽说齐国不是边地，刘肥亦不至于像代王刘仲那样因胡骑入寇而弃国奔逃，但治理七十余县的齐国也绝非轻松之事。而且，刘肥少年不幸、青年颠沛，又岂有治国经验？想要治理好齐国，必需一贤相长者辅佐方可。可想而知，早年便对刘肥照顾有加的曹参来到齐国必令刘肥如释重负。

然而不幸之事转瞬即至，高帝崩逝后仅一年，刘肥的三弟赵王如意便被太后召入长安毒杀。齐赵为比邻之国，刘肥和如意又有兄弟之情，故赵王薨逝的消息传至临淄，刘肥忧心忡忡。果然，孝惠二年十月，刘肥尚未来得及为弟弟哀悼就要为自保而殚精竭虑。

汉承秦制，以十月为岁首。按照朝廷礼法，身为藩王的刘肥在孝惠二年的十月来到长安，向弟弟刘盈朝贺。当天，正式的朝见结束之后，应弟弟之邀，刘肥便留在宫中宴饮。在酒宴上，刘盈因刘肥为兄长，故让刘肥坐上座。既以家人之仪宴饮，长幼有序，刘肥便自认为身为兄长，为上座也不是不可以，遂在推辞不过后坐在上座。

酒过三巡，吕太后要求献酒祝寿。刘肥为人臣、人子，起身祝寿是应当的。于是，不疑有他的刘肥便端起酒杯，站起身来向太后祝寿。不过，还未开口，在刘肥身边的刘盈突然抢先站起，端起另一杯酒一起祝酒。可谁知，刘盈刚到嘴边的酒被突然站起的吕太后一把推翻。吕太后素来"刚毅"，为何在家宴上如此失仪？联系到当年弟弟如意之死，刘肥立即明白了其中必然有诈！

如此，刚端到嘴边的酒又岂敢喝下去？就这样，借刘盈的掩护，刘肥以醉酒为名离席，逃得一命。虽然幸赖弟弟的保护而侥幸未死，但有道是"人为刀俎，我为鱼肉"，这样长期被软禁在长安绝非自存之道。弟弟刘盈身为皇帝，总不能每次都能看护左右。以吕太后之"刚毅"，也许下次就不会那么幸运了。就在惶惶不已之时，侍从在身边的齐国内史提出建议：可献出城阳郡做鲁元公主的汤沐邑，以求太后释放归藩。

齐之城阳郡原为故秦城阳县，属临淄郡。高帝年间，因城阳附近数县人口众多，不便治理，故城阳自临淄郡划出，单独成郡。调整之后的城阳郡东临琅琊郡，南接东海郡，是连接齐楚的要冲之地。而且，城阳郡人口密集，境内又有铁官，在齐国七郡中是殷富的美郡。

由于公主的汤沐邑一般仅为食邑而不作为治邑，所以把城阳这个美郡划出交给公主，实际上也就等于将此郡的治权交给朝廷。此时，朝廷直领不过二十郡，其中还有不少是贫瘠的边郡。因此，以城阳郡献予朝廷，足可满足吕太后。最后，结果果如齐国内史所料，吕太后得郡后大喜，立即放刘肥归藩。于是，一场危机也就此消弭。

如此轻易便放刘肥归藩，这其中未必没有身为齐相的曹参在背后支持的缘故。要知道，齐相曹参在功臣中的资历和声望远非赵相周昌可比。吕太后如果无端囚杀齐王，将置这个尚在齐国的齐相曹参于何地？曹参若兴问罪之名而至长安，吕太后又如何自处？与曹参正面冲突，无异于和整个"砀泗元从集团"正面冲突，这其中的利害关系吕太后不可能不知道。因此，只要齐国一日有齐相曹参，齐王刘肥便可享一日安宁。可谁知，在刘肥归藩不过一年，朝廷便因相国萧何薨逝而征调齐相曹参为相国。

君命难违，在一起配合近十年的君臣二人也不得不就此分别。当年赵相周昌调至长安，赵王如意随即被杀，齐相曹参调至长安，齐王刘肥又将何去何从？可想而知，曹参离开齐国这几年，刘肥大约也是在担惊受怕中度过的。孝惠五年八月，为相国三年的曹参去世，而刘肥也随即薨逝。

刘肥死后，齐王的爵位由嫡长子刘襄继承，是为齐哀王。刘肥有十多个儿子，除了刘襄，二子刘章和三子刘兴居较为知名。几年后，刘章被吕太后封为朱虚侯，刘兴居则被封为东牟侯，两人在后来的平定诸吕之乱中是重要人物。

后来，因刘襄之子早逝无后，刘肥四子刘将闾继承了齐国王位。刘将闾再往下，还有后来的济北王刘志、济南王刘辟光、菑川王刘贤、胶西王刘卬、胶东王刘雄渠，以及未能封王的刘罢军、刘宁国、刘信都、刘安等。四十年后的孝景三年，吴王刘濞发动叛乱，当时刘濞联系的主要反对势力除了楚国就是齐国的刘肥一系。

第三十二章　　怪力乱神

在波谲云诡的惠高时代，刘肥平安地死于封国，已属不易。至少，与赵隐王刘如意相比，从吕太后的屠刀下逃得一命的齐悼惠王刘肥已算幸运。

刘肥去世几个月后的炎夏来临之际，被吕太后视为左膀右臂的上将军舞阳侯樊哙也重病不起。

在血缘贵族代代传承的时代里，谁又能想到屠狗的屠夫，居然因缘际会成为统领千军万马的将军？天下之事，还真有如此神奇的！不过，对一个素来忠厚的人来说，贸然站在权力顶端也许并不是一件好事，复杂的政治斗争哪有早年在楚营中大啖彘肩痛快呢！然而，无论是畅快淋漓的沙场还是令人无奈的政治，终究都要随风而逝。这位每战必然先登的勇士，终于没有挺过这个夏天。孝惠六年六月，征战半生的将军终究死于病榻之上。

身为外戚，樊哙在吕太后独掌大权的时代本应有更多作为，但不想虽然躲过高帝的诛杀，却也只多活了六年而已。樊哙去世后，嫡长子樊伉继承了舞阳侯爵位。然而，仅九年后，樊伉全家便在诸吕之乱中被樊哙当年的同袍好友诛杀殆尽！如果樊氏就此而绝，那当年随高帝一起至鸿门勇闯楚营的英雄事迹或将就此湮没。然冥冥之中，自有天意，英雄史诗终不会湮没。在残酷的屠杀中，樊哙庶子樊市人逃得一命。又过了几十年，太史公司马迁结识了樊市人之子樊他广。根据樊他广的口述，樊哙的英雄事迹终于由传说变为文字，由文字而成为史书。

樊哙之死，对于吕太后来说无异于沉重打击。要知道，在周吕侯吕泽死后，吕氏外戚集团本就缺少能够执掌兵权且资历较高的将军。算起来，樊哙或许是唯一能用的。可如今樊哙病死，将来的兵权又该交给谁？吕太后手中虽然有刀，但终究不能亲自捉刀！可谁知，吕太后还未来得及为这位能执掌兵权的妹夫哀悼，又传来当年力保刘盈太子之位的留侯张良沉疴不起的消息。

此时，张良已经躺在病榻上，为后事做最后的安排。所安排的并非珍宝财货，而是一块奇异黄石。这奇异的黄石是伴随这位运筹帷幄、决胜千里的鬼神谋士一生的传奇！

张良的父亲、祖父皆为韩相，张氏为韩国显赫贵族。如果不是天下大变，张良或许会在父亲之后继承韩相之位，辅佐韩王振兴韩国。然而，张良刚及弱冠之年，弱小的韩国便为秦所灭。于是，张良不得不身负国仇家恨流亡在外。数年中，张良弟死而不葬，终于求得仓海君及大力士之助。秦始皇二十九年，张良带着大力士在河南郡阳武县博浪伏击始皇帝。结果，大力士投出的一百二十斤铁锤误中始皇副车，以至刺杀未成。

博浪一锤天下知！为逃避始皇帝的追杀，张良只得隐姓埋名潜逃至东海郡最东部的下邳县。机缘巧合，当张良漫步在下邳桥下时，遇到一位老人，得授《太公兵法》三卷。在授书临别之时，这位老人对张良嘱托："十三年孺子见我济北，谷城山下黄石即我矣！"语后，即消失不见。十三年后汉朝定鼎，张良随高帝经过济北郡，果然见到谷城山下有奇异黄石。回想起十多年前的往事，感慨万千的张良遂将其取回，并奉若至宝一般留在身边。

皇甫谧《高士传》云："黄石公者，下邳人也，遭秦乱，自隐姓名，时人莫知者。"看来，这黄石公自然不是真名。千年历史早已随风而去，黄石公到底何人已经不可能考证。但无论如何，此次下邳遇黄石是足以改变张良一生的奇遇。

当年，张良以兵法见高帝，并称高帝"沛公殆天授"。然天授，何尝不是在说张良自己！

所以，在谷城相会之后，张良便深迷于道家的导引、辟谷之类的神仙术，长期不进食，以求得道成仙。汉六年正月分封功臣时，高帝认为："筹策帷帐中，决胜千里外，此乃子房功也。子房，可自择齐地三万户为封邑。"然而，面对如此空前绝后的封赏，张良却毫不在意："陛下可还记得，当年臣在下邳起事，与陛下会于留县，此乃天授臣以陛下也。陛下用微臣之计，幸而时中。臣愿受封留县足矣，不敢当三万户。臣唯愿弃人间之事，而欲从赤松子游！"

当然，神仙之事，毕竟过于缥缈。如此作为，怕也不是单纯的求仙问道，而是想借此避开朝堂激烈残酷的政治斗争。所以，当功臣们为功绩富贵而争论不休时，唯有张良如此平淡。而当引起轩然大波的易储事件发生时，朝堂上亦看不到张良身影。看来，张良确实已有归隐之意。佐明君建开国之功，复国已经不能，抱负已经实现，还有什么值得执着的？人间富贵，不过过眼云烟。

过眼云烟，也终究要到最后的时刻了。在安排好一切后事后，张良安详薨逝。

这位频出奇计安定汉家天下的最杰出人才的葬礼并不隆重，仅在封地留县修了一座规模不大的坟茔。按照生前的遗嘱，儿子们将张良和黄石并葬于墓中。

子不语怪力乱神，但孔子也说："敬鬼神而远之，可谓知矣！"神仙之事虽虚无缥缈，但也正是如此奇幻才让人心向往之，否则以始皇帝之雄才大略为何还会执着于此！司马迁是不信鬼神的，但当他游历下邳时，留侯张良下邳受书的故事却在当地流传已久。所以，在考察这位传奇功臣的事迹之后，司马迁也不得不认为："学者们大多说没有鬼神，却又说有精怪之物。至于像留侯遇见老丈赠书的事，也够神奇的了。"

游历丰沛后，司马迁见到了张良的画像。看着这位奇人的画像，司马迁大感意外："留侯佐高帝平定天下，建不世之功。我原以为留侯应当高大威武，等到看见他的画像时才发现留侯英俊秀美，简直像个美丽的女子！"历史的长河中，关于张良的相貌只留下了这句话。而至于张良导引是否有成则玄之又玄，后人也不得而知。

第三十三章　　老臣当朝

　　樊哙、张良和曹参等社稷之臣居然在短短一年内相继离世。而当这些英雄人物接连离去时，人们才注意到，从秦二世元年高帝起兵到如今已过去了整整二十年。

　　二十年的岁月流逝，足以让当初和高帝一起征战天下的元从功臣从精力旺盛的青年变成白发苍苍的老人。长期的戎马生涯，已经耗尽了他们的精力。面对纷繁的朝政，他们也许早就感到力不从心！除了灌婴、周勃等小辈，这些叱咤风云、活跃于秦楚之际的英雄们，大约是时候退出历史大幕了。

　　无论如何，实有必要对朝廷人事做进一步的调整。于是，在曹参去世两个月后的孝惠六年新年之际，朝廷拜相诏令下达：安国侯王陵被拜为右丞相，曲逆侯陈平则由郎中令迁左丞相。

　　按照高帝以来的惯例，朝廷的宰执应该是相国，即源自秦人的"相邦"。高帝扫平天下后因秦人之制，置丞相一人，不久即改相国。丞相和相国虽通称"相"，但一般来说，后者更为尊贵。如今在吕太后的主持下，朝廷的宰执之臣不仅取消了尊贵的相国之称复改为丞相，而且还分置左右丞相。不难看出，吕太后是借着曹参去世的时机有意削弱相权。

　　说起来，君相之争早已有之。当年，高帝常出征在外，在长安秉政的时间极短，于是朝政几乎完全托付给身为相国的萧何。因总揽朝廷政务，萧何不仅位高而且权势极重。然而，身为臣属却大权独揽终归不是好事。因此，即便以萧何的谦和，到底还是免不了高帝的猜忌。可见，对于君主来说，这个"一人之下，万人之上"的相国是极为敏感的。

高帝崩逝后，由于外戚一系的代表周吕侯吕泽早死，建成侯吕释之又威望不足，兼之"砀泗元从集团"势力极大，故而无论是萧何还是曹参，无不是在朝中威望极高的功勋元老。当年高帝好歹还能"敲打"一下萧何，可如今君主年幼，吕太后女主垂帘，谁敢动这些战功卓著的老臣？比如身为皇帝的刘盈想向相国曹参询问国政，甚至还要拐弯抹角通过曹窋去问。不难想象，年轻的刘盈和吕太后在面对这些大臣时的巨大压力。如此主弱臣强之势，岂是社稷治安之道？

刘盈登基已有数年，并在孝惠四年三月初七就已经加冠成人，这标志着君主已具备完整的行政能力。故而，无论是基于削弱相权加强君权，还是弱化这些"砀泗元从集团"对相权控制的考虑，此次人事调整都是势在必行。

当然，以如今朝中的形势，吕太后不可能也不敢大用吕家的人。丞相人选如果不是从军功彻侯中选择，吕太后无法稳定执掌朝政。而既然只能在军功彻侯中选择威望和资历都较高的人为相，那可选择的余地并不多。故丞相的人选并不是秘密。不过一直到这年的十月份，借着新年朝会，朝廷才正式发布诏书。

诏书一旦下达，受君命的陈平和王陵便需立即上任。汉以右为尊，所以同为金印紫绶的右相王陵地位高于左相陈平。

王陵是高帝沛县故人，早年是丰沛一带有名的豪侠。高帝寒微之时，还曾以兄事王陵。当年，高帝沛县起兵后，王陵也在丰邑举兵响应。雍齿叛丰后，高帝不得不放弃丰沛而转战砀郡，并最终以砀郡为根据地。正因如此，王陵便和高帝分兵，并独立领军转战千里进入南阳。汉二年彭城之战前，高帝曾派薛欧、王吸领军南下南阳，与王陵合兵营救刘盈和吕太后。后来在高帝彭城大败后，亦多亏王陵率部在睢水的乱军中保护刘盈和鲁元公主逃出乱兵。

可见，王陵这个人不但忠勇善战，最为关键的是资历甚深。试想，如今朝中，有谁能让高帝"兄事之"？所以，王陵为右相，无人敢公然质疑。不过，朝中公卿彻侯们虽然不敢公开质疑，但在私下却和王陵这右相颇为"不善"。

要知道，王陵虽属"砀泗元从集团"，但和高帝的关系却并不是太好。当年，王陵所指挥的这支南阳义军一直在南阳一带独立活动，而"不肯从沛公"。长期以来，王陵的南阳义军和高帝的楚军属于两个系统的盟友，而不是明确的上下隶属关系。因此，王陵实际上和高帝的核心圈子"砀泗元从集团"有不小的距离。而且，王陵为出身沛县的豪强，为人颇有任侠之气，在朝中素有"好直言"之名，说话容易得罪人，和樊哙、周勃这样出身低微的人也谈不到一起去。在"砀泗元从集团"功臣中，只有什邡侯雍齿这个高帝的仇人和王陵关系不错。除了雍齿，在旁系中就只有时任淮南相的张苍因受救命之恩，而对王陵还算颇为尊敬。可除了这两个"有问题"的人，王陵在朝中实在找不到几个可以说话的人。所以，在整个"砀泗元从集团"内部，王陵是"旁系"。

由此可见，王陵这位丞相威望虽高，资历虽深，但在朝中基本没有什么可以依靠的力量。吕太后之所以让王陵担任右丞相，恐怕也是因为其本人和正统的"砀泗元从集团"有分歧，不怕势大难制之故。

相比王陵在朝中的尴尬位置，陈平大大不同。陈平此人在高帝时代和吕氏关系平淡，但却能受到吕太后的特别"照顾"，自然是因在高帝去世后改投吕氏之故。要知道，吕太后女主当政，很多事情毕竟不方便亲自出面。在这种情况下，陈平正是吕太后一手操控朝政的爪牙！

机敏善变的陈平不但是吕太后的爪牙，且还是颇受宠信的爪牙。朝中颇有传言，为了大力笼络陈平，吕太后有时姿态极低。比如吕太后在听到妹妹吕嬃诋毁陈平时，特意将陈平招来解释："君侯，鄙语曰'儿妇人之口不可信'！君侯不必在意吕嬃妇人之言。"以吕太后"刚毅"的性格，这样礼遇大臣，除了已死的张良实无第二人。吕太后对陈平的这种"不同寻常"的宠信在朝中并不是秘密，所以即便诏书上说右相为王陵，左相为陈平，但谁都知道左右二相到底该以谁为尊。

左右丞相既定，空下来的列卿亦当调整。陈平调任，禁中重职郎中令不能空置。经过慎重考虑，吕太后选择了老臣冯无择。

朝中原有两位冯无择，一为秦人，一为楚人。秦人冯无择是故韩上党守冯亭的后代，其人原为故秦将，且为与秦始皇、王贲同时代的老将。秦末大乱后，冯无择不知为何带着儿子冯敬由秦入魏，并在魏豹手下为将。冯无择、冯敬父子两人皆有能战知兵之名，为当世名将。当年，高帝遣韩信伐魏。大军出征前，高帝向出使魏国回来的郦食其询问魏军情况。当听到郦食其说魏军骑将为冯敬时，高帝还开口称其"贤"。只不过，冯无择、冯敬虽"贤"，魏军主将却"不贤"。在韩信和曹参的指挥下，汉军长驱直入一战下平阳，将数万魏军打得全军崩溃。在兵败被擒后，冯无择父子不得不一起归汉，辗转成为汉军将领。高帝平定天下后，父子二人又同在朝中为官。冯无择在前几年已经"乞骸骨"，但正值年富力强的冯敬此时正在朝中为官。父子二人并列于朝中，也算一段佳话。

然而，吕太后所定下的新任郎中令并非秦人冯无择，而是楚人冯无择。楚人冯无择也是一员勇将。当年高帝沛县起兵后，楚人冯无择作为吕太后之兄吕泽的郎中从起于丰邑。楚汉战争期间，冯无择多次拼杀于沙场，屡立战功。长期以来，冯无择一直是吕泽的老部下，属于吕家家臣。而郎中令就在禁中，有执掌各郎署的重任，也算是皇帝的家臣。所以，楚人冯无择调任郎中令足以让吕太后放心。

冯无择为郎中令后，朝中的公卿基本补全。可谁知，至这年夏天时，吕太后又突然下诏拜绛侯周勃为太尉。

如果说左右相和郎中令的调整是正常的，那太尉的设置就显得颇为诡异。为何？盖因按高帝祖制，执掌兵权的太尉因为过于敏感故并不常设。一般来说，太尉是战时即设，事毕即罢。此时天下承平，并无战事，何故违反常例而设太尉，并以周勃为太尉？

周勃此人，统兵打仗的能力是有的，不过因为过于执着于富贵利禄，所以在为人上颇为一般。当年，高帝曾评价周勃"木强敦厚"，意思是质朴刚强，老实忠厚。然而，高帝刚刚病重，周勃便和陈平合谋对朝廷阳奉阴违。可见，此人绝不是真正的"木强敦厚"。要真是"木强敦厚"，对皇帝诏令就应该严格执行才是，又岂会做出如此不臣之事？凡此种种均可看出，这个周勃并不是纯臣，而是有利则忠，无利则叛的反复之人。既然如此，大可以高位厚禄笼络周勃为吕氏服务。太尉为丞相之下的显位，用来笼络周勃再合适不过。

而且让周勃为太尉，却并不是让周勃掌兵。朝廷沿袭秦人之制，调兵需用虎符。虎符者，调兵之凭符也。秦汉之虎符，多以铜为之，分为左右两半。其中左归兵营，右归皇帝。调兵时，皇帝将虎符授予统兵大将。将军受诏持符至军，左右合一，方可调兵。而凡调甲士五十人以上，必用虎符。

杜虎符，现藏于陕西历史博物馆。虎符上有错金铭文9行40字："兵甲之符。右才（在）君，左在杜。凡兴士被甲，用兵五十人以上，必会君符，乃敢行之。燔燧之事，虽毋（母）会符，行殹（也）"。

此时，虎符正牢牢掌握在吕太后自己手中。因此，周勃这个太尉只是挂个名而已，根本调不动军队。而且一旦周勃或者朝中不轨之徒稍有异动，吕太后便可以将虎符授予吕氏子侄，迅速调兵剿灭叛臣。兵者，事关存亡，岂可轻授外人？将虎符牢牢掌握在手中，而授出太尉这个虚衔拉拢周勃正是稳妥之计。

由此可见，自丞相、太尉到郎中令，吕太后在人事调整上都颇为慎重：拜丞相而分左右，任太尉而不予兵权。其所用之人非为吕氏家臣爪牙，便是在朝中毫无势力的孤党，抑或是反复无常之人。

吕太后之所以如此小心，主要就是为了借此排挤功臣元老，以达到独揽大权的目的。因此，抛开郎中令这个内臣，无论是左丞相还是右丞相，其本质均是为吕家服务的家臣，和高帝时代能一手操控社稷的萧何、曹参有天壤之别。臣下如不通此道，轻则丢官，重则论罪。反之，若能顺应吕太后揽权之意，则会长保富贵。

陈平是聪明人，深通权谋机变之术，对此岂会不知？所以，陈平在丞相的职位上颇似当年曹参，平日只是袖手安坐饮酒作乐，从不过问政务。某日，吕嬃向吕太后检举陈平曰："陈平这个人整日不治事，当以渎职论处！"可消息传出后，陈平不仅不予理睬，反而更有甚之。而吕太后的态度呢？据朝中内侍传言则是"私独喜"。因此，陈平在丞相一职上七八年，直到吕太后病重时依然平安无事。

反观王陵，显然甚为"愚笨"。数年后，当吕太后问王陵吕氏能不能封王时，王陵居然当着朝廷公卿的面反对。最后，王陵为丞相两年便郁郁而终。可见，也不是每个人都能像季布那样能毫无顾忌直言的。

　　总之，在孝惠六年这一年的人事调动中，吕太后凭借高明的驾驭之术对朝政做出了重大调整，不断加强了对朝政的控制。这些"砀泗元从集团"的老臣表面上虽没有损失，但其实还是受到了一定程度的削弱。

第三十四章　　皇帝驾崩

如果说除了几个元老重臣去世，整个孝惠六年还算平静的话，那么孝惠七年就显得很不正常。这年的正月初一就出现了日食，仅过了几个月，到夏初的五月二十九，再次出现日全食。一年中连续两次出现日食，颇为不利。

上天频频"示警"并非无故，因为刘盈这位仁厚的皇帝虽然年少，但身体却一直不是很好，高帝当年曾说太子"仁弱"，并不完全是空穴来风。而在这几年里，天下虽然承平，但朝中尔虞我诈的争斗却一直不断，让刘盈这个皇帝筋疲力尽，穷于应付。无助之下，刘盈终日饮酒。长期如此消沉，实际上已经拖垮了身体，所以早在孝惠七年的年初，刘盈便已重病不起。

皇帝病重，无论会不会"大行"，都要有万全谋划，否则就有天下大乱的隐患。于是，和当年高帝病重时一样，吕太后在非常时刻命猛将颍阴侯灌婴将车骑数万屯驻荥阳，以备不测。灌婴是忠勇善战的名将，只要守在荥阳，关东应该不会出问题。

此时让吕太后最不放心的并不是灌婴大军的事情，而是储君的问题。而这与刘盈婚姻的不顺有很大关系。

在孝惠四年，刘盈二十岁，加冠。既然加冠，便宣告皇帝已经成年。因此，刘盈的婚事也被提上日程。而对刘盈的婚事，身为母亲的吕太后其实当时早有打算。在当年的年初，经吕太后的一手安排，刘盈娶了张氏为妻子，并立为皇后。

这位张皇后闺名曰嫣，正是刘盈的姐姐鲁元公主和宣平侯张敖（前赵王，贯高一案后被贬为侯）的女儿。从辈分关系上来说，张嫣是刘盈的外甥女。皇帝刚满二十岁，张皇后则不过十岁出头。这样看来，张嫣无论从辈分还是年龄，都是不太合适作为母仪天下的皇后的。吕太后无视这些问题而策划这场婚姻，其目的不过是为了亲上加亲，以维护吕家的统治而已。毕竟，一旦张皇后有子，那既是吕太后的曾外孙也是孙子。说里说外，下一任皇帝都是吕家之孙。如此谋划，方可保证吕氏权力不会随着时间的推移而崩塌。

以吕太后"刚毅"的性格，政治利益远高于子女幸福。可谁知，大约确实因年幼而无法生育，张皇后在和刘盈一起生活的这四年里一直没有子嗣。如此一来，当年的这步棋算是落空了。无奈之下，吕太后只得从后宫美人的子嗣里抱养一个作为张皇后的儿子，并立为储君。问题是这个名不正言不顺的储君身上流淌的并不是吕家的血液，和吕氏没有一丝关系。既然如此，待将来继承皇位，这位新皇帝到底会不会听从摆布？这些问题，吕太后亦不能确定。反之刘盈若在，多少也算是吕太后稳定掌控权力的重要保证。而皇帝病危，将来吕氏何去何从？

152　　　奇迹终究没有出现。支撑到八月十二日，年仅二十三岁的皇帝刘盈最终还是在未央宫病重去世。九月初五，刘盈被葬于安陵，谥为"孝惠皇帝"。

纵观刘盈这位皇帝短暂的一生：幼年时代在颠沛流离中度过，青年时代又在痛苦和无奈中煎熬。贵为统治亿兆万民的皇帝，却连弟弟都无法保护，诚可悲也。然而，具有讽刺意味的是，这一切悲剧却大多是母亲吕太后一手造成的。试想，一个皇帝当到这个地步，又有什么快乐可言？谥号曰"惠"，也算隐约有些同情的味道。

在整个汉朝四百年中，以雄才大略而论，刘盈远不如他的父亲高帝；以治国守业而论，亦远不如他的弟弟刘恒。在整个孝惠到高后的十五年里，朝政几乎全部由吕太后一手操持，以至于连司马迁在《史记》中也没有给这位名正言顺的皇帝立本纪，实在是令人叹息。两百年后，在《汉书》中，班固倒是将刘盈扶正立纪，评价认为："孝惠内修亲亲，外礼宰相，优宠齐悼、赵隐，恩敬笃矣。闻叔孙通之谏则惧然，纳曹相国之对而心说，可谓宽仁之主。遭吕太后亏损至德，悲夫！"

"优宠齐悼、赵隐"说的是刘盈对哥哥刘肥和弟弟如意的尽心保护。

后面这句"纳曹相国之对而心说",当然指的是"萧规曹随"的事。这两段话连在一起的意思是说孝惠皇帝无论是对家还是对国,都是一个不错的人。

第三十四章　皇帝驾崩

女王称制

　　平阳侯闻之，以吕产谋告丞相平，丞相平乃召朱虚侯佐太尉。太尉令朱虚侯监军门。令平阳侯告卫尉："毋入相国产殿门。"吕产不知吕禄已去北军，乃入未央宫，欲为乱，殿门弗得入，徘徊往来。平阳侯恐弗胜，驰语太尉。太尉尚恐不胜诸吕，未敢讼言诛之，乃遣朱虚侯谓曰："急入宫卫帝。"朱虚侯请卒，太尉予卒千余人。入未央宫门，遂见产廷中。日餔时，遂击产。产走，天风大起，以故其从官乱，莫敢斗。逐产，杀之郎中府吏厕中。

　　朱虚侯已杀产，帝命谒者持节劳朱虚侯。朱虚侯欲夺节信，谒者不肯，朱虚侯则从与载，因节信驰走，斩长乐卫尉吕更始。还，驰入北军，报太尉。太尉起，拜贺朱虚侯曰："所患独吕产，今已诛，天下定矣。"遂遣人分部悉捕诸吕男女，无少长皆斩之。辛酉，捕斩吕禄，而笞杀吕媭。使人诛燕王吕通，而废鲁王偃。壬戌，以帝太傅食其复为左丞相。戊辰，徙济川王王梁，立赵幽王子遂为赵王。遣朱虚侯章以诛诸吕氏事告齐王，令罢兵。灌婴兵亦罢荥阳而归。

——《史记·吕太后本纪》

第三十五章　　白马盟誓

孝惠皇帝刘盈驾崩后，皇帝之位由太子继承，是为少帝。

所谓"缘臣子之心，不忍一年而有二君也！"臣子们对先帝存有追思和敬爱之心，国亦有仁孝之礼，所以新君若刚刚继位便改元，便是不知礼数。因此，按《春秋》之法，国君继位都是逾年才能改元。孝惠皇帝死于八月份，过了两个月，要到十月份新年时才能以新皇帝纪年。不过，由于皇帝年幼，政出吕氏，史书便以高后纪年。于是，前187年便算是高后元年。

吕太后此人，性格刚毅，权力欲极强。为了保证吕氏一党对朝政的操控，吕太后甚至不顾天下悠悠之口而将外孙女嫁给儿子，由此可见一斑。如今儿子去世，身为母亲的吕太后虽然悲痛，可以诛心之言而论，这对其继续把持朝政来说未尝不是一件好事。因此，在八月份孝惠皇帝崩逝后，吕太后在为皇帝发丧时虽然表情哀伤，但却没有一滴眼泪！

母慈子孝，世上哪有不爱儿子的母亲？这个不同寻常的细节被一个年仅十五岁的少年留意到。这个少年不是别人，正是留侯张良幼子张辟强（亦作张辟疆）。

留侯张良有两个儿子，长子张不疑，幼子张辟强。其中，留侯的爵位由长子张不疑继承，而幼子张辟强则在朝中为侍中。在孝惠皇帝的葬礼上，张辟强作为皇帝身边可以"出入禁中、顾问应对"的侍从官自然要侍奉左右，立于吕太后身边。

目睹如此诡异的一幕后，张辟强悄悄闪身，对立于身边的丞相轻轻开口："陛下乃太后独子。今陛下驾崩，而太后虽哭泣但并不哀伤，这是不正常的。相君可知何故？"得到否定的回答后，张辟强又说了一句颇为意味深长的话："太后无壮子，自然忧虑如君等这般元老重臣，恐君等欲行不臣之事。窃以为，丞相当速速上表促成太后之侄吕台、吕产和吕禄为将军，执掌南北军。吕氏手握实权，太后自然心安。如若不然，主疑臣属，君等危矣！"

于是，丞相便依照张辟强说的办法上奏请求拜诸吕为将，将南北军。事毕，吕太后果然大喜，为儿子送葬的哭声才有哀伤之意。

张辟强这年十五岁，虽然是神机妙算的张良的儿子，可毕竟也才十五岁。即便耳濡目染了朝廷的政治，一个少年能在这个场合说出这样的话也着实有些让人感觉惊异。当然，也不排除少年天才。比如，秦昭王时名将甘茂之孙甘罗出使赵国时才十二岁。张辟强如果是甘罗这样的少年俊才，倒也能洞悉人性。可问题是张辟强如果真是少年天才，又精于政治，那绝不可能碌碌无为。然而，史书中张辟强只出现过这一次，后面便再无踪迹。可见，张辟强并不像其父亲一般睿智聪敏，大约只是普通人而已。

张辟强之父张良很早就投靠了吕氏一党，无论是不是自愿，均当视为太子党的重要成员。如果以张良身上的政治色彩推断的话，十五岁的张辟强能说出这番话难保不是受吕氏指使。

那么，这位和张辟强窃窃私语的丞相到底又是何方神圣？要知道，此时的朝中可是有左右两位丞相，陈平和王陵两人，自然以陈平的可能性居多，毕竟陈平，早就投入到吕氏一系，此时正是吕氏的心腹干将。

无论如何，此事之后，吕氏终于名正言顺掌握了南北两军——这可是足以从根本上改变朝中格局的重大变动！要知道，二万余人的南军卫士是两宫的戍卫力量，而训练有素的野战集团军北军更是事关大汉生死存亡的决定性武装。吕氏一族一手掌控南北两军，便是直接牢牢操纵了国家，军权一稳定下来，"吕氏权由此起"，吕氏家族的势力逐渐壮大，紧接着便发生了"吕氏封王"这一重大政治事件。

孝惠皇帝下葬几个月后，天气渐渐转寒。随着十月份缓缓到来，时间进入第二年。高后元年十月份的新年朝会是一年中最盛大的朝会，更何况还是新皇帝登基后的第一次新年朝会。不过十月朝会礼仪性质居多，很少有正式议论国政的。可谁知朝会刚刚开始，吕太后便猝不及防地在朝臣公卿面前抛出诸吕封王的问题，让原本热闹的新年朝会的气氛突然降到冰点。

诸吕封王的声音在大殿中轻轻回荡，可这帮跪坐在殿中跟随高帝打天下的老臣却无一敢接口，因为此时还有四个字在不断敲击着脑门——白马盟誓！

高帝讨平异姓藩王之时，曾与大臣们盟誓，誓曰："非刘氏而王者，天下共击之，若无功，上所不置而侯者，天下共诛之！"当时，高帝郑重地杀白马后将誓约告于上天，成为大汉之祖制。可是谁也想不到，高帝才去世几年，孝惠皇帝尸骨未寒之时，太后居然冒天下之大不韪议诸吕封王之事。所以，一想到高帝当年和朝臣的誓约，心思机敏的大臣们立刻意识到问题的严重性。不过，迫于吕太后刚刚执掌南北二军的权威和素来狠辣无情的手段，无人敢于接口。

静悄悄的大殿上显得寒气逼人。就在这时，一人打破了宁静："太后，高帝曾与臣等杀白马盟誓，其辞曰：'非刘氏而王者，天下共击之'。既有高帝白马盟誓在前，今又岂可轻易祖制？诸位公卿、诸位大臣，高帝盟誓之时，皆侍从在侧，亦皆知之！"

众臣抬头一看，原来是安国侯王陵。王陵身为右相，是朝廷首席宰执，且言之凿凿，并非虚言，按理说大臣们应该立即附议。可谁知，待王陵说完后却应者寥寥，整个大殿上仍然一片寂静。其实大臣们都很清楚：高帝纵然再英明神武、雄才大略，但毕竟已死，现在朝堂上执掌大权的是吕太后。如今吕氏既然已经执掌兵权，以吕太后"刚毅"的性格，若在这样的朝会上贸然反对，则必然是被视为公然挑战朝廷的权威，将来必遭清算。轻的如周昌那样被排挤，只能养老等死；重的则如彭越被剁成肉酱，夷灭三族。在座参加朝会的都是见过大风大浪的朝臣，趋利避害这基本的道理还是懂的。所以虽王陵竭力反对，坚持原则，但大多数朝臣为保住荣华富贵仍然装聋作哑。公卿满座的大殿之上，只有右相的声音不断回荡，居然没有一个人站起来回应，哪怕是反对的。如此一来，王陵只得手执笏板僵在原地。

"右丞相乃高帝重臣，亦是国之肱股。左丞相和太尉意下如何？"目光扫过王陵，吕太后即令陈平说话。

"臣以为，高帝扫平海内，统一天下，自然当分封刘氏为王。可如今既是太后临朝称制，太后劳苦功高，分封吕氏为王亦无不可。"陈平刚说完，太尉周勃亦站起开口："左丞相老成谋国，臣附议！"

听到想听的话，吕太后紧绷的脸终于松弛下来，大臣们也长舒了一口气。于是，一场紧张而尴尬的朝会就这样在太后大喜中结束。自始至终，没有一个人和这位朝廷的右丞相站在一起，哪怕是表面上的。真不知，在朝中素以性格耿直而称的王陵面对此情此景是何等的心寒。

走出大殿时，实在气愤难平的王陵回过头来看着陈平痛骂曰："当初与高帝白马盟誓时，陈丞相和周太尉皆侍奉在侧。如今高帝驾崩未久，太后以女主当政，要封吕氏为王，如此作为置高帝于何地？汝等既深受君恩，岂能当面阿谀！对盟约视而不见，将来又有何脸面去见高帝于地下！"

面对右相王陵的大声质问，向来机敏的陈平手执笏板拱手回礼，然后回顾陪同在侧的太尉周勃道："右相之直，朝野皆知！于今面折廷争于太后，我等自然不如君。然则将来全社稷以定刘氏之后，想来君亦不如我等！"

是的，你王陵确实厉害，居然敢在朝堂上和吕太后对着干，这种事我陈平和周勃是肯定不会干的。不过，以后安定社稷还得靠我们——这番圆滑并且毫无原则和节操之语居然被说得如此振振有词，也算是天下奇闻。

正因为看重陈平、周勃的能力，高帝才以天下相托。可是高帝尸骨未寒，陈、周二人就去奉迎吕太后以求富贵，甚至指责忠义无双的王陵不知变通，居然还有脸说什么安定刘氏天下的就是自己！有此等"忠臣"，岂非滑天下之大稽？不过从此前陈平的表现便可看出此人人品低劣，毫无忠义可言，说出这番话似乎也是再正常不过。所以，在听到这番话后，"王陵无以应之"。恐怕也不是无以应之，而是实在不齿于和这群目无忠义的无耻之徒解释！孔子曾说："道不同，不相为谋。"道不同，说得再多也是枉然，随他去吧！

天下之事居然如此滑稽！想当年寒微之时，王陵其实就一直和高帝不太对付。相反，陈平、周勃则是高帝一向视为心腹的股肱能臣。然而，谁又能想到在朝廷上据理力争的却是这个平常目无君上之人。相反，那些自诩"忠心"的人却最终暴露了无耻的本性。真所谓板荡识忠臣！然而，如今这朝堂本就是非不分，黑白颠倒。忠肝义胆者死无葬身之地，满口阿谀之人却能列位殿陛之间。

毫无疑问，王陵是个长者。可是在如此朝堂之上，长者难存。不出所料，仅过了一个月，王陵就被迁为太子太傅。太子太傅者，储君之师，上三公也，地位尊崇。可是，如今在吕太后眼里，连皇帝都不过是个摆设，何况太子？更何况是太子太傅？由右相迁太子太傅，实际上是明升暗降，剥夺了实权。而以王陵忠直任侠的性格，如何能咽得下这口气？于是，王陵从此称病不朝，退出了政治舞台。在吕太后去世前一年，王陵终于在郁闷中病逝。

史书上说王陵自罢相后，府前便门庭冷落，只有老朋友北平侯张苍常常到王陵家去看望。孝文前元四年，张苍迁相。可即便丞相事务繁忙，张苍也坚持用每逢五天一休假的时间去拜见王陵夫人，拜完之后才敢回家。要知道，担任丞相时张苍已经八十多岁了。在如此刻薄寡恩的世道下，张苍却能做到如此地步，实属难能可贵。

第三十五章 白马盟誓

第三十六章　　上党御史

张苍此人，居然以一把年纪而"常父事王陵"，也算难得。这不仅是朝中其他公卿彻侯的想法，也是新任御史大夫的想法。

新任御史大夫者，故上党守任敖也。任敖沉稳而知兵，素称能守。当年高帝起兵丰沛，任敖曾在极为不利的情况下顶住敌军的凶猛攻击，稳守丰邑长达两年。要知道，自高帝领兵西征后，丰沛一带已经基本放弃，自荥阳以东已经不是高帝的楚军所能控制的势力范围。可是任敖居然在如此不利的情况下领疲弱之孤军，在后方坚守两年，可见其能！垓下之战后，因任敖颇有统兵之能，故以御史外放上党为上党守。于是，狱吏出身的任敖便成为二千石封疆大吏。后陈豨谋反，在赵军被打得丢盔弃甲、整个北方一片混乱的不利情况下，唯独任敖以上党郡一郡之地在数万叛军的包围下岿然不动，甚至屡挫叛军，打得有声有色。因上党之战有功，故任敖在战后得广阿侯之封。

由此可见，任敖此人勇猛善战，有将帅之略。不过，任敖之所以能为御史大夫，并非是单以军功而论。要知道，御史大夫是三公中最特殊的，所管辖的事务繁多，常有"副相"之称，一般来说都是由朝中能力较强的二千石列卿迁任，很少由行政经验不足的地方郡守直接调任，也从来没听说过因勇猛就能为之的。实际上，任敖能为御史大夫，实是其人与吕太后关系匪浅之故！

这并非胡乱揣测，实由故御史大夫的罢黜可知。故御史大夫者，江邑侯赵尧。赵尧此人，素来机敏而有谋略，且在御史大夫任上从未听说有不称职的事。按理说，尚算年轻的赵尧是可以继续担任御史大夫的。可是，赵尧为何被吕太后罢免？甚至连江邑侯的爵位都被废除？盖因赵尧是故御史大夫、前赵相周昌的得力属下。想当年易储事件后，力荐周昌为赵相以保全如意的正是赵尧！试想，吕太后一直视戚夫人和赵隐王如意为生死大敌，如此情况下又岂会容忍赵尧安坐于御史大夫任上？由此可见，赵尧仅仅被革除爵位而未遭诛杀已经是吕太后"仁厚"了。

与赵尧相比，新任御史大夫任敖则不然。当年任敖为沛县狱吏，是曹参曹相国的直属手下，素与高帝友善。高帝起兵后，包括吕太后、太上皇刘太公在内的家小全部被捕入狱。在狱中期间，任敖曾击伤侮辱吕太后的小吏，护得吕太后周全。当年的这段轶事并不是秘密，从起丰沛的元老大多知道。所以，吕太后以任敖代赵尧，必然是因为任敖和辟阳侯审食其一样，属于当年一起共患难过的，甚至可以算无条件信任的心腹。

除此之外，在十多年里，任敖一直为郡守，并不在中枢任职。因此，任敖虽出身"砀泗元从集团"，但在朝中基本没有依靠，更没有门生故吏组成的小集团。任敖除了依靠吕氏，别无选择。所以，吕太后将任敖从上党郡守任上直接调入中央为御史大夫，或许确是出于报当年寒微时救命之恩的考虑，但根本原因恐怕还是利益使然！

之所以这样"腹诽"，不仅可以从御史大夫任敖的迁任看出，而且可以从左右相的人选看出。

高后元年十一月份王陵被"右迁"为太傅后，右相由左相陈平迁之；而空下来的左相，则由辟阳侯审食其代之。陈平不但是吕氏的爪牙，而且由左相迁为右相也一直是朝廷惯例，并无不妥。可是，辟阳侯审食其何德何能骤然升为左相显职？虽说"左丞相不治，常给事于中"，但毕竟是宰执。既然是宰执，正常的迁调应该是以太尉周勃为之，审食其连二千石列卿都不是，且其人虽属"砀泗元从集团"，但和当年的建成侯吕释之一样并无实质军功。

言及审食其迁相则不得不提一年前朝中传闻。当时，朝中有人在惠帝面前告了审食其一状，结果惹得惠帝雷霆震怒。为何大怒？盖因其人告曰："辟阳侯幸吕太后"，隐约指审食其与吕太后有苟且之事。试想，如此有失皇家体面之事，惠帝又是至孝之人，岂能不大怒。可有意思的是惠帝大怒后，并不是将告事者交付有司，而是立即命人缉拿审食其！

不过，后来幸得素称机变的故淮南相平原君朱建向惠帝的内宠幸臣闳籍孺游说，再通过闳籍孺向惠帝求情，审食其这才免于一死。

此案虽然平息，但在当时是闹得沸沸扬扬。为何？一者是吕太后的态度令人深思。当时，听到这个传言后，吕太后并非如平常一般勃然大怒，而是"惭，不可以言"。二者是惠帝的态度令人不解。惠帝不是立即将告事者诛杀，而是去缉拿审食其。由此可见，审食其如朝中隐约传言"有幸"于内，不是空穴来风。即便不是事实，怕也足以说明审食其和吕太后的关系非同一般。所以，可以毫不夸张地说，审食其是被吕太后视为铁杆心腹的人。试想，这样的人不能为左相，谁能为之！

总之，从御史大夫到左右二相，再到郎中令，凡朝中敏感要职，均被吕太后用上自己人。而吕太后之所以在调整朝中公卿列侯人选上如此急迫，显然也是年初时王陵在朝堂上公然唱反调使然！要知道，朝中如王陵这般"不识大体"直接面谏的虽然是个别，不过不敢明说而心中"腹诽"的并不在少数。朝中这帮高帝的元从老臣有不少人自恃威望甚高，即使表面上不会反对吕太后，但背下的小动作恐怕不会少。比如，高帝的杰出谋士陆贾和刘敬，他们或闭门不出，或干脆"称病"离开了长安，采取拒不合作的态度。这种情况下，如果吕太后不尽快为朝廷"换人"，接下来的事情必然难办。

何事如此要紧？正是吕太后所提议的"吕氏封王"！"吕氏封王"并非新鲜话题，年初朝会后，吕太后向王陵发难正是为此。当时，朝中除了王陵反对，其余朝臣要么沉默不语，要么像陈平那样明确支持。如今，既然王陵已经转任他职，公卿多已换上吕氏的人，那朝中还有谁会反对？谁敢反对？

此时，右丞相陈平手执笏板，正襟危坐对吕太后之议表示同意。随后又见陈平用笏板挡住脸，微微斜视坐在身旁的御史大夫。这位御史大夫任敖，此时正双目微闭，低头沉思，似乎丝毫没听到吕太后提出的议题——看来这位新任的御史大夫是不打算反对了。

不是不反对，实在是无从反对！因为出乎所有人预料之外，吕太后并未提出"吕氏封王"！刚刚下发的第一道诏书是追尊太后的父亲吕公为宣王，同时追尊太后兄长周吕侯吕泽为悼武王。

吕太后的父亲吕公亡故已久，兄长吕泽也早在汉八年就去世了。为何封两个已死多年的人？说到底还是吕太后沉稳！就像王陵说的，"非刘不王"毕竟是高帝定下的通告天下的祖制。贸然封吕氏为王，难免招致天下悠悠之口的议论。可是，汉以孝治天下，如今追尊吕太后已经故去的父兄，讲的是"孝"。"夫孝，德之本也！"所以，即便不合高帝白马盟誓的祖制，却是合了圣人大道。谁要是在这个时候反对吕公和吕泽两个已死的人为王，那就是无德之人！无德之人，人人得而诛之！所以，吕太后发出这道诏书是站在道义的制高点上，是无论如何也反对不了的。

当然，封已死的人并不是根本目的，其本质还是"欲以王诸吕为渐"，即为活着的吕氏之人封王做舆论准备。

第三十七章　　非刘不王

高帝当年定下的"非刘不王"的祖制和围在这祖制周围的老臣、宗室就像一道绳索，牢牢束缚着吕太后的私欲，让吕太后不敢过分。所以，追封临泗侯吕公为宣王、周吕侯吕泽为悼武王的事情虽然做成，但吕太后在朝堂上还是不得不小心翼翼。

高后元年四月，吕太后发诏封吕氏为侯。封侯诏书再次让老臣无从反对，因为这批封侯的诏书共封十人，吕氏者不过三人，余者不是惠帝之子便是高帝军功老臣，比如封爵博城侯的郎中令冯无择、封平定侯的齐相齐寿、梧侯阳成延、南宫侯张买。不说资历极深的郎中令冯无择和接替曹参为齐相的齐寿，即便是阳成延和张买的封侯也无人能反对，因为这两人虽无斩首之功，但确实属于高帝的军功老臣，和"砀泗元从集团"有着千丝万缕的联系。

阳成延，乃故秦军军匠，熟悉各种作战器具的制作，故在跟随当时的大将军韩信进行汉中整编时即被调为掌山海池泽之职的秦制列卿——少府。后楚汉战事胶着，阳成延便跟随相国萧何主管汉军后勤，为数十万汉军提供各种物资。汉五年，营建长安城，亦是由相国萧何负责，阳成延全权设计。早在汉中时便位列九卿，后又随相国萧何主持京师的营建，可见阳成延资历之深。

和阳成延留在后方不同，张买之父张戍在汉中整编时被任命为越骑骑将，指挥归化的越人骑兵跟随高帝冲锋陷阵。张戍死后，高帝便将张戍之子张买留在身边培养。这几年来，张买一直在朝中为太中大夫，在冯无择的领导下参与朝政。张买虽无战功，但以父功而封侯也有"故事"在前，当年高帝以纪成之功封纪通为襄平侯，以郦食其之功而封子郦疥为高梁侯便是先例。所以，张买以父亲张戉之功而封侯，并不算有违高帝的祖制。

由此可见，无论是冯无择、齐寿，还是阳成延、张买，其功足以封侯。高帝时未封侯，如今却被吕太后封侯，其原因不言自明。这自然是吕太后借此向朝臣们表明对高帝所立的白马盟誓"非功不侯"原则不会破坏。封功臣如此，封宗室同样如此。受封襄成侯的刘义、轵侯的刘朝、壶关侯的刘武都是孝惠皇帝之子，他们虽无军功，但毕竟身上有皇族血统。以此封侯，谁能不服？

吕氏掌权，但祖制，总还是要遵守的。既然如此，封几个吕氏为侯，并无不可。而且，吕氏三侯也并非完全以血缘而封，多少还是有军功的，因为郊侯吕产和沛侯吕种的父亲，正是吕太后的大哥悼武王吕泽和二哥建成侯吕释之。

当年，吕泽在战争中多次辅佐高帝，甚至发兵佐高帝定天下，立有不世之功。不说吕泽，就是吕释之，也是有护卫吕公和刘太公的功劳，早在高帝汉中建政时就已经受封建成侯。即便不谈吕氏兄弟的军功，吕泽既然已经追尊为悼武王，封其子为侯也是理所应当。

说起来，吕氏三侯之中，或许唯有吕太后的姐姐长姁之子扶柳侯吕平的资历和军功不足。不过，这并不是大事。因为，区区一个侯只是特例，不算违背原则和祖制。而且，就在封侯诏书下达后不过数日，吕太后又以高帝"非刘不王"的祖制特意下诏立惠帝诸子中的刘强为淮阳王、刘不疑为常山王，以此作为对宗室的补偿。

前封功臣为侯，后封刘氏为王，无一不是祖制！自始至终，吕太后虽然在口头上说出"吕氏封王"之事，但其所作所为均是符合祖制的。既然如此，当分封彻侯和诸王的诏书在朝会上颁布时，谁又会反对？

可是表面上的祖制虽然维持，但这次大规模分封在不经意之间，实际上已经完全改变了高帝时代的分封原则，至少军功封侯原则已经被破坏。要知道，高帝时是严格依照秦制的军功侯，所以即便是吕泽这样的外戚，也是有军功在身的。可是此次封侯，如吕平无尺寸军功，却仅因出身高贵便能够封侯，这无异于对军功侯的否定。自此以后，汉之彻侯在单纯的军功侯外又逐渐出现了王子侯和外戚侯两大类。不过，这种改变此时并不剧烈，而且吕太后还不忘让功臣和宗室得利以维持朝中平衡，减少阻力，所以表面上的祖制还是在被维持着。

可谁知在四月末的朝会上，替吕太后回信给冒顿的大谒者张泽突然站出来，当着朝中公卿彻侯的面奏请封吕氏为王！也许，当张泽奏议时，天下人早该想到：吕太后又是封老臣，又是封宗室，搞得云里雾里，其根本还是给吕氏封王！

此时，如王陵、赵尧那样的冥顽不灵者已经被罢免，封侯诏书又拉拢了一批老臣，右相陈平早为吕氏爪牙，御史大夫任敖在朝中孤立无援，余者又装聋作哑，如此情况下还有何人站出来反对？果然，在朝会中张泽一提出，群臣或表示赞同，或沉默不语，吕氏封王一事立即水到渠成顺利通过。最后，朝议的结果是划出齐国之济南郡立吕国，都平陵城，并以吕泽长子郦侯吕台为吕王。

封立吕氏的同时，削弱刘氏齐国，吕太后此计可谓极为精明！要知道，齐国乃是重要宗室。当初高帝封悼惠王刘肥时，予其规模空前的七郡七十三县的领土，甚至还规定天下说齐语的，尽归齐王。以如此领土和户口，即便在孝惠二年被削去城阳郡，齐国在所有藩国中力量仍然最为强大。而且齐国不仅所领支郡多，兵力也极强。当年在曹参的治理下，富庶的齐国还有一支规模庞大的善战之师。陈豨和英布举兵时，齐军在当时齐相曹参的指挥下都有参与，其动员规模相当惊人。比如，在淮南平叛时，齐军更是出兵十二万车骑部队，堪比得上高帝直领的汉军。而且齐军不但数量庞大，其战斗力也冠绝诸侯，绝非乌合之众，否则岂能击败英布淮南军精锐？

齐王的强横和齐军的强大却是吕太后不愿意看到的。试想，这样一个具有敌意的大国放在关东，如何让人放心？所以，早在高帝刚死不久的孝惠二年，吕太后便借着齐悼惠王刘肥入京朝见而削了齐国城阳郡给鲁元公主做汤沐邑。如今，将吕氏封到齐国旁边，还特意从齐国割出最富庶的济南郡，要说不是有意削藩，恐怕天下无人相信。

封吕王如此，封鲁王同样如此。在设立吕国后，吕太后又下诏割楚之薛郡，并将薛郡与鲁元公主的汤沐邑城阳郡合并为鲁国，封给鲁元公主和宣平侯张敖之子、吕太后的外孙张偃。张偃年幼，并无治国之能，故鲁国之治权为吕氏所掌控。

不过几道诏书，吕氏便直接掌控了鲁、吕二国三郡。在壮大吕氏实力的同时又削弱了宗室中最为强大的两个藩国，真可谓一石二鸟。当然，这是赤裸裸的挟朝廷正统大义而制造的阳谋，除非齐王刘襄和楚王刘交决心

"举大事"，否则就是心有不满也无可奈何。

至此，高帝白马之盟的"非刘不王"原则被彻底破坏。而祖制一旦破坏，无论吕太后在朝中如何维持平衡，也终究徒劳，被破坏的祖制，随时便会成为别有用心者反吕的一面旗帜。

第三十八章　　吕氏外戚

　　在整个高后年间，朝廷各派的矛盾都是围绕着吕氏封王以及掌权展开的。因此，有必要对吕氏家族进行一些简单的介绍。

　　吕氏家族源自吕公。综合司马贞《史记索隐》和东汉卫宏的《汉旧仪》的两种说法，吕公名文，字叔平，青年时代曾在楚国陈郡新蔡附近活动，大约是新蔡一带的游侠。

　　秦王政二十二年，秦军在大将蒙恬和李信的指挥下兵分两路灭楚，战火从陈郡平舆县一直烧到淮南寿春。新蔡县就在平舆南七十里，正是秦楚两军交锋的前线。大概是为了躲避战火，吕公便离开新蔡，来到了尚算安定的砀郡东部的单父县。

　　单父是故魏国领土，但往南七十余里便是楚国的丰沛地区，所以这里也算是魏楚边界，向来鱼龙混杂。和陈郡一样是亡命游侠的聚集地，如在单父西部不过二百里的外黄便是张耳的故乡。当时，张耳便在外黄一带招揽门客，连高帝都前往投奔。不过，随着秦军的抵达，像张耳这样的游侠和豪强活动的根基也很快被摧毁。于是，很多游侠豪强要么如张耳、陈余那样奔逃至陈郡潜匿下来，要么像高帝那样出仕为小吏。

　　所以，在接下来的岁月里，吕公便和这些游侠一样，在单父生活了数十年，一直到始皇末年。当时，吕公不知为何在单父与人结仇。为了躲避仇家的纠缠，吕公被迫带着全家从单父迁出，前往泗水郡北部的沛县。沛县和单父虽分属两郡，但实际距离只有一百余里，一路快马加鞭，不过两日即可抵达。另外，吕公和沛令关系素来友善，因此也作为依靠。

　　当时，沛县虽是大县，但能让一县之宰的沛令都礼敬的"豪杰"毕竟也是少数。于是，听闻沛令有个"重客"过来定居，沛县地头上有头有脸的人物，无论是"豪杰"还是"吏"都前往祝贺，以求结交。一来二去的，贺礼的标准便抬高了，以至于主吏掾萧何在门口安排人收礼，达到了"进不满千钱，坐之堂下"的标准。要知道，秦时县令、县长的级别为千石到六百石不等。即便沛令是大县之令，月俸禄也只是以千钱计数而已。贺礼过了一千钱，便基本相当于县令一级的一个月之俸，而县里众多的百石吏则可能一个月不吃不喝也凑不起这笔贺礼钱。不过，吕公交际并非只看出身，否则岂会对出身寒微的高帝另眼想看？

当然，当年的高帝虽然出身不高，但确实不是一般的小吏。要知道，高帝虽不过是沛县泗水亭长，但在沛县的地头上可是上从主吏掾萧何下到屠狗樊哙这样的贩夫走卒都通吃的风云人物，在整个沛县有极佳的人脉。吕公虽善沛令，但沛令毕竟是秦人所任命的有任期的地方长官，不可能长期留在沛县。如果沛令一走，吕公还要带着全家跟着沛令再度颠沛流离于他乡不成？

吕太公既是躲避仇家，因此与沛令虽善，但却深知沛令绝非可以长期依靠的人。而反之，投靠如高帝这样的在地方上一呼百应的豪侠却是最佳的选择。吕公慧眼识中高帝，并以女儿相嫁，其真实目的大约也就是如此。

可惜的是，吕公虽然在汉元年便被高帝封为临泗侯，但在汉四年便去世了，并没有见到儿女们最后建立的功业。这既是做父亲的遗憾，也未尝不是儿女们的遗憾。所以，在高后元年吕太后刚刚执政时，首先做的就是将已故的父亲吕公追封为吕宣王。

然而吕公有二子三女，多为杰出人才。吕公的这两个儿子分别是周吕侯吕泽、建成侯吕释之；三个女儿为长女吕长姁、次女吕娥姁（即吕雉）、三女吕媭。

吕长姁在历史上没有出现过，只在《吕太后本纪》裴骃的注解"扶柳侯"条出现一次。在高后元年四月份第一批封侯的吕氏子侄中，吕长姁子吕平（随母姓）被吕太后封为扶柳侯。据此，才知道吕太后还有个叫吕长姁的姐姐。而裴骃的注解"扶柳侯"条的根据是《惠景间侯者年表》，其原本是来自于皇家秘府的封爵档案。可惜的是档案欠缺，吕长姁生平如何、嫁给了谁却已经无法得知。不过，吕太后不惜违背祖制而将这个寸功未立的外甥封侯，可见对这个姐姐是很看重的。如果吕长姁这位姐姐还在世，没有理由不像妹妹吕媭那样封侯。可见，也许在高后年间，姐姐吕长姁已经故去，只留下了儿子吕平。

姐姐虽然不在世了，但妹妹吕媭却在。吕媭很早便嫁与舞阳侯樊哙为妻，并和樊哙有一个儿子樊伉。在孝惠六年樊哙去世后，樊伉便继承了舞阳侯的爵位。当然，樊哙应该至少还有一个庶子樊市人（后樊市人继承舞阳侯爵位）。此外，吕媭和樊哙还有一个女儿，嫁给了营陵侯刘泽。不过，吕媭和儿子樊伉都死于吕太后八年的政变中，没有留下血脉。

吕公的长子吕泽是几个儿女中最有能力的。吕泽本人死于汉八年，直到十多年后的高后元年被追封为悼武王。吕泽虽死，但却有两个儿子在世：长子郦侯吕台和次子郊侯（亦作洨侯、交侯）吕产。

吕泽长子吕台在高后元年被封为吕王。可在封王几个月后的高后二年就死去，谥号曰"肃"。吕台有三个儿子，即嫡长子第二任吕王吕嘉、东平侯吕通和后东平侯吕庄。吕嘉在高后六年因生活作风不检点被革去吕王的爵位。吕台次子东平侯吕通在高后八年十月被立为燕王，东平侯的爵位转给弟弟吕庄。吕台这一系在后来的政变中全部被杀，没有后代。

吕泽次子吕产原为郊侯，后接了侄子吕嘉的吕王爵位。不过，吕产仅当了一年的吕王，便在高后七年徙封为梁王。从诸吕子侄中掌权的先后顺序看，吕产和他的从弟吕禄是最早掌握军权的。吕台死后，吕太后无视大宗的继承权，硬是将吕王爵位转给身为小宗的吕产，还特意将他留在朝中担任太傅而不让就国。由此可见，吕产深受吕太后的信任。

吕产有一女，后嫁给高帝五子赵王刘恢。吕产之子未有记载，大约全部死于政变。

说完了吕泽这一支，再说吕释之这一支。《功臣表》中记载吕释之的活动为："以吕太后兄初起以客从，击三秦。汉王入汉，而释之还丰沛，奉卫吕宣王、太上皇。天下已平，封释之为建成侯。"可见，吕释之虽然也参与了反秦战争，但并未随高帝入汉中，而是回到丰沛照顾吕公和刘太公。数月后，楚汉战争开始，刘太公和吕释之曾被项羽俘虏，直到鸿沟议和才被释放。所以所谓的"奉卫吕宣王、太上皇"，大约就是说吕释之在楚营中一直护卫在吕太公和刘太公身边。因此论及军功时，吕释之的军功主要就是反秦三年，而缺少了最重要的楚汉四年。所以，与兄长吕泽指挥千军万马驰骋沙场相比，吕释之的战功确显不足。

不过，自汉八年吕泽去世后，能支撑起整个吕氏家族的也只能是吕释之了。当年易储事件中，就是吕释之亲自出面，问计张良，才稳定了惠帝的储位。不过，吕释之的军功和威望毕竟不足以与其兄长吕泽相比，特别是在军中没有强大的人脉，因而驾驭吕氏稍显力不从心。不过，在高帝驾崩并且元从老臣日渐凋零的吕太后时代，吕释之的资历和威望还能说得过去，毕竟跟随高帝打天下的那批资历较高的元老已经不多了。

可不幸的是，吕释之在孝惠二年便去世了。算起来，吕释之比兄长吕泽也就多活了五年多而已，也算英年早逝。吕释之死后，建成侯的爵位由嫡长子吕则继承。不过，这个吕则大约也不是善类，在孝惠五年即被废。

吕则之下还有吕禄和沛侯吕种。按照《高祖功臣侯者年表》的记载，吕则被废后，吕释之的政治遗产建成侯的爵位和宗族地位没有在吕则这个大宗的后代中找，而是全部交给了吕禄这个小宗。而且，当年惠帝驾崩后，和吕产一起执掌南北两军军权的正是吕禄。这样看来的话，吕释之这一支的几个兄弟中，最有能力的应该就是吕禄。

和吕产一样，吕禄的儿子们在史书中并没有记载，倒是明确记载其有一女，嫁给了齐悼惠王刘肥的次子即后来的朱虚侯刘章。

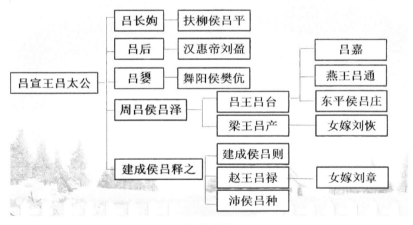

诸吕世系

除这些关系明确的诸吕，《惠景间侯者年表》中还出现了不少吕氏。如俞侯吕他、赘其侯吕胜、滕侯吕更始、吕成侯吕忿、祝兹侯吕荣。其中吕荣和吕忿都可以确定是吕氏族人，不过不能确定是吕泽还是吕释之之后。吕他、吕胜、吕更始三人虽没有说是吕氏近亲子侄，但最后都因"坐吕氏事"而遭到诛杀。如果不是吕氏族人，在诛吕政变中估计是不会受到牵连的。

无论是近支还是旁支，这些人都是因打上了吕氏的印记而被重用。他们或被封侯，或掌军权，成为继高帝"砀泗元从集团"之后又一股庞大到可以左右朝堂的"吕氏外戚集团"。不过，由于吕太后的两个哥哥过早去世，这些"吕氏外戚集团"有一个很大的缺陷，即资历和威望都明显不足，根本不是战功卓著的"砀泗元从集团"功臣的对手。而且，吕氏子侄虽然掌握军权，但却无实际的统兵能力，在军中也并无人脉，这更无法与在军中势力盘根错节的"砀泗元从集团"相比。

说到底，吕氏之所以能在朝堂上保持强大的影响力，完全是靠吕太后一人的资历和威望。因此，一旦吕太后不在，这些吕氏族人还能不能掌控如此巨大的政治权力，则并不能确定。

174

第三十九章　　封侯废帝

　　吕氏在政治上一直不顺利。吕太后的大哥吕泽死于汉八年，二哥吕释之死于孝惠二年。兄弟二人因"佐高祖定天下"而积累了极高的威望，本应是吕氏的擎天柱石，可是天不遂人愿，两人都是英年早逝。

　　为了保持两个哥哥在政治上的遗产以维持吕氏对朝政的影响力，在高后元年四月底，吕太后封大哥吕泽这一支的吕台为吕王。吕泽已经被追封为悼武王，以吕台为继任吕王也是水到渠成之事。不过，吕释之这一支则比较麻烦。吕释之的嫡长子吕则有罪，已经被废。为了照顾二哥这一支，在五月份，吕太后立吕释之次子吕禄为胡陵侯，并继承吕释之的爵位封邑，以继续保持吕释之一系在政治上的影响力。可是相比大哥吕泽，二哥这一支的影响力实在弱了一点。

　　如此一来，吕氏家族的核心人物只能也只有吕泽之子吕台。吕太后苦心孤诣的谋划，将这个侄子扶上王位，原因即在于此。可是谁知，这位吕家的第一位王在高后二年的十一月份就"薨"了。从高后元年的四月份被立为吕王算起，吕台这个吕王从头到尾也就干了半年而已。吕台死后，吕太后只好让更为年轻的吕王太子吕嘉代立为吕王。然而，以吕台的资历都难以服众，更不要说年幼的吕嘉了。

　　吕太后在朝廷权力的分配上如此费尽心机恐怕也是无奈之举。吕太后执政以来，先杀服了一批，又整服了一批。高后元年的年初，又借着三公的调整和王陵罢相，对朝政进行了重新安排。阴谋阳谋的连番打压下，朝中的老臣们暂时算是偃旗息鼓。

　　然而地方藩王就没那么简单了。汉立国以来，由于高帝给这些藩王治

175

第三十九章　封侯废帝

民理政以及统领军队之大权，以至于这些藩王在地方权势极大。高帝时代的藩臣举兵以至天下震动之事，吕太后本人是亲身经历过的。要是真逼迫太过，难保这些藩王不会行非常之举。表面上关东诸王虽然风平浪静，但地下的暗流还在涌动。相比"砀泗元从集团"老臣，这些手握军权但却一直冷眼旁观的藩王更难让人放心。

于是，在吕台病死半年后的高后二年五月份，吕太后下了一道诏书封了两个侯：朱虚侯刘章和上邳侯刘郢客。

刘章是已故齐悼惠王刘肥次子、今齐王刘襄之弟，这年刚好十六岁，英武有力。刘郢客（《楚元王世家》作刘郢，《汉书》《惠景间侯者年表》均作刘郢客，今从后）则是今楚王刘交次子，向来沉稳。按身份而论，两人均是刘姓宗室，而且是嫡亲宗室，自然是有资格能封侯的。在封侯诏书下达之后，吕太后还特意命二人立即入京，担任宿卫皇帝的重任。另外，刘郢客还被拜为九卿之一的宗正，掌管皇家宗族之事。考虑到刘章年少还未娶妻，吕太后甚至还特意给这个孙子找了吕禄的女儿做媳妇。亲上加亲，让刘章既是孙子也是侄孙女婿，岂不美哉？

如此重恩，可算得上是主上仁厚了吧！然而，两宫之中有各署侍从郎卫数千之众，又各宫卫尉所辖之装备精良的南军卫士二万余人。皇帝和太后身边有如此强大的扈从卫队，岂会真的需要这两个王子"宿卫皇帝"？可见，无论表面之言行如何漂亮，也掩盖不住以两人为人质的根本目的。

吕太后对宗室的猜忌之心根本不需多说。天下诸藩之中，以齐王最为强大。齐王刘襄手握四十余县，拥兵十万之众，是天下第一强藩。而诸藩之中，又以楚王刘交最为特殊。高帝同辈的宗室差不多都已经死去，刘交不但是在藩王中，就是在整个宗室中也是辈分最高的。算起来，当今皇帝甚至要叫楚王一声祖父，就连吕太后还得称刘交为小叔。由此可见，齐楚二国便是宗室之首。这关东二藩若联合起来，观兵崤函并非难事。让二藩遣质入朝，也算是制约两人。

对于吕太后这一招，藩王们大概也是心知肚明。这些藩王，特别是楚王刘交历经三朝风雨，岂会不知这是委质的把戏？尔虞我诈，本就是朝堂政治斗争的本性，若真将吕太后看成是什么善男信女，早就被整得死得不能再死了。只是，朝廷占据道统大义，吕太后又是一招阳谋，刘交就是威望再高还真能抗命不成？因此，诏令一下，刘章和刘郢客只得乖乖地去长安当差。

占据道统大义，就是吕太后无往而不利的利器。以此因势利导，吕太后才能在朝堂上纵横捭阖，立于不败之地。也只有如此，藩王才会俯首帖耳。当然，权力斗争必须小心谨慎，一旦出错便是身死族灭的下场。因此，从高后元年到高后三年，在吕太后执政的前三年里，吕太后都在小心翼翼地重组朝廷各派势力，让吕氏攫取最大权力。

在刘章和刘郢客被招到长安宿卫的两年后，吕太后决定再封一批吕氏为侯。高后三年四月二十一日，吕他被封为俞侯，吕更始为滕侯，吕忿为吕城侯，吕胜为赘其侯。不仅如此，连妹妹吕媭一个妇人也得封临光侯的爵位，真可谓"一人得道鸡犬升天"。不过除了吕氏外，这批被封侯的人中还有高帝时代的老臣中邑侯吕相朱通、乐成侯卫尉卫无择、松兹侯恒山相徐厉、成陶侯河南郡守周信和曾主审彭越案的山都侯故廷尉王恬启。可见，吕太后每次大规模封侯都会照顾到军功老臣的利益，避免激化矛盾。

可是如此作为，必然让日渐长大的少帝越来越不满。

虽然是被吕太后一手扶上帝位，但对这个皇祖母，少帝实际上毫无感情，因为在不久前，少帝得知了一个惊天之谋！

这件事要从孝惠四年说起。当年，在吕太后的一手操持下，刚刚成年的惠帝册立外甥女张嫣为皇后。不过因过于年幼，张皇后一直没有子嗣，以至于国家储位久悬。于是，吕太后在后宫美人中抱了一个孩子给张皇后，作为太子，这个孩子就是少帝。嫡妻无子而以庶子为嗣的例子自古已有，此事原本并无不妥。可问题是，吕太后抱走少帝后，为避免泄露皇家秘事，将少帝的生母秘密处死。这样一来，此事性质就变成杀母取子的人伦丑事了。汉以孝治天下，可以想象此事一旦泄露，将是一场极为严重的政治风波。

事不凑巧，此事还真就被少帝知道了。高后四年夏天，少帝突然毫无征兆地放出狠话："太后怎能杀了吾生母而冒充我母！我成人之后，必复仇！"

不清楚吕太后在孝惠四年做的密事如何会被泄露出来。不过，宫中人多嘴杂，加之事隔不久，想来传出什么风声也不奇怪。少帝这时正是少年意气，对吕太后大肆分封吕氏的做法本来就有不满，再加上这件事，少帝才会在情急之下说出这番话。

话中说的太后明指是张皇后，但谁都知道是指向背后的那位吕太后。因为天下谁都知道，如此惊天之事只有住在长乐宫的那位吕太后才敢干。

可问题是，这句话是不能随便说的。少帝虽是皇帝，但实际上却是毫无实权的傀儡，何德何能能够"复仇"？论政治斗争，这位吕太后的经验丰富无比，如韩信、彭越那样的一世枭雄都被诛杀，少帝一个小小的少年岂是对手？到底是少年无知而无畏，才敢说出这番话。不过这句话性质太严重，一旦说出口，不死也要死了。

果然，吕太后得知此事之后相当紧张。要知道，少帝虽然年幼但毕竟是皇帝，政治影响力还在。一旦此事被虎视眈眈的藩王利用起来，挟皇帝之大义起兵行清君侧之举，吕太后苦心经营的政治优势将立刻土崩瓦解。可以预料，真到那时就是朝堂大乱，兵戈相见。为防生变，吕太后立即以最快的速度将少帝控制起来，幽禁于后宫当年囚禁戚夫人的永巷中，任何人不得相见，随后便向外宣称皇帝身染重病。

次日天明之时，大臣们依次列班入朝后才发现皇帝并不在殿中，唯有吕太后在上。朝会开始后，吕太后又开口称："治天下万民者，当有爱民之心。皇帝善治万民，则万民归心。如此，方可天下太平。诸位公卿彻侯，皇帝昨夜突发重病，太医署久治而不愈，以至精神失常。吾慎思之，皇帝恐不能继承高帝之祖业奉宗庙社稷。为天下万民计，当速速另择贤君！"

听到吕太后这番话，跪坐在下的大臣们如当年听到吕氏封王一样惊骇。虽说皇帝年幼，但一直不曾听说身体有恙。在结合这几日宫中传出的各种流言，大臣们立即明白：所谓皇帝病重云云必是借口，吕太后这是要废黜这不听话的皇帝了！未等大家多想，右相陈平手执笏板顿首开口："吕太后为天下万民谋，此乃安宗庙社稷也，臣顿首奉诏。"

实际上，君后矛盾已深，今日朝会已有剑拔弩张之势，凭吕太后的性格，不解决这个事关生死存亡的问题是绝不会善罢甘休的。如在陈平等爪牙已经表态的情况下再唱反调，估计今天是断无可能活着走出殿门。故在陈平表态后，像几年前封诸吕为王一样，大臣们不得不再一次表示附议。

吕太后行事极为果断，五月十一便以太后的名义下诏书废少帝皇帝之位，并将恒山王刘义改名为刘弘，入继大统。刘弘继位后，恒山国则转封给轵侯刘朝。而在新皇帝继位的同时，年仅九岁的少帝则被秘密处死。

说起来，这个少帝比父亲孝惠皇帝还要悲剧，从孝惠七年的五月份被立为皇帝到高后四年五月被杀，只做了四年有名无实的皇帝。惠帝在位时尚能关心一下国事，和曹参探讨治国方针，而少帝在位这几年里，唯一能做的事大约就是下诏给吕家封王封侯了。

第四十章　　南越复叛

　　刘弘被立为新皇帝后，吕太后以曹参之子平阳侯曹窋行御史大夫事，代替广阿侯任敖。

　　至于任敖，也该歇歇了。这两年来，征战多年的任敖已经是日渐衰老，精力不济。御史大夫事务又繁杂无比，不可或缺。为了"照顾"任敖这个老臣，只得让曹窋这个年轻后辈顶上去。

　　如今朝廷权力斗争日益激烈，吕太后猜忌之心日盛，连皇帝都被整死了，何况一日三惊的朝臣？对于任敖来说，早点离开长安这个是非之地，回封邑广阿养老也许并不是坏事，至少还能善终。这朝廷，已非昨日之朝廷。虽然吕太后在"砀泗元从集团"的老臣和吕氏之间小心翼翼地维持着脆弱的平衡，遵守着所谓的"祖制"，以让吕氏逐渐掌握大权。但随着吕氏家族势力的不断膨胀，吕氏一家独大，势必越来越威胁到老臣们的利益，因此这个平衡是绝对不可能长久维持下去的。而一旦吕太后去世，朝中必会大乱！

　　在吕太后的经营下，朝廷表面政通人和，风平浪静，但各种天灾人祸层出不穷，总能透出不安的迹象。

　　吕太后主政的这几年和惠帝年间一样也不算太平，自然灾害频发。从高后三年到高后五年两年内，江汉伊洛汝五条大河接连洪水泛滥，以致灾区饿殍遍野，黎民死伤无数。

　　不过天灾易赈，人祸却难消，最让人头疼的还是国家边境并不太平。曹窋刚刚走马上任，便接到地方奏报南方南越国边境关市繁荣和铁器流通频繁，恐会威胁中原之事。由于事关重大，次日朝会时，曹窋便联合有关各署向吕太后提出是否在关市中禁铁。

说到此事，还要追溯到汉十一年陆贾出使南越之时。当年，在陆贾的斡旋下，一代枭雄赵佗向朝廷上表称臣。在这之后，汉越关系一直较为稳定，朝廷还在边境地区设置了专门的关市以互通有无。通过关市，南越的荔枝、宝石等特产便可经长沙国进入中原，而中原的铁、丝等物又经岭南不断流入南越。十多年来，成千上万的商旅来往于两地，两国民众相交频繁。

可是，赵佗作为前朝遗臣，曾兵犯边疆，就像北方的匈奴一样，虽和汉"约为兄弟"，但事实上还是以敌国视之。而铁作为重要的战略物资，如果过度流入敌国，必然不利于国家安全。对铁器这样的战略物资的流通加以控制，这其实是长治久安之道。于是，在朝会上，曹窋便领有司奏请对南越禁铁。因铁器确实事关社稷安危，不能不谨慎对待，所以很快得到批示。于是，朝廷的朝议内容很快转变为诏书，发至南越边境。

禁铁令对朝廷来说不过是一道命令，但对南越来说却是事关生死的大事。南越虽说幅员辽阔，土特产丰富，但由于长期偏居南方，冶铁技术比中原落后，而且南越境内也不产铁，因此对中原铁器颇为依赖。朝廷政策一紧，南越国不说军队的武器装备，百姓的生活都很成问题。结果，禁铁令一实行，立即引起了赵佗的强烈不满。赵佗认为："高帝立寡人为王，十多年间使节往来，贸易不断，故万民安定。可如今吕太后听信谗言，视我南越为蛮夷之国而禁绝往来，以至器物隔绝。寡人思之，此必是长沙王之计！长沙王这是想倚仗朝廷之威灭我南越，并我土地！"

不管这番话是出于什么目的，但因朝廷对禁铁一事的支持和默许而威胁到南越却是不争的事实。不过，所谓"此必是长沙王之计"云云，便是赵佗信口开河。

和赵佗同时代的首位长沙王吴芮已经作古多年，吴芮之子、第二代长沙王吴臣也已在孝惠二年去世。吴臣死后，王位由其长子吴回继承。吴回在高后元年去世，传位至其长子吴右。赵佗所谓的长沙王，即是指吴芮的曾孙、第四代长沙王吴右。可是，从吴右的为人看，其一向奉公守法，低调做人。对待朝廷，吴家也是忠心耿耿，不曾有半点反意。以长沙王吴家四代之贤名，岂会莫名其妙去与越为敌？至于赵佗说长沙王兼并南越土地云云，恐怕连朝廷都不会信。

赵佗这番话里总是强调长沙王，大概还是有考虑的。以赵佗的精明，自然知道一旦举旗起兵是绝无退路。南越虽说是可以和汉并称的南方大国，但实际上以南越区区带甲十余万的国力，势难抵御中原倾国之兵。真要令吕太后动怒，发全国之兵来攻，赵佗必是身死国灭的下场。唯一可行之策便是借助南越地利，将冲突控制在有限范围之内，逼吕太后收回禁铁令。只要达到这个目的，则可算胜利。既然如此，出兵就要有名义上的说法。有道是师出有名，将起兵之由归为长沙王，也是明面上告诉朝廷，南越并非觊觎中原，这样既算是给南越，也算是给汉朝廷一个台阶下，免得到时不好收场。

而且，汉朝廷在长沙国是没有驻兵的，吴右手里能用的就是长沙国的郡国兵。长沙国在南方，郡国兵多为普通的材官和楼船士，间或编有少量的越骑，并无如汉西北边郡那样的精锐骑士。另外，南方多年无战事，无论是材官还是越骑的战斗力并不算强。久为邻国，赵佗本人又有丰富的临阵经验，对长沙国国内的实力大约已经是一清二楚。赵佗将打击对象定为长沙国，也是信心充分之故。

《孙子兵法》云："知彼知己，百战不殆；不知彼而知己，一胜一负；不知彼，不知己，每战必殆。"今既已洞悉长沙国之虚实，这一仗对久经沙场的赵佗来说自然是手到擒来。

庙堂谋算已定，待过了冬天，一切准备就绪后，赵佗在高后五年春正式举旗，并自称南越武帝，引兵北上。

说来也是有趣，一般来讲这个"武"应该是谥号，是死后才能上的号。赵佗居然在活着的时候就自号武帝，实在是不通礼法。可想而知，此事传出去后中原人将会如何耻笑。朝中大臣称南越是蛮夷之国，倒是一点没错。耻笑归耻笑，仗还是要用心打。

当时，从南越越过阳山关便是长沙国的零陵和桂阳诸县。赵佗一声令下，由十余万秦军后裔组成的越军立刻开动，沿着当年秦人开辟的通道急速向北进发。越军越过边关后，随即进入长沙国的桂阳。结果，在赵佗的亲自指挥下，准备充分的越军一战打得战备松懈的长沙军丢盔弃甲。随后，越军摧枯拉朽，横扫长沙国南部数县。

大胜之后，赵佗并没有继续北上，而是按原定计划退兵边关，以示不敢进图中原之意。

然而，无论赵佗是否退兵，南越不臣已成事实。南越举兵，长沙数败的消息传至长安，朝廷便不能坐视不理。于是，在当日的朝会上，右相陈平便领有司将南越起兵之事奏予吕太后："臣平奏，本署昨日接御史大夫所转之长沙王急报：南越赵佗自号为南越武帝，发兵攻长沙边邑，败数县而去。兹事体大，臣不敢擅专，伏惟陛下圣裁！"

说起来，这还是自高帝驾崩后朝廷第一次面临刀兵之事，确实事关重大。吕太后本人虽然权谋高绝，但对统兵并不熟悉。《孙子兵法》既然说："兵者，国之大事，不可不慎"，如何用兵便是不可不慎的大事。于是在朝会上，如何应对南越之事便成了主要的议题。

虽说越军目前并无进一步北上进攻的态势，但谁也不敢保证赵佗就此退兵。若赵佗再度增兵，以长沙国目前的兵力，即便是全面动员也难以抵御。赵佗要是全力攻击，越军顺湘水而上，一举攻克长沙国国都临湘，饮马云梦并非难事。真到那时，朝廷天威何在？长沙国虽说是藩国，但毕竟是高帝所封，难道还真能将长沙国轻弃？当年韩王信反意如此明显，但在其遣使入朝求救时，高帝都果断出兵北上征讨匈奴，何况长沙王世代忠于朝廷。再者说，赵佗当年上表向高帝称臣，如今却自号为帝，这又置朝廷于何地？如果对此事装聋作哑，以后朝廷的其他藩臣也"援引"此例，朝廷又当如何应对？

因此，无论是名还是实，朝廷都必须要发兵征讨赵佗，救援长沙。

第四十一章　　多事之秋

　　然而，就在朝廷准备调兵遣将南下征讨南越时，北方却传来匈奴单于有意入寇边塞的消息。消息奏报至朝廷，立刻引起了朝廷的高度紧张，不得不暂且放下南征南越之事。

　　吕太后以及朝廷公卿如此重视匈奴，并非杞人忧天。要知道，汉匈虽在表面上维持着"和亲"关系，但实际上一直是处在敌对状态。自高帝驾崩后，冒顿的不轨之心更是显露无遗。别的不说，孝惠三年，那封给吕太后的书信便是明证。如此咄咄逼人，岂是真心和亲"约为昆弟"？

　　致书之辱最后虽平息，但这并不等于汉朝廷可以高枕无忧。数年来，匈奴数万骑规模的入寇虽然不见，但小规模的边境冲突并不少。冒顿此人素有大略，不可等闲视之，所以入塞匈奴人规模虽然不大，但决不能掉以轻心。一旦朝廷麻痹大意，极有可能会酿成大祸，因此和亲归和亲，边郡的防备绝不可松懈一日。

　　如今，东至辽东，西达陇西长达三千里的漫长防线可以分为三大部分：东北地区燕国的辽东、辽西、右北平、渔阳和上谷五郡主要防备匈奴左贤王部。东北地区可以机动的二线增援兵力为赵国数郡的郡国兵。中部地区为云中、雁门到代郡（今山西北部河北东北部一带），对面之敌为单于庭和右贤王一部。中部可以机动的增援兵力为太原、上党诸郡的郡兵。西部地区则为陇西、北地和上郡，主要防备右贤王诸部和诸羌，可以增援的机动兵力为关中诸郡郡兵。

　　这三大防区中，以东北的燕国五郡边防压力最大，不但要面临匈奴兵力最盛的左贤王部的直接威胁，还要防备东北的东胡残部以及貊秽、肃慎等无数的小部落。不过因东北地区距关中尚远，对朝廷威胁最大的实际上还是西部地区的右贤王。九原郡被秦人放弃后，河套地区便为匈奴右贤王部下辖的白羊、楼烦二部所控制。如此一来，上郡和北地二郡北部起伏的山岭和坚固的内长城便成为屏卫关中、防备匈奴的第一线。若匈奴自河套跃马南下，突破了内长城防线，其轻骑甚至可以五日内打到长安城下。到时候，形势险要的关中便会面临无险可守的尴尬局面。

有鉴于此，朝廷不得不在关中北部的上郡和北地屯驻重兵，以被动防御抵抗匈奴可能的侵扰。可是因防线过于漫长，边防压力很大，事实上是防不胜防。因此，右贤王就像悬在朝廷头上一柄随时可以落下来的利剑。如今，数万戍边的汉家儿郎正在枕戈待旦，日夜守卫边疆，警惕的防备北方恶邻。

如此不利的情况下，即便再不通兵略，吕太后也知道此时匈奴大规模集结意味着什么。南越赵佗就是再能打也不可能自岭南直逼长安，而匈奴就不一样了，那可是事关生死存亡的大敌。和强大的匈奴相比，南越不过是癣疥之疾。因此当消息传来，不管是不是确切的，吕太后都不得不暂时放下南越问题，全力防备匈奴。

高后五年的九月份，吕太后下令局部动员：河东、上党两郡精锐骑士悉数集结，然后向西调动至北地郡，以增强关中北部的守备兵力，防止匈奴南下。

在高后六年春夏时分，右贤王部骑兵果然大规模南下。匈奴轻骑沿着黄河五日奔袭一千多里，从河套草原直逼陇西西部。如此高速机动，汉军根本反应不及。在汉军行动前，匈奴人已经打到陇西郡治狄道城下，掠走大量物资。饱掠之后，匈奴人又调出一部精骑向东疾驰三百里，攻到陇西东北部的阿阳城下。

自阿阳县翻过陇山，便是一马平川无险可守的关中平原腹地。以轻骑兵的速度，经冀县、陈仓、眉县一线的平坦河谷向东推进，只需几天就能到达长安。如果一不留神，让匈奴的骑兵真的打到长安城下，朝廷颜面何在？又如何向天下臣民交代？可以想象，在匈奴人纵横于陇西时，朝廷是何等紧张。不过好在朝廷防备森严，匈奴人并未冒险深入。虚晃一枪后，匈奴骑兵从阿阳越过北地撤回草原。

本以为这次匈奴入塞就这样结束了，可谁知未等朝廷回过神来，仅仅过了两个月，到高后七年冬十二月，右贤王部再一次集结骑兵沿原路突袭陇西。陇西郡兵再一次战败，损失吏民两千余，物资无数。

朝廷刚刚调上党、河东骑士增兵北地，关中腹地便被匈奴人沿原路反复入寇两次。整个北地、上郡到关中屯驻的边防军不下十万，竟然让右贤王的几千轻骑来回穿插，如入无人之境。在匈奴轻骑的践踏下，苦心经营的北地防线如破墙一般四处漏风。高帝留下的虎贲之师，居然眼睁睁的面对数千轻骑反复寇边而束手无策，让人情何以堪？

然而，对于匈奴这种来去如风的战法，除非建立大规模骑兵部队和匈奴人决战，否则不可能从根本上解决问题。单纯增加屯守兵力属于典型的被动防御，不可能彻底挡住来去如风的匈奴骑兵。从兵法上讲，被动困守也并非良策。可是就像季布说的那样，若是大规模动员民众又会违背朝廷定下的与民休息的基本国策，弊大于利。而派小规模部队反攻，那是有去无回。攻守皆非，确实让人头疼。

面临这样的心腹大患，吕太后拿不出可行之策。朝议上，针对匈奴入寇的问题，群臣虽然提出各种策略，但也不能从根本上解决问题。

祸不单行，未等吕太后喘口气，已经拖了一年多的南越问题再次恶化：高后七年秋天，因朝廷未能及时在禁铁一事上给出答复，越军再次越过诸关攻至长沙国。长沙国兵少国弱，无力抵挡，损失较大。

如此一来，无论匈奴问题怎样，南越问题都已经不能再拖。在不能大规模调兵南下的情况下，朝廷也必须要派遣一支偏师威慑赵佗，否则不仅是百姓受难，而且汉朝国威也会沦丧。于是，在北方稍微安稳的高后七年九月，吕太后终于做出决定，出兵南下征讨不臣之南越。

可庙堂运筹，当以择将为先。出兵不难，由谁统兵却是一个大问题。高帝时代以沉稳而著称的曹参、以勇猛而闻名的樊哙均已去世数年，如今朝中可用的大将数周勃、灌婴为首。可是，绛侯周勃为三公之一的太尉，披挂出征显然不太合适。再者说，太尉为三公之一，位高权重，兵权轻易授予也不放心。颍阴侯灌婴虽然能战，但却是一员骑将，步战非其所长。南方山高林密，骑兵作用有限。另外，如今匈奴肆掠，北方边防吃紧，朝中也需要有大将坐镇，周勃和灌婴两人都脱不开身。

最后，在群臣的推荐下，吕太后以隆虑侯周灶为统帅，全权指挥汉军征讨南越。周灶，是高帝时代的军功老臣，素称勇猛。当年垓下决战时，周灶在高帝麾下以长铍都尉领长铍营向楚军发动攻击，最终顶住了项羽的攻势。从资历和威望上讲，周灶确实不能与曹参、周勃、灌婴等人相比，但在老将逐渐凋零的如今，也算能担得起重任的大将。而且，周灶长期指挥长铍甲士，尤擅步战，将兵征越再合适不过。朝堂安排已毕，此战势在必行。

朝廷正值多事之秋，周灶身为朝中老臣也心知肚明。在接令后，周灶并未停留而是立即领虎符出京，征调江淮吴越一带汉军郡兵迅速向长沙国集结。在周灶的统一指挥下，南方各郡国急速开动。仅一个月，汉军便在长沙国集结数万步骑。

身为全军总指挥，周灶身上的压力不可谓不大。垓下大战虽规模巨大，但当时周灶不过只是一个营的指挥官，指挥好部下的一个营便可。而此战周灶可是作为全军主将以一身承担数万将士的生死存亡，又岂可儿戏？

而且，对于对手赵佗，周灶虽未谋面但也有耳闻。那赵佗是始皇帝时代的老将，历经三代而不倒。周灶在砀郡为民时，赵佗便已指挥数万之众征讨南越，为一时之枭雄。观其用兵为人，狠辣而狡猾，绝不是简单对手。而且越军素来便以骁勇善战而称，且尤擅丛林作战，远非南方汉军可比。当年始皇帝动员了十多万人，耗费钱粮无数，才艰难平定南方越人。如今汉军虽然能战，但面对这样强大的对手，胜负实难预料。为今之计，只有一鼓作气，想方设法以野战之法在长沙国内聚歼越军主力，否则战事久拖不决，汉军取胜将极为艰难。

谋划已定，周灶便指挥汉军从临湘出发，溯湘水而上穿过桂阳，急速机动到战场。在周灶的指挥下，汉军将士奋勇拼杀，迅速击溃越军前锋，收复数县。不过数日，汉军便将战线向南推进至南越边境。

然而，汉军虽然连胜但却并未捕捉到南越主力。当汉军抵达南越边境之时，越军主力此时已经屯驻在阳山关。按照赵佗的原定计划，越军沿关口一线严密布防，并不出战。周灶虽善战，但面对以逸待劳并且据有地利的越军也不敢贸然发动攻势。于是，周灶指挥汉军在关口外构筑大营，与越军隔着关口形成相持之势。

战事进入周灶最不愿意看到的持久战阶段。要知道，此时虽然已经入秋，但南方依然湿热。作为客军的汉军在这种情况下与越军相持是极为不利的，不说长期对峙严重影响士气军心，粮秣的补给极为困难等，其最大的问题还是疫病难防。南越丛林气候湿热，汉军屯守营地周围更是山高林密，且林中多有蛇虫鼠蚁，瘴气丛生。如此恶劣的环境，一旦不慎极易感染疫病。

尽管周灶慎之又慎，但汉军中果然还是出现了疫病。月余时间，疫病便大规模扩散。在疫病的影响下，骁勇善战的数万汉军很快便丧失战斗力。而此时，对面的赵佗防备森严，越军反而士气高昂。至此，战事发展对汉军极为不利。周灶久经沙场，作战经验丰富，对敌我之利弊无不了然于胸，但面对如此困境也确实无破敌良策，故只得在阳山关下扎营屯兵，严密防御。可问题是对面的赵佗并非庸将，周灶所能想到的，赵佗不可能不知道。面对如此狡猾的强敌，周灶打得极为被动。就这样，周灶一直停留了一年多，也没有找到机会继续深入。

自高帝起兵以来，除了对上项羽，汉军一直是无往而不利，还没有过如此不利局面。便是白登之战，汉军在高帝的指挥下，也没让匈奴精骑占多少便宜。可此次征越之战尚未与越军正面对阵，汉军的数万人马就先失去进攻能力，真是国威沦丧。然而，无论怎样抱怨，仗既然打到这个地步，周灶也没有任何办法。

不过，汉军处境虽然极为不利，但越军却也未主动攻击。周灶就这样在岭南与越军对峙了一年多时间也无大战发生。直到一年多后，借着吕太后去世的机会，汉军罢兵，高后年间的这场征讨南越之战无疾而终。

也是一直到吕太后死后，趁着汉朝廷内部争权夺利的混乱之机，赵佗才强硬起来，陆续解决了周边的闽越、西瓯、骆越等部。在赵佗的兵锋之下，南越成为南方大国。不过，这要到几年以后了。

应该说对比以前汉军的战绩，此次南越之战，汉军打得并不理想。不过，聊以慰藉的是，战争仅局限于长沙国南部，对中原的社会经济破坏并不大。

第四十二章　　三赵之哀

"诸吕用事兮刘氏危，迫胁王侯兮强授我妃。我妃既妒兮诬我以恶，谗女乱国兮上曾不寤。我无忠臣兮何故弃国？自决中野兮苍天举直！于嗟不可悔兮宁蚤自财。为王而饿死兮谁者怜之！吕氏绝理兮托天报仇。"

就在匈奴人在陇西肆虐，南越在长沙纵横之时，长安城中却正在传唱着这样一首颇为怪异的歌谣。这首歌谣的创作者不是别人，正是高帝六子、惠帝的弟弟、赵王刘友。不难看出，此歌颇有讥讽诅咒吕太后之意。那么，在天子脚下为何居然流传着如此敏感的歌谣？

说起来，此事还要追溯到赵隐王如意被杀的孝惠元年。当年，赵隐王如意被杀后，赵国便空了下来。赵国为北方大藩，领邯郸、恒山、清河和河间四郡，治民百万。而且赵国乃高帝所封，故如意虽死，封国却不能轻易废除。于是，经过反复思考，吕太后当年便决定将原属高帝三子如意的赵国转封给六子刘友。如此一来，赵国仍属高帝之子，也算是不违"祖制"。

高帝六子刘友原为淮阳王，为汉十一年高帝诛杀彭越后所封。既然被改封为赵王，刘友便必须从南方搬到北方。对年幼的刘友来说，好好的从淮阳国徙封到千里之外的赵国，还要住进刚刚被杀的兄长如意的宫室，这无论如何也不是幸事。不过君命难违，即便再有不满还能公然抗命不成？聊以安慰的是赵国作为北方大国，人口和土地确实远超淮阳国。故徙封也许不算坏事。

当刘友刚刚到达赵国之时，吕太后已经将刘友的赵王后从长安送来。此赵王侯乃吕氏之女，可见"隆恩甚厚"了。

自然是"隆恩甚厚"！因为自孝惠年间到高后七年这十来年里，朝中动荡的局势并未波及赵国，刘友这个赵王当得还算安稳。然而，这些安稳只是表面的。随着孝惠皇帝驾崩，朝中的政治局势确实在一步步对刘氏不利。吕太后秉政后，先是在朝中大肆排挤异己势力，而后又逐渐破坏高帝立下的祖制，大肆分封诸吕为王侯。随着吕氏地位逐渐稳定，吕太后在高后四年更是连皇帝都废了。在吕太后大权独揽、乾纲独断的情况下，刘家的天下事实上已经摇摇欲坠。可以毫不夸张地说，至高后七年之时，朝廷除了皇帝姓刘，已经基本为吕氏控制。有道是"覆巢之下，焉有完卵"，在朝中矛盾越来越尖锐的情况下，如刘友这样的高帝之子自然难以安心守藩。

当年高帝立同姓之本意便是以藩屏汉，刘友既然身为高帝之子，只要稍有家国之心，便不可能对吕太后这位"母后"的所作所为无动于衷。虽然不敢直接起兵"行大事"，但私下的牢骚想必不会少。别的不说，对身边的这位赵王后，刘友便已有诸多不满。刘友虽然年轻但并不蠢，自然知道这位来自吕家的赵王后待在赵国的目的何在。试想，在这种朝中刘吕矛盾日益激烈的情况下，赵王、赵王后两人岂能谈得上有什么感情？既然长期同床异梦，可想而知刘友对这位来自吕家的王后必然极为排斥。可问题是既然如今吕太后在朝中大权独揽，吕家的女儿又岂是任人摆布之人？

高后七年年初，赵王后因赵王刘友宠爱姬妾而和赵王刘友的关系急剧恶化。最后，这位善妒的赵王后居然一怒之下离开赵国，跑到长安向吕太后哭诉曰："（赵王说）吕氏安得王？太后百岁后，吾必击之！"

天下是刘家的天下，吕太后倒行逆施，身为宗室藩王的刘友心存不满实属正常。不过，有些话是不能说的。赵王刘友既不像叔父楚王刘交那样历经三朝风雨而老谋深算，也不如哥哥齐王刘肥那样在藩国根深蒂固，这番"不臣"之语一旦传出去，后果不堪设想。当年，少帝就是因为说了一句要为母亲报仇的话而惨死。以吕太后的"刚毅"，连堂堂皇帝都能杀，何况手无一兵一卒的诸侯王？吕太后动楚齐两国可能还要考虑一下，而拿赵王开刀则是不费吹灰之力。

果然，赵王后回到长安不久，朝廷使者便带着宣召赵王立即入京的诏书抵达赵国。

可以想象，拿到朝廷的诏书时，刘友是何等忧虑：当年兄长如意从邯郸离开，就再也没能回来。如今吕太后一手遮天，此番前往长安必定是凶多吉少。可是吕太后有旨，不得不从。不过回过头来想想，除了发发牢骚外并无不轨之举，而且自己又不是可以威胁惠帝皇位的如意兄长，吕太后宽宏大量，应该也就只是申饬几句吧。想到这些，忐忑不安的刘友到底不敢抗旨不遵，而是带着属臣，前往长安。

赵国君臣车骑交加，很快抵达长安进入赵邸。然而刘友等来的不是朝廷诏令，而是大批披甲执戟的卫士。随后，赵王不得外出，赵国臣属不得入邸的命令立刻传来。被控制的前几日，刘友还能从门口接到赵国臣属悄悄送进来的食物，可是未过多久便听说送食之赵国臣属全部被捕入狱。如此一来，赵邸完全被隔绝。

事已至此，吕太后之意已经不言自明——分明是想效法当年赵主父之事！

赵雍（约公元前340—前295年），即赵武灵王，嬴姓赵氏，名雍，赵肃侯之子，为战国中后期赵国君主、政治家、改革家。赵武灵王二十四年（前302年）颁布命令，推行"胡服骑射"政策，改革军事装备和作战方法，赵国因而得以强盛。赵雍晚年传位于子赵惠文王，自号为"主父"。公元前295年的沙丘宫变中，赵雍被围困活活饿死于沙丘宫。

数日的时间如同数年一样漫长，断绝饮食的刘友大约只能寻地鼠充饥。可是几日后，院中不说老鼠，连能吃的草木都被吃完。看着紧闭的大门，已经饿得无力坐起的刘友对结局了然于胸。当年，一世雄主赵主父不就是饿死在深宫内的吗？十多年前三哥如意已死，自己这个赵王，也将步此后尘了吗？高帝三年灭秦五年平楚，何等英雄人物？而自己作为堂堂高帝的子孙，居然落得如此下场！

想到这里，刘友失声痛哭并发出恶毒的诅咒："诸吕用事兮刘氏危，迫胁王侯兮强授我妃。我妃既妒兮诬我以恶，谗女乱国兮上曾不寤。我无忠臣兮何故弃国？自决中野兮苍天举直！于嗟不可悔兮宁蚤自财。为王而饿死兮谁者怜之！吕氏绝理兮托天报仇！"

正月十八日的清晨，赵邸的大门终于打开。煎熬了半个月的刘友终于死了——是被活活饿死的。刘友死后，尸体被吕太后派人从赵邸中拖出，以平民礼仪草草掩埋于长安城外的平民墓地。

也许真的是上天听到了诅咒，在刘友死后不久便发生了日全食。整个长安城白天一片黑暗，伸手不见五指。见到如此不祥的异象，吕太后也颇为不安，对左右侍从说："这莫不是因为我而发生？"想不到，吕太后这等"刚毅"之人也知畏惧天谴啊！

堂堂高帝之子，朝廷的诸侯王，居然就这样被无故活活饿死！高帝的嫡亲子孙，居然被吕太后像屠狗一般杀掉。此时此刻，那些以能定刘氏之后而自诩的"忠臣"们却不知身在何处？难道这就是所谓的"忠臣"？板荡识忠臣，如今板荡了，却不知忠臣何在？

死者已矣，夫复何言？

刘友既死，赵国便又如当年如意离开一样，再次失去了赵王。不过，思维缜密的吕太后对这一切已早有通盘安排。仅在日食后几天的二月初，朝廷便发布命令：高帝五子梁王刘恢改封赵王，立即至赵就藩。

如此一调整，赵国便在最短的时间内迎来了第三位赵王。这位新赵王就藩时和前任赵王一样，亦是同时带着吕氏所嫁的女儿来到赵国。不过不一样的是，此次为了表示吕太后之"恩德"，朝廷甚至给刘恢派去了一整套行政班子，以"协助"新赵王处理赵国日常政务。

如此严密"照看"下，可想而知新赵王刘恢的生活。六月份，刘恢就国刚三个月，宠爱的美姬便被吕家的赵王后毒杀。六弟刚刚被杀，尸骨未寒，自己的美姬也被吕家人杀死，不知什么时候就要轮到他刘恢自己了！在这种巨大的精神压力下，刘恢整日郁郁寡欢。到六月末，仅当了几个月赵王的刘恢终于无法忍受恐惧而选择了自杀。

消息传至长安，吕太后"大怒"：堂堂高帝之子，却因一个妇人而抛弃社稷，此为大不孝，故削去刘恢这一脉子孙的王位继承权。

然而，天下人都知道，第三位赵王实际上也是死于吕太后之手……

三赵之哀，亦是高帝之哀！算来，高帝的八个儿子现在也没剩几个了。庶长子齐悼惠王刘肥早死，嫡长子孝惠皇帝也已驾崩，三子如意被毒死，五子刘恢自杀，六子刘友被饿死。残存于世的只有四子代王刘恒、七子淮南王刘长和幼子燕王刘建。可是不知何故，在高后七年的九月份，燕王刘建也去世了。刘建本有一个美人所生之子，按礼法可以继承王位，可这个孩子不久亦被吕太后派人杀死，于是燕国绝嗣被除。

如此，高帝八子中，唯有影响力最大、最年长的二十出头的四子代王刘恒还能对吕氏有一定"威胁"。于是，就在刘恢死后不久，朝中便传出吕太后有意改封代王刘恒为赵王的消息。

果不其然，刘恢死后刚一个月，朝廷使节便带着封刘恒为赵王的命令来到代国。如此局势，只怕代王刘恒一旦接诏，早晚也要如兄弟一般受此"一刀"。所以，当朝廷使节至中都，代国朝堂顿时哗然。要知道，封在赵国的除首任赵王张耳善终外，其他的赵王没一个有好下场。第二任赵王张敖被废为宣平侯，死于高后六年。接着，赵隐王如意年少被杀，赵幽王刘友被活活饿死，刘恢受不了压力而自杀。兄弟三个为赵王，无一善终。明眼人都知道这赵国简直就是宗室眼中的催命符，谁还敢去？于是，刘恒和代国诸臣商议后便以"愿守代边"为由而拒绝徙封至赵。

出乎意料的是，代王刘恒辞封赵王之书送至长安时，竟被默许。

以吕太后之威势，为何此次如此轻易便放弃追究？是代王刘恒一直小心谨慎低调做人，并无如刘友、刘恢那样的"大错"，抑或是吕太后被代王之忠而感动？

其实，只要是聪明人便不难看出吕太后之所以同意代王刘恒不徙封，实在是确实不敢再轻举妄动。要知道，诛杀藩王本来就是极为凶险之举，何况还是连续诛杀数人？如果逼之过甚，难保这些藩王不会反噬，甚至只怕此时齐楚吴诸国已经在厉兵秣马。而且，半年内连续诛杀两位藩王，即便朝中迫于吕太后的压力不敢反对，也难保天下悠悠之口不议论。

而且从藩国实力看，吕太后也不得不小心对待。代国在藩国之中实力虽然不算最强，但由于地处北方边境，代军战斗力却极强，当年陈豨的数万代兵搅得整个河北大乱便是前例。而且，刘恒就藩多年，人脉甚广，甚至据传代地士民"咸归"。代王刘恒既然能保北方免于匈奴侵扰，自然也能在不得已之时以代军"举大事"。有此实力，刘恒才敢辞去赵王之封。吕太后若真执意拿掉代王，还要回顾一下当年声势浩大的陈豨之叛！这就是代王刘恒与刘友、刘恢两人的根本不同之处。不过，代王虽无事，但少帝被废杀、藩王被逼杀，高帝的儿子只剩下两人残活于世却是事实。

该杀的杀，改封的封。陆续诛杀几个同姓藩王后，吕氏又进行了大规模诸侯改封。刘友死后，原梁王刘恢被改封为赵王。这样一来，梁国便空下来了。要知道，当年彭越留下来的梁国所辖的砀、东等郡都是天下有名的美郡。梁国虽不如齐国，但也是天下殷富大藩。而且，梁国是连接朝廷直领的河南郡和齐楚赵关东三大强藩的枢纽，是保证河洛安全的第一线。如此要地，自当收归吕家。于是吕太后做出决定，将梁国转封给吕王吕产。

吕国是吕氏子侄的第一个也是唯一一个直领封国，初封者为吕泽之子吕台。吕台死后，吕台嫡长子吕嘉继承吕王之位，是为第二任吕王。可吕嘉行为不检，因此在高后六年即被废除。此后，吕王王位便由吕嘉的叔叔吕产继任。此次改封，吕产便以吕王徙封到梁国。不过，一旦吕台徙封至梁，便必须前往砀郡睢阳就封。可如今吕氏诸位子侄能力不强，且吕太后已经年迈，一旦能力比较强的吕产就藩，难免会出现朝中无人的尴尬局面。于是在吕王转封梁王诏书下达的同时，吕产被拜为太傅的诏书也同时下达。

吕太后此举是仿效周公旦辅佐周成王之事：当年周公旦受封少昊之墟的同时又有辅政重任，故不能就国，因此周室便以周公旦的长子伯禽前往鲁国就封。有周公旦之事在前，身为藩王的吕产便可以不就国，名正言顺地留在朝中协助吕太后掌控朝政。

吕产转封的话，吕国便空了下来。吕国，即济南郡，原为齐国支郡，而且是齐国比较富庶的大郡。吕氏转封，也不可能将吕国交还刘肥一系的齐国。权衡之后，吕太后将原吕国改名为济川国，封给了皇子平昌侯刘太。不过，刘太年幼并不就国，所以济南之治权仍为朝廷直接领有。同时，鉴于代王刘恒不接受改封，于是在吕产和丞相陈平的建议下，吕太后便将赵国转封给了吕禄。随后，吕太后又追尊吕禄的父亲、建成侯吕释之为赵昭王。几个月后，到高后八年的新年时，吕太后又立前吕王吕嘉之弟吕通为燕王，并以其弟吕庄接任为东平侯。

如此，吕家便控制了两个一等藩国加一个二等单郡封国。在这次大规模改封中，凭借吕太后的威势，吕家再度大获全胜。

第四十三章　　鬼使神差

　　谁也想不到，"刚毅"的吕太后居然敢冒天下之大不韪一年之内连续"诛杀"刘氏三王！如此残暴之举，引得天下宗室一片恐慌。

　　说起来，从高后四年废杀少帝到高后七年废杀赵王的种种举措来看，吕太后在朝政上的所作所为均比秉政之初激烈得多，完全没了当初和朝臣们通过来回博弈、小心翼翼维持平衡和"祖制"以攫取利益的耐心，更多的是直接以粗暴的杀戮手段消灭异己。这种变化固然有地位已经稳定，朝廷已经完全被吕太后掌控的原因，但最根本的只怕还是与吕太后本人身体状况的恶化有很大关系。

　　吕太后今年已经五十多岁，秉政也已有十五年之久。国事如此繁艰，在日夜操劳之下，吕太后的身体已经大不如前。而熟悉政治斗争血腥的吕太后必然清楚，她本人就是吕氏家族的顶梁柱，一旦不幸而"大行"，家族子侄必然面临宗室和功臣的反扑。坐在这个位置上，吕太后自己甚至不敢轻易后退一步，否则便是身死族灭的下场。为了给吕氏家族铺平道路，吕太后也不可能不考虑身后之事。大肆废杀刘氏，是不得已的手段。

　　可是，如此疯狂杀戮的后果是严重的。破坏高帝"非刘不王"的祖制也就算了，如今更是行废帝杀王之举。这要不是想"变天"，说出去会有谁信？然而，在一片腥风血雨中，有一位刘氏宗亲不但没有遭到打击还被封王爵，真可谓是天下奇事。说起来，此人也是熟人——营陵侯刘泽。

　　刘泽是高帝的远房兄弟，也是刘家中少有的将军。汉十一年的平叛之战中，刘泽随猛将棘蒲侯柴武领军征讨韩王信。在决定性的参合之战中，刘泽领军突击敌阵大破叛军，生擒闻名天下的叛军大将王黄。因此功，刘

194

泽在战后被高帝封为营陵侯。

几年后，高帝驾崩，刘泽被拜为卫尉，和老将郦商一起负责诸宫之警卫。卫尉，是二千石的列卿，也是两万护卫皇帝的南军卫士的最高指挥官，位高权重，可见朝廷对其之看重。自高帝崩逝，刘泽在卫尉任上十多年，再迁大将军。可见，无论是高帝、惠帝还是吕太后，对刘泽都是极为信任。不过朝中均知，刘泽之所以能够长期担任卫尉并迁大将军，除了本人确具统兵才能之外，与其特殊身份不无关系。要知道，刘泽之妻不是别人，正是舞阳侯樊哙和吕太后之妹吕媭的女儿。所以，刘泽与其岳父舞阳侯樊哙极为相似，均属具有双重身份的人。

当然，在有此身份的同时，刘泽为人也是既老实又圆滑，在大事上从不触及吕氏的利益。正因如此，刘泽才能在惠高时代凭借刘姓宗室的身份、早年便领兵征战的极深资历、为卫尉数十年的强大能力，在数次血腥的政治风波中一直安然无恙，稳如泰山，甚至还步步高升。不过，随着时间进入高后六年，这种"稳"看起来也越来越不牢靠。前有皇帝被废杀，后有赵王刘友被诛，再有赵王刘恢"自杀"等大事接连发生，也许在不久后便会又有刘氏彻侯被杀。在这样越来越紧张的局势下，素来沉稳的刘泽终于也坐不住了。

刘泽的担心，并非是杞人忧天。要知道，虽然早在孝惠七年时，吕太后即已命吕产、吕禄兄弟节度南北军，但二人今既为藩王，又身兼数职，当然不可能像以往那样每日住进军营，直接掌控军队。实际上，南北二军的实际指挥权还是在负有诸宫警卫之重大任务的卫尉手中。吕氏若想保证权力稳定，必先保证军权稳定，而欲军权稳定则必保证对卫尉这一要职的控制。如此重要的位置，必然要掌握在吕氏手中才能让吕太后放心。正因如此，当时朝中颇有风传，吕太后欲以吕更始为卫尉，以取代刘泽。

可想而知，在如此敏感时刻，身处中枢的刘泽是何等的担忧和恐惧。从卫尉任上罢免倒是小事，就怕吕太后要斩草除根！

思来想去，也只有未雨绸缪才是良策。于是在高后六年的年初，刘泽便派人向朋友们通气，让他们不要再和自己来往，以免无故受牵连白白丢了性命。安排好后，刘泽又特意派人去了一趟齐国，去叮嘱一个极为重要的故交——齐人田子春。

齐鲁为孔子的故乡。汉立国未久，战国纵横游学的遗风也较浓，故常有齐鲁儒生以纵横策论而奔走四方者。齐人田子春，便是类似于同乡叔孙通或者刘敬之类的四处游走、有战国策士之风的儒士。

高后五年年初，田子春曾至长安游学。大概是游学时间过长，田子春盘缠用尽。当听闻营陵侯刘泽乐善好施后，田子春便前往求助。不过，在常人看来这种"求助"是毫无希望的。为何？盖因刘泽不但是宗亲，还是朝廷二千石的卫尉，事务繁杂，岂会平白无故去见庶民黔首？可谁知在田子春求见时，刘泽不但没有丝毫架子，甚至亲自接见并给予极高的礼遇。不但如此，在一番长谈后，刘泽对田子春之才佩服得五体投地，甚至立赠二百金为寿。

要知道，二百金可不是小数目。高帝的重要谋士、大学者陆贾九死一生出使南越所得赵佗赠予的所有财物也就千金。陆贾死前，给五个儿子每人分了二百金作为儿子们的全部家产。一般来讲，一户中产之家也不过区区十金而已。可见，这二百金着实是一笔巨款。仅见一面，便赠如此重金，看来刘泽为人确实慷慨，颇有任侠之气。

汉承战国游侠之风，讲究有恩必报。受金之后，田子春虽然不说话，但也视刘泽如主君。不过严格说起来，除了赠与重金，两人倒也不算深交。可在危急时刻，刘泽居然还能记得仅有一面之缘的儒生的安危，这就相当有心了。可想而知，当看到刘泽的使者来告诫"弗与矣"时，田子春是何等的感动。受君之恩，自当结草而报。

以田子春之才，不可能不知道此时刘泽面临的危险。思索一番后，田子春依然决定前往长安，凭借自己的纵横之才消弭这场危机，帮助刘泽逃过此劫。于是在高后七年年初，田子春带着儿子们再次来到长安。

田子春此时为一介白身，欲影响朝政绝对不可能。其实，从目前朝中各派的情况看，能够影响吕太后决策的除了吕家子侄外只有两人，一个是左相审食其，一个是大谒者张泽。审食其是高帝元老功臣，不易结交。而张泽则是孝惠朝以后的新贵，关键是因其为宦官，在朝中并无根基作为依靠，所以不难结交。而且自孝惠以来，张泽是推动吕氏掌权的重要人物，深受吕太后信任。如果能结交到这个大谒者张泽，大事可为。

于是，经过权衡，田子春选择了以结交大谒者张泽作为突破口。为了得到这位大谒者的认可，田子春不但备下重金，而且让儿子入张家侍奉张泽。大概过了几个月，田子春之子算是赢得了张泽的信任。见时机成熟，田子春便邀请张泽到家中宴饮。在田子春的精心设计下，这次宴饮的排场相当隆重，甚至比得上彻侯的标准，令其大为感动。

丝竹不断，觥筹交错，宾主尽欢。待酒兴正浓时，田子春屏退左右，悄悄凑过来。

"张公，仆臣有句话，不知当讲不当讲。吕太后佐高帝平天下，功莫大焉，当封诸吕为王。如今这朝中，吕太后可谓吕氏之柱。不过，吕太后年事已高，诸吕子侄并无威望。听说前日吕太后有意立吕产为吕王，朝堂诸公却多有私语微词。君臣不合，恐非久安之道啊！素闻张公为吕太后肱股之臣，又为公卿敬畏，为何不借机调和君臣，促成此事呢？若做成此事，吕太后必不吝啬裂土封侯之赏！否则身为内臣而不能分君忧，祸事不远矣。"

田子春的话并非危言耸听。和"砀泗元从集团"的元老们不同，身为内侍宦官的张泽在朝中并没有可以依靠的力量。实际上，张泽是吕太后的近臣，其利益已经和吕家完全连在一起。可以想象，一旦吕太后倒台，作为吕氏爪牙的张泽必然会受到功臣和宗室的清算。说到底，只有吕氏稳定了，张泽才能安享富贵。因此，看着缓缓捻须微笑的田子春，张泽端酒呆立甚久，然后突然如同醍醐灌顶一般心如明镜。于是，张泽立刻站起来向田子春拱手口称大善。

从田子春处出来后，张泽在数日后的朝会时果然推动了吕产受封吕王，吕氏封王之事完美解决。事后，吕太后对这位能干的近臣张泽极为赞赏，特赐其千金为赏。

这田生，真是个神人！数日后，兴高采烈的张泽带着五百金再次来到田家以表示感谢。不过，田子春并未受金，而是再一次对张泽授计："张公，吕产虽被封王，但公卿们想必有人不服。为今之计，张公当推动一位宗室封王以拉拢宗室。营陵侯刘泽为刘氏宗亲，且为朝中将军，对此事颇有怨恨。若能以刘泽为王，遣其就藩，吕氏便可安掌大权，朝中才能够稳定。"

张泽对田子春的睿智已经佩服得五体投地，听闻此计不疑有他，立即入宫向吕太后进言封刘泽为王。其实，就如田子春所说，刘泽这个人威望甚高，且久掌卫尉兵权，留在身边确实不大放心。而且，吕太后刚刚下狠手杀了刘友、刘恢，已经引得天下议论纷纷，此时若再对刘泽动手实在说不过去，在舆论上也不好交代。将刘泽封王，便可将他打发到地方，少了一个大麻烦。乍一想，吕太后也认为这是个好方法。于是，吕太后便分齐之琅邪郡置琅邪国，并将此国封给刘泽，命其就藩。

第四十三章 鬼使神差

当朝会上封王诏书下达时，对一切毫不知情的刘泽大吃一惊，根本不明白是怎么回事。待散朝回府看到田子春笑吟吟站在门口迎接时，刘泽才明白事情的来龙去脉。谁能想到，每日上朝如上修罗场一般在生死间来回游荡，今日不但安然无恙，居然还能讨得裂土封王之赏，天下之事，还真有如此稀奇的。刘泽长叹一声，顿觉千言万语却无话可说，只得对田子春拱拱手表示感激。

"恭贺君侯，恭贺大王！"田子春也拱手回礼，随后快步悄悄凑上前来，低声道："大王，此等巧计可一不可再。以吕太后之精明，难保不会看出端倪。以吾思之，大王当速速离京就藩，以免夜长梦多。"

正如田子春所说，如今这长安为是非之地，多留一天便多一分危险。于是，刘泽带着田子春一家以最快的速度离开长安。一路车骑交加风烟滚滚，两日不到便驰出函谷关。

还真如田子春所料，两人刚出函谷关，吕太后的使节便抵达关城。不过因事出仓促，吕太后的使节匆忙出宫，并未带上出关符节。现在天色已晚，关城已闭，也只能眼睁睁看着刘泽一行从容而去。

谁也想不到，事情的发展居然以如此戏剧性的结局收场。

此事传扬出去，也是徒遭天下人耻笑了：朝廷居然如此视封王如儿戏，刚封两日便反悔。不过，大约也正是吕太后事后反复思虑，才想通其中关节吧。

实际上，在田子春三寸不烂之舌的忽悠下，吕太后确实失算。将手握军权的刘泽放在身边，给人的第一感觉确实是有些不放心。可是反过来看，不也便于控制吗？再能打的将军，朝廷一纸令下将其罢免，他还能违令不成？而且没有虎符，这个将军还不如一个长乐宫内执戟卫士。可是一旦刘泽前往封国，便等于纵虎归山，要控制起来就难了。不过话又说回来，吕太后也不算空手无得，毕竟分齐国置琅邪国，再一次削弱了齐国的力量。可是，放虎归山总归失策。

然而，总不能刚刚下达封王诏书就反悔，再发一道诏书废了刘泽的王爵？如此作为，朝廷威信何在？

第四十四章　　宴无好宴

将刘泽这个潜在的威胁封出去，虽说失策，但也不必多虑。一个单郡的二流封国，只要严密控制，想来也掀不起多大风浪。朝政还是要继续，日子还是要过。

于是，在刘泽就国数日后，吕太后抛开这些令人烦恼的朝堂争斗，打算在宫中组织一次酒宴。从高后七年年初开始，吕太后便已经觉得精力大不如前。而国事纷繁，吕太后也确实难有与子侄们共享天伦的时间。借着酒宴，吕太后打算将吕家的子侄全部聚到宫中，也算是举族尽欢。当然，既然是家宴，除了吕氏的子侄，在宫中当值的宗室如刘章等人也被召来，入宫共饮。

在宗室中，朱虚侯刘章虽然年轻，但也算小有名气了。

当年刘章入京时，刚刚十六岁，正值嫁娶之年。对这个聪明而材武的孙子，吕太后颇为看重，特意赐婚吕禄之女。吕禄是吕释之的小儿子，也就是吕太后的亲侄子。如此算来，刘章夫妻二人的辈分相称，不像当年惠帝和张皇后那般尴尬。而且亲上加亲，也算是"缓和"一下宗室和外戚之间日渐尖锐的矛盾。

不过，这场婚姻并不简单。吕氏女并不好娶，此事朝野尽知。刘友和刘恢两人娶了吕氏女，结果落得身死国灭的下场。刘章虽然年轻但并不蠢，对这位皇祖母的心思大约也略知一二。不说赐婚，便是入宫宿卫之事也值得深思：刘章的三弟刘兴居被封为东牟侯后，同样被召入长安宿卫宫中。除了齐王系的兄弟二人，楚王刘交之子刘郢客也在朝中。未央、长乐两宫的卫士训练有素、装备精良、戒备严密，岂会真的需要刘章兄弟为宿卫？若说吕太后因看重刘章而召入长安，那为何又无缘无故将刚成年不久的刘兴居召入长安？还不是明为宿卫，暗为质子！要知道，刘章的父亲悼惠王刘肥死得早，除了长子刘襄和次子刘章，剩下的几个儿子都十分年幼。如今吕太后将刘章和刘兴居召入宫中，就逼得刘章的兄长刘襄不敢乱动，否则整个齐国这一支必然是被连根拔起的下场。齐王一家如此，刘郢客同样如此。试想吕太后连皇帝和藩王都敢杀，要真是鱼死网破之时，又怎会在乎几个小小的彻侯？

既然入宫宿卫为吕太后制约藩臣之计，那稍有头脑的便不难理解刘章的处境：必须保持低调，且时时小心谨慎，以免招来杀身之祸。

按照布置，酒宴正常进行。如今大汉立国已有二十余年，承高帝之基业，国泰民安。前有太傅叔孙通制定各项礼制，后有计相张苍定章程，如今朝廷的各项制度已经极为完备，故虽是寻常宴饮，但看着高高在上的吕太后神情肃穆，也无人敢放浪形骸。于是，在周围内侍的安排下，众人无不小步前趋，分主宾坐定。

酒宴开始，吕太后微笑开口：“在座的都是自家人，今日乃是家宴，不必拘束。朱虚侯，你刚刚加冠，都说你英武有才略。我看，就由朱虚侯你来当酒吏吧！今日有饮酒不得兴者，朱虚侯可不能放过啊！”

贵族宴饮，都有酒吏负责监酒，可以监督饮酒不尽兴的宾客。刘章既为酒吏，便可执剑在侧，以示威仪。所以，当吕太后提出让刘章为酒吏后，刘章就按剑答曰：“吾乃将门之后，吾为酒吏，自当以军法监酒。”不过，说是“军法监酒”，但酒宴毕竟不是战场，执剑只是一种礼仪，而不是真的杀人。于是，吕太后微笑点头，表示同意。

伴随着殿中美人曼妙的舞姿和悦耳的丝竹之声，酒宴的气氛逐渐热烈起来。近几年来国事繁杂，吕太后也难得如此高兴，所以酒酣之际，诸人也都慢慢放开了。

可是，看到在座的吕氏子侄觥筹交错，热闹非凡，再环顾陪同的刘姓宗室无一不是战战兢兢小心应付时，执剑在侧的刘章心中大忿：吕氏窃据刘氏社稷，果真视刘氏无人邪？思及此处，刘章突然开口请求吟唱一首《耕田歌》以祝酒兴。

见到这个刚刚加冠少年昂首说话的样子，吕太后笑答：“你父亲还差不多，朱虚侯你生来就是王子，怎会唱什么耕田歌！”不过，刘章还是坚持吟唱，其辞曰：“深耕播种，株距要疏。不是同种，挥锄铲除！”这首歌谣很浅显，意思是刘家和你们吕家不是一回事，要分清楚。不是同类的一定要坚决铲除，就像区分禾苗和杂草一样。吕太后当然知道刘章的话所指何意，所以听到这段歌词后"默然"，一场酒宴搞得颇为尴尬。

事情还没完。当刘章唱完歌后，大家又继续喝酒。片刻后，参加宴席的吕家子侄中有一人醉酒，于是避席离去。可是酒宴还未结束，不行通告而离去是很不礼貌的。想当年鸿门宴，高帝不告而离席，心感不安故在出营后还不停对张良说"为之奈何"。以高帝那样"洒脱"的性格尚且知道不告而离席的无礼，更何况如今皇宫之中的皇家酒宴。所以，看到这个人不告离席，刘章立即站起追上。

谁知追上后，刘章突然利剑出鞘，当着吕太后的面一剑将此人捅死于殿中！

接着，刘章回过头来收剑入鞘，对吕太后道："有一人逃酒而走，臣已按军法处斩！"此时，在座的吕氏子侄们端着酒愕然看着刘章，甚至还没反应过来到底发生了何事。可利剑出鞘，血溅五步，整个言笑晏晏的酒宴突然就变成了杀戮诸吕的血腥修罗场！本以为刘章只是说说就算了，谁知道在吕太后面前，他还真敢暴起杀人！要知道，当年少帝只因说了一句"我成人之后，就要复仇"便被废杀，刘友更是发发牢骚便被活活饿死，这刘章居然在吕太后面前杀人？！

刘章的所作所为，实在是超出了所有人可以理解的范围。

可关键是人杀了，刘章还没事。吕太后不但当时没拿他怎么样，连秋后算账的打算都没有。以吕太后"刚毅"的性格，这是根本无法理解的。虽说确实"业已许其军法，无以罪也"，既已同意他以军法监酒，事后吕太后又岂能出尔反尔，食言而肥以贻笑天下？不过细细想来，在政治斗争中手段极为老辣的吕太后如此谨慎也不是没有道理。

刘章和刘友不同。刘友虽为藩王，但却是骤迁至赵国，在赵国没有任何根基，朝廷一道诏书，即可擒拿处置。刘章可不一样，他的身后有齐王刘襄为依靠。刘肥一系在齐国经营两代，根深蒂固，势力强大。虽说藩国兵权在国相控制之下，但难保刘襄不铤而走险。一旦刘襄夺取兵权，后果不堪设想。到时十几万齐军破关而入，早已心存异志的宗室必然闻风响应。真到那时，那就是社稷倾覆的下场。

刀可以动，可吕太后作为一个成熟的政治家，不会草率动刀。

但无论吕太后如何思虑，此事影响极大，特别是对朝廷大臣来说，更是无比震动。谁又能想到，一场酒宴就将吕氏的色厉内荏暴露无遗？刘章既然敢拔剑杀吕氏子侄，那自然也敢拔剑杀大臣。吕太后虽然强横，但身体已经远不如十年前初掌大政时。说句诛心的话，吕太后还不知道能活几天。一旦吕太后归天，依附吕氏者必遭血腥清洗。为身后富贵计，投靠吕氏者是不是要谋划退路？

如今在世的刘氏宗族中，刘交、刘泽是辈分最高的。刘章作为刘氏的第三代，在宗室中辈分是比较低的。所以按理说，只有二十岁的刘章是不可能彻底影响朝廷力量对比的。可是，这件事却多少让人看到了情况有变。以刘章表现出的强势，是不是可以考虑暂且暗中转投宗室？毕竟，刘章在杀人之后能安然无恙，绝非偶然。

一场酒宴在不声不响中改变了朝廷的政治力量对比。也许，这第一个被杀的吕家子侄就正式宣告了吕氏无可挽回的衰落。

第四十五章　　深谋远虑

高后七年八月份，就在刘章暴起杀人后不久，一个离开朝堂已久的人悄悄回到长安。此人便是高帝的杰出谋士——太中大夫陆贾。

当年高帝之时，陆贾曾奉诏出使南越。凭借过人的胆识，陆贾以一己之力将拥兵十余万的南越王赵佗说服称臣。非但口才极佳，在治国上，陆贾也有超出常人的眼光。当初，陆贾以讲述历代兴亡之事的《新语》进呈高帝，以至于向来不太喜欢读书的高帝也未尝不称善。在整个高帝时代，如将张良、陈平列为第一流的谋士，则陆贾和刘敬毫无疑问可以列为第二列。不过由于张良早早退出政治，陈平又"居心叵测"，高帝在治国上可以咨询的人其实并不多，所以以"举足轻重"来形容陆贾似乎并不为过。

陆贾并非庸碌无为之辈，亦非空逐富贵之徒，而是有政治抱负和思想的人。所以，与同为高帝谋士的太傅叔孙通相比，陆贾还有起码的原则。屈从主上喜好而改变自己意志的事情，陆贾自然是不屑去做的，否则也不会当着高帝的驳斥"居马上得之，宁可以马上治之乎"。同样，陆贾和喜好黄老之术的陈平也不同。陈平虽喜好黄老，但为了谋取个人利益，已经逐渐向纯粹阴谋家发展。如此图小利而忘大节之举，陆贾自然也是不会去做的。其实从当年呈《新语》给高帝之举便不难看出，陆贾正是欲效法先贤那样辅佐高帝建立一番功业。对富贵荣华，陆贾则并不执着。

几百年前，孔子所以退而著《春秋》，正是因"周道衰废，诸侯害之，大夫壅之。言之不用，道之不行。"而今既有高帝开大汉天下，故当佐明君而立万世之基业，这就是陆贾的孜孜追求的治国理想。也唯有如此，才能建不朽功业。

如果高帝能多活几年，陆贾的谋略之才必将大放光彩。可天有不测风云，高帝死后，吕太后临朝称制，朝中局势大变。在整个惠高的十五年间，吕太后不断干涉朝政，这几年更是有废立皇帝、诛杀藩王等在人臣理解范围之外的僭越之举。而凡此种种有悖君臣人伦大道的举动，根本不是深受圣人教诲的陆贾所能接受的。

陆贾也不可能为了屈从吕氏而放弃原则。

而且，即便凭借高超的口才在朝廷上驳倒了吕太后，又有何用？要知道，陆贾和"砀泗元从集团"的功臣们大不相同。以王陵的威望和军功，即便得罪了吕太后，除了明升暗降，吕太后也不会轻易拿王陵如何。可是，陆贾身为一介书生，既非军功重臣，亦非外戚集团，一旦违逆吕太后，说不定就是身死族灭。与吕太后做毫无意义的强硬对抗，是为不智。孔子既然说"危邦不入，乱邦不居"，那在这个多事之秋中称病隐居在家，便成了陆贾保护自己的唯一手段。

孔子又说："天下有道则现，无道则隐。"孟子则说："穷则独善其身，达则兼济天下。"离开长安仿效伯夷、叔齐退隐而"独善其身"也未尝不是一件好事。于是在十余年中，陆贾便隐居于好畤乡下，不再过问朝政。

陆贾不但本人不问朝政，也要求五个儿子不得在朝中为官。对这几个儿子，陆贾可谓是颇费苦心。据说陆贾归隐时，将出使南越所积累的千金家产分成五份，分给儿子们。分完家产后，性格诙谐的陆贾对儿子们说道："老夫和你们约定好：出游经过你们家时，可要让老夫吃饱喝足。老夫也不和你们啰嗦，十日换一家，死于谁家，车马宝剑就归谁所有。除了你们，老夫还有不少好友。算起来，老夫一年在你们家也不过三次，尔等也不必厌烦。"这并非戏谑之言，事实上陆贾回乡后真的像自己说的那样不问世事，而仅每日执剑交游。

于是，在朝中因你来我往的钩心斗角而掀起腥风血雨时，陆贾则在好畤乡下逍遥自在，颇有高帝时代的四皓之风。不过树欲静而风不止，朝廷斗争越来越激烈，这种情况下完全离开政治是不可能的。

事实上，在这几年的交游中，陆贾也并非完全不关注朝政。正在陆贾在乡下优哉游哉之时，朱虚侯刘章在酒宴中暴起杀人的消息传出。刘章在此次宴会上的强势以及吕太后表现出来的退让异乎寻常。吕太后退让，说明对能不能掌控藩国心存疑虑，因此不敢和藩国直接对抗。再联系吕太后近年身体状况持续恶化，睿智的陆贾立即意识到，长安即将迎来大变。于是，借着长安政局的变动之机，陆贾毅然决定结束长达近十年的交游生活，立即前往长安，尽快占据主动地位。

回到长安后，陆贾第一个决定要见的人即为当年的老朋友、当朝右相曲逆侯陈平。

急见陈平，是形势使然。要知道，此时朝中的力量可以分为三派：以吕产、吕禄为代表的吕氏外戚集团，以刘章、刘兴居为代表的宗室集团以及以陈平、周勃为代表的功臣集团。在吕太后的压制下，三派虽然没有大规模冲突，但矛盾仍然尖锐。其中，宗室和外戚势成水火，已经不可能和解。欲倒吕，则必以宗室为之。然而，强大的宗室藩王均远在封国，且受到朝廷任命的二千石国相严密监管，短时间内难以有所作为。在长安以刘章为代表的宗室既无兵权亦无政权，难以有大用。因此，欲倒吕只能将宗室和功臣联合起来。

不过，功臣集团却比较特殊。功臣集团中一部分人投靠吕太后，一部分人则像陆贾那样归隐，而大部分人则是只知保住手中蝇头小利而不知大义的墙头草。如果倒吕，不说将功臣全部拉过来组成倒吕集团，但至少也要控制住功臣中政治影响力最大的几个人。如此一来，陈平这个右相和周勃这个太尉便成了重中之重。

可问题是，陈平此人早在高帝驾崩后便已投靠吕氏，数年来一直是吕氏的得力干将。从诸吕封王到废杀少帝，陈平这位右相一直是积极推动者，此事天下皆知。虽然陈平不断宣称说什么诸吕擅权，危刘氏，自己是如何力不能争，唯有"恐祸及己，常燕居深念"；又说什么"吕太后立诸吕为王"，自己伪听之之类的话极力将其粉饰为刘氏忠臣，可这并不能改变陈平在这十多年里是吕太后铁杆爪牙的事实。实际上，如果陈平真的心存二志，吕太后是绝不可能让他在右相任上数年之久。可见，陈平属于吕氏一党毫无问题。既然如此，陆贾为何还是决定去见陈平？

陆贾之所以如此坚决，盖因对这位陈平的为人极为了解之故。想当年，陈平在河内从汉，便是抛弃了重用他的项羽。高帝驾崩后，陈平又立即投靠吕氏，由此才得迁郎中令，成了吕氏的爪牙。当年，砀泗老臣如周勃和灌婴等人骂陈平人品低劣，并非无中生有。凡此种种，均可看出陈平并不是什么忠贞不贰的君子，而是一切唯利益至上的圆滑小人。小人之道就是得利则合，无利则分！只要有利益，以陈平倒吕绝非难事。

陈平之所以能在这十多年里稳坐右相并安享富贵，所依靠的就是吕太后。可是吕太后如今身体状况不断恶化，不知能活几天。一旦吕太后归天，陈平将何去何从？作为亲吕的代表人物，宗室岂会轻易放过陈平？到时候，轻者丢官，重者举族尽灭。故而，此时此刻，也容不得陈平再做吕氏的"忠臣"。由此可见，陈平从挺吕到倒吕，已经是大势使然。素有机变之才且对陈平这位老朋友极为了解的陆贾深知只需抓住大势，便可令吕氏爪牙之臣的陈平转变成维护大汉、再造刘氏天下的忠臣！

正因对此大势早有考量，故陆贾一入长安便立即前往陈平府中。

未及通传，陆贾直入内室。陆贾十年不见人，突然来访连素以急智而称的陈平也颇感意外。两人见面后，对朝政进行了一番交谈。在朝廷的右相陈平面前，胸有成竹的陆贾轻捻须微笑道："观陈公之面，似颇为忧虑。然公已为丞相，且坐拥食邑三万户，位极人臣，富贵岂有忧邪？如今吕太后身体大不如前，一旦吕太后百年，诸吕乱政，该当如何？以我度之，公所思者当在于此！"

听闻陆贾一针见血看穿朝政，陈平大为惊讶，立即问计："然！为之奈何？"

"天下安，则相为重；天下乱，则统兵大将为重。将相和睦，则天下士民归附。天下归心，则社稷安定。当今天下之势，俱在陈公、太尉囊中。仆常与太尉谈论此事，但太尉未有深思。陈公为右相，且素善太尉，何不结交太尉以备万全？"

陆贾眼光深远，对大势虽有把握，但并不"迷信"，深知政变绝非容易之事，特别是如今吕太后尚在之时。政变成功的关键在于能不能控制兵权，特别是长安的南北军。周勃虽被架空，但毕竟是名义上掌管武事的太尉，而且是高帝时代的军功元老，在军中颇有威望。如果能够联合周勃将大大提高夺取军权的可能性。而且和陈平一样，周勃在政治上比较现实，如果能够晓以利害，绝对可以争取。

随后，按照陆贾的建议，两人分头行动：陈平立即前往联络周勃，而陆贾则以陈平所赠之车马、奴婢和财物在朝中拉拢中间派，壮大倒吕的力量。

陈平趋利之心甚重，在陆贾陈明利害后，其行动确实高效而积极。在和陆贾密谋后，陈平拉拢了一大批朝臣，形成了规模不小的"倒吕派"。除朱虚侯刘章外，在"砀泗元从集团"的元老功臣中则有灌婴，此外还有一些后辈，如曹参之子平阳侯曹窋、曲周侯郦商之子郦寄、典客刘揭和襄平侯纪通等。

这些人秘密团结在陈平的周围，静静地等待着时机。时机一到，这些人将会爆发出强大的力量，一手再造大汉社稷！

以上就是陆贾和陈平的密谋。有意思的是，如此重大密谋并非记载在陈平传里，而是在陆贾的传中。而且在陆贾的传中，陈平的形象比本传高大多了：当年长驱两千里，从平燕前线跑到长安，向吕太后表示效忠的陈平，如今又摇身一变，成了为刘氏社稷殚精竭虑呕心沥血的大汉忠臣。

也许是陈平后来成为诛杀诸吕、匡扶汉室的大功臣，所以史书才进行了一些"修饰"和"润色"。可是，不管怎么改，在字里行间的一些蛛丝马迹中，还是能够看出陈平并非纯臣。事实上，陈平临死前和自己的子孙们都说："我多阴谋，是道家之所禁。吾世即废，亦已矣，终不能复起，以吾多阴祸也！"有道是"人之将死，其言也善"，看来陈平也知畏天！

第四十六章　　阴云密布

　　高后八年三月，春日暖暖，草长莺飞，一支仪仗规模浩大的车骑队伍驶出长安城北之洛城门——这是吕太后前往长安郊外的渭水河滨主持祓禊。

　　所谓祓禊，是自上古以来流传下来的一项祛灾求福仪式，早在周时便已十分流行，《周礼》上说的"女巫掌岁时祓除衅浴"就是祓禊，其具体做法是在三月份上旬巳日时结伴前往河边洗濯去垢，以互相祈福。可见，春暖花开时节的祓禊对于在压抑的政治氛围下久居长安深宫的吕氏子弟们来说，也是难得的一次游春盛会。不过，这对吕太后来说就不容易了。要知道，从长乐宫到北边的渭水来回五十多里，即便有车驾相随，对于年老体衰的吕太后来说，这一路也不算轻松。

　　国事繁艰日夜操劳，吕太后的身体已经明显大不如前。按理说，祓禊用不着吕太后亲自主持。不过，带着对身后未知的期望，吕太后还是坚持亲自主持，希望能够给吕家的后辈子侄们带来一丝福运，好让他们能在将来免于刀兵之祸。

　　吕太后佐高帝定天下，后又执掌大权十五年，眼光长远，此时恐怕也是心中放不下。祓禊将未来寄托在祈祷之上过于虚无缥缈，除了一丝心理安慰，似乎是不大可靠的：朝中那些个公卿，都是追随高帝打天下的功臣，无一是易与之辈！宗室们也不简单，特别是那桀骜不驯的刘章。现慑于最高权力的威势，彼辈或许不敢造次，但是这些居心叵测之辈绝不会善罢甘休。可是，周吕侯和建成侯死得早，吕氏的后辈子侄中并无杰出人物。以吕家后辈子侄们的能力，能否顶得住宗室和朝臣们的反扑？看着在渭水边嬉戏的后辈，吕太后忧心忡忡。

仪式结束后，疲惫的吕太后返回长安，途经当年子婴向高帝投降的轵道亭时，恍惚中见到了一个类似于灰狗的怪物。这个怪物张牙舞爪冲过仪仗，直扑吕太后的腋窝。未等吕太后召集卫士，这个怪物便突然消失。受到惊吓的吕太后顿时感觉浑身难受，腋下疼痛不已。刚刚被襫之后，便有如此异象，实非吉兆。于是在回到宫中后，吕太后便立即令人占卜，询问凶吉。占卜的人肯定地回答："此乃如意鬼魂为祟！"

孔子说："务民之义，敬鬼神而远之，可谓知矣。"这类"鬼神"之事，大约是不必太在意的。所谓"灰狗"云云，应该是幻象。算起来，自掌权这十多年来，吕太后先杀如意，再杀戚夫人，又杀刘友、刘恢和少帝，杀气过重，多少会生"心魔"。而且年老体衰，精神恍惚，劳累过度后因"心魔"产生幻觉实属正常。此时的吕太后终于受到杀人恶业和病痛的折磨，也算是报应不爽。无论是不是幻觉，吕太后确实受到了不小的惊吓，以至"圣体欠安"。

然而，在这巨大的阴霾笼罩整个朝廷之时，所有人都在敏感地注视着长乐宫的一举一动，吕太后的一丝变化都会带来无法预料的严重后果。随着朝廷局势越来越紧张，吕太后也顾不得安卧养病了。在四月十五日，吕太后在重病中下诏封了一批彻侯。这批彻侯中有张敖的姬妾所生的儿子新都侯张侈和乐昌侯张寿，还有吕氏的子侄祝兹侯吕荣。

吕荣乃是吕太后兄弟之子，自当封侯。而张氏兄弟被封侯，却是因其父母张敖和鲁元公主都已早亡之故。朝中盛传，吕太后立张氏兄弟二人为侯，是打算让这两个异母兄长辅佐年幼的鲁王张偃。

其实，从感情上讲，张偃是吕太后的亲外孙。从政治上讲，张偃的鲁国城阳和薛郡原为齐楚支郡，立鲁国实为削齐楚两藩之意。而且析置出来的新国，也是遏制齐楚两国的第一线。因此，吕太后之意自然是要保证鲁国的稳定。当然，靠这两个兄长能不能最终保证鲁国稳定则不得而知。

此次封侯，除了这几个外戚系的人，还有一个人比较特殊，他就是封爵建陵侯的大谒者张泽。张泽为吕太后的心腹，在吕氏封王过程中出力甚大。数次封王都是张泽在朝中扭转了舆论，才协助吕太后完成吕氏封王之事。虽然曾进言封刘泽为琅邪王，遗留后患，但那毕竟不是张泽的本意。张泽这个人，还是忠心的。既然忠心，又立有大功，便不可不赏。因此，张泽虽是个近臣内宦，但吕太后依然打破"祖制"，予以裂地封侯之赏。

非但张泽，宫中宦官令、丞凡是忠于吕氏者，都被赐爵为关内侯，食邑五百户。虽然忠信者应该予以赏赐，但如此大规模封侯还是有过滥之嫌。要知道，秦人以军功封侯，故自汉立国以来，封侯者莫不是在沙场上拼死杀敌之人。可是，这些内侍宦者无尺寸之功却因吕太后便得以封侯，可想而知朝中军功大臣们的心情。封赏一旦滥而不公，不但不足以稳定朝局，反而会激化矛盾。

但不管如何，在身体状况逐渐恶化的情况下，吕太后能做的大约也只有如此了。朝中虽然暗流涌动，但精力即将耗尽的吕太后也是无可奈何。重赏之下必有勇夫，希望空前的重赏能让这些人在紧要关头助吕氏的后辈一臂之力。

七月，殚精竭虑的吕太后终于支撑不住而病危。随着这位最高执政者的病危，原本就波谲云诡的长安也骤然紧张起来。要知道，南北军的军权此时均掌握在吕氏手中。陆贾、陈平一介书生，周勃空有虚名，后辈们人微言轻，这些人难道能赤手空拳拿下守备森严的长乐、未央两宫不成？若吕太后无"圣体欠安"之事，吕氏便稳如泰山，"倒吕派"就是有通天之能也无法取胜。可问题是，此时躺在病榻上的吕太后很难掌控将来之事。如此情况下，不用看也知道那些个平时唯唯诺诺的元老重臣，此时必然是图谋于密室，窥视于两宫之间，吕氏稍不注意就会落得粉身碎骨的下场。

大约也是意识到大去之时将来，吕太后强忍病痛，对身后事做了最后的安排：赵王吕禄拜为上将军，直接统领北军；吕产则直接统领南军。深谙政治斗争的吕太后深知兵权的重要性。此时，中尉执掌的北军是长安唯一的野战机动兵团，南军是两宫的卫戍部队，都是长安最为重要的武装力量。在非常时刻，只要紧紧握住这两支军队，便足以保证吕氏安全。

然而，刀虽然给了侄儿们，但最后关头还是要看捉刀的人！所以诏书虽下，吕太后还是难以放心。对吕家的这两个年轻的后辈，吕太后实在拿不准他们到底能不能挡住宗室的进攻。

炎炎夏日，似乎总也驱不散宫室间的寒气。轻风吹进大殿，让手握大权十余年的吕太后感到彻骨寒冷。此时，躺在床上的吕太后深知自己即将油尽灯枯。因此，看着跪在榻边的两个侄子，吕太后强撑着病体，流着泪抓着吕产、吕禄的手不放："我看你二人今日仍戎装在身，很好，很好！将军们自当甲胄不离身！当年高帝立白马盟誓，今我吕氏为王，大臣们心中多有不服。我死后，皇帝年幼，元老定然乘机向我吕氏发难。我实在是担心你们！你两人务必要牢牢抓住军权，严守宫廷，千万不要为我送葬而轻离重地，以免被人所制！我这里有道遗诏，你等可带出去宣示。军权，一定要紧紧抓住，切记！切记!"

吕禄和吕产出门后才打开遗诏，仔细一看才知这道遗诏大赦天下的同时又规定恢复相国之职，并以吕产为相国。另外，以吕禄之女为皇后，左相审食其则为皇帝太傅。如此一来，吕产军政一把抓，又以藩王身份为相国执掌朝政，当可保吕氏无虞。为了吕家安危，吕太后是何等用心良苦！

该想到的，该做的，吕太后已经全部想到、做到。吕产能不能稳定吕氏家族，也只有天知道了。这时的吕太后恐怕也体会到了十五年前高帝临死时的悲怆，身不由己啊！可是，能做的也只有如此了，就像高帝一样，身后的事又有谁能抓得住？

七月三十日，独掌大权十五年的吕太后终于病逝。吕太后死后，与高帝合葬于长陵。

真不知道，崇信鬼神的吕太后死后怎么去见高帝。高帝的八子，居然被吕太后逼杀了四人。虽没有篡夺刘氏江山之实，但吕太后所作所为却已有使天下易主之势。如果吕氏家族再出现一个类似吕泽那样的杰出后辈，不知天下会否易姓。或许，天命如此，它让吕太后在权力之巅上坐了十五年，但却剥夺了整个吕氏家族生存的权利。

纵观吕太后的一生，确实非同一般。彭越、韩信这样叱咤天下的英雄都死于其手，可见其能。高帝死后，又是吕太后一手驾驭汉帝国这艘大船，稳步前进。为了社稷计，吕太后能忍常人之所不能忍，将匈奴单于的侮辱之辞放在身后。毫不夸张地说，吕太后的政治手腕、隐忍之心和权谋不但当世，即便在后世也是几乎无女主能及。

吕太后去世八十年后，司马迁提笔作《史记》。太史公在史书中，特意将这位女主列位本纪，并且还予以极高的评价："孝惠皇帝、高后之时，黎民得离战国之苦，君臣俱欲休息乎无为，故惠帝垂拱，高后女主称制，政不出房户，天下晏然。刑罚罕用，罪人是希。民务稼穑，衣食滋殖。"

第四十七章　　山雨欲来

七月三十日，吕太后崩。消息传出，一直在暗中窥探长乐宫虚实的刘章和刘兴居立即秘密遣信使东出。几日后，这个震动天下的消息很快通过驰道传到一千五百里外的齐国临淄。

此时，主政齐国的正是刘章的兄长、齐王刘襄。

刘襄是齐悼惠王刘肥的嫡长子。自孝惠七年继承父业以来，刘襄已经在齐王任上八年。不过，刘襄的齐国和其父刘肥的齐国大大不同。经过刘肥、曹参的十年休养生息的治理，齐国已经远非二十年前可比。惠高年间，齐国虽先后被削去济南、城阳、琅邪诸郡，但此时仍领有济北、临淄等天下有名的富郡，更有数十万雄兵在手，在宗室藩王中实力最强。大约正因为如此，齐国一直也是吕氏的重点防范对象。要说朝廷和藩国的矛盾，当属和齐国的矛盾最为尖锐。削地也好，委质也好，都是拿齐国开刀。可想而知在这种情况下，刘襄和当年其父一样，必然是如履薄冰。

如此"人为刀俎，我为鱼肉"，岂是长久之计？因此在吕太后病重期间，刘襄和陆贾、陈平一样也在暗中谋划如何行大事。试想，二弟刘章的消息在这个时候传来，刘襄又岂能不兴奋异常？

根据弟弟刘章的密信，刘襄很快了解到：吕太后刚死，吕氏群龙无首，此时正是行大事的有利时机。并且，刘章还建议可立即设法夺取兵权，在齐国整军备战，西入关中。为保证成功，等齐军西征后，刘章和刘兴居两人将在宫中接应，然后里应外合，一举诛灭吕氏。事成之后，便可立齐王刘襄为皇帝。而且，刘章的书信中还隐约透露出由于吕太后突然崩逝，刚刚执掌兵权的二吕面临功臣元老们的步步紧逼，甚至方寸已乱。总之，围绕着最高权力，长安城内虽表面平静，但实际早已是水火不容之态，如不趁着这个有利的时机速速决断，则后果难测。

而既然如刘章说的那样水火不容，以刘襄的性格自当未雨绸缪，早做打算才是。而且随着高帝诸子的相继死去，实力强悍的齐王此时隐约成为宗室反吕的一面旗帜，颇有登高一呼，天下云集影从的气势。因此，在看完密信后，刘襄喜出望外：看来，由自己这个执掌天下第一强藩的齐王首倡义兵，正乃大势所趋，众望所归也！

于是，在接到刘章的情报后，刘襄便不再犹豫，准备起兵"行大事"。然而，起兵终究是极为凶险的大事。且不说举兵入京，此时齐国兵权还不在刘襄手上，即便手握兵权，起兵时稍有不慎那也是身死族灭的下场，岂能不做全面打算？二吕做事虽不如吕太后果断，但毕竟掌握军权多年，绝非庸碌无为之辈。"行大事"，还是要缜密谋划方可一战而成，故刘襄虽然兴奋，但并没有鲁莽行动，而是召集心腹连夜商议。

此时留在宫中，能够咨询大事的齐国诸臣中，以刘襄的近臣郎中令祝午、中尉魏勃以及刘襄的舅舅驷钧最为可信。

和朝廷一样，藩国内也有"三公九卿"的编制。郎中令祝午为王国郎官之长，负责王宫郎卫，而中尉魏勃则是负责齐国郡国兵的武官。既然欲"举大事"，那么将兵掌武事的中尉则是关键职位。于是，刘襄便向魏勃问策。

说起来，魏勃这个中尉的出仕经历是相当有趣。当年，魏勃的父亲为秦始皇的宫中乐师，奏得一手好琴。不过，天下大乱之际，抚琴鼓瑟这样的本事实在毫无用处。所以，趁乱回到齐地的魏勃之父既然没像周勃那样投身军旅，自然很快家道中落。因此，魏勃的少年时代相当贫寒。

数年后，曹参来到齐国担任齐相，并招贤纳士。消息传来，青年魏勃便欲前往求见。然而，魏勃既无显名在外，又未从身为乐师的父亲处学得一二治国之术，想求见堂堂齐相又岂是容易的？于是，憨直的魏勃便想了一个笨办法——每天天不亮就去曹参的门客家门口扫地。时间一长，这个门客也觉得奇怪，于是暗中等待，终于抓住魏勃。可谁知，魏勃却告诉门客只为求见贤相，别无他求。门客见其诚心，便荐魏勃于曹参。于是，魏勃很快成了曹参的门客。由于颇有见识，魏勃很快受到曹参的重视，并因曹参的推荐而被拜为治民政的二千石齐内史。刘襄继位后，魏勃从内史任上转迁为中尉，由治民改为治军。

从魏勃的仕途经历不难看出，此人算是刘襄之父刘肥一手提拔的嫡系。可问题是魏勃虽是中尉，但齐国的军队毕竟也是正规军队，并非齐王的王宫卫队，也不是寄食于魏勃的门客舍人，调兵还是要有程序的。

而且，高帝定下的调兵程序还相当严格。当年在削平异姓诸侯的同时，高帝分封了同姓。可问题是：一来高帝的子侄不是太年轻就是毫无治国能力，二来高帝本身对藩国比较敏感。如此一来，为了对藩王的权力加以限制，辅佐藩王的国相便被赋予了较大权力，比如当年平定陈豨、英布，统帅齐军的并不是身为齐王的刘肥，而是齐相曹参。

既然祖制如此，所以随着吕太后的严密监视和控制，不少藩王的权力逐渐萎缩。因此，此时藩王的权力虽说总体较大，甚至可以任免国相以下的藩国官吏，但具体事务藩王一般不能干涉，而是由国相全权处置。国相不仅负责行政、财政，而且军政也一手执掌，并直接向朝廷负责。

当然也有例外，有些藩王由于天高皇帝远，或者有朝廷特许，权力较大，比如南方的吴王刘濞。刘濞有鄣郡和东阳郡的铜山，还有会稽郡的海盐之利，向来自铸钱币，政令自行其是。朝廷对此也是睁一只眼闭一只眼，并不严格限制。然而，如刘濞这样的藩王毕竟是特例，齐国作为一个让吕太后深为忌惮的大国，不可能不受到严密监控。

214

总而言之，调兵还是要按朝廷制度，需要虎符，因朝廷的有意控制，虎符不在齐王刘襄手里，也不在魏勃这个中尉手里，而是牢牢掌握在齐相手里。也就是说，在刘襄密谋"举大事"之时，实际上是无法调动齐国郡兵的。所以，在这种情况下，齐王刘襄向魏勃问策，也实在问不出所以然来。唯有拿下兵权，才能谈所谓的策。当然，如果此时的齐相是个庸人，倒也不必过于忧虑。刘襄之所以如此小心谨慎，也是因为手下的齐相召平确实不是什么善男信女。

说到这个齐相召平，也是颇有意思。当年，萧何的门客中有一个叫召平的，其人为故秦之东陵侯，颇有智计。不过，这个齐相召平可并非故秦之东陵侯，而是反秦的大将。召平，吴国东阳郡广陵人。当年陈胜在陈县建立张楚政权时，召平前往投靠，成为楚军部将。陈胜败亡后，召平为避开章邯的兵锋，便领所部南退至家乡广陵县。秦二世二年正月，项梁和项羽已经在江东起事，并击杀会稽郡守殷通的消息正好传至广陵，于是召平便立即矫陈胜之命渡江拜项梁为上柱国。在迎接项氏八千精兵渡江北上后，召平又与项氏一起整编了陈婴所部的二万东阳义军，壮大了楚军的力量。后楚汉相争，召平和季布等人一样由楚入汉，成为汉军大将。数年前深受吕太后信任的召平替代第二任齐相齐寿为齐国第三任丞相。

齐相召平，在战场上披坚执锐多年，甚至早在齐王刘襄出生前便已经为统兵大将，其资历之深，能力之强，远非刘襄和魏勃这些齐国君臣可比。试想，从这样的人手中夺取兵权，何其艰难！

所以，如不能把召平拉过来，别说十万虎贲，身为齐王的刘襄甚至连一兵一卒也调动不了。在这个生死攸关的紧要关头，实在不能把召平拉过来也要立刻设法杀掉，强行夺取虎符，免生后患。

可谁知，齐王刘襄尚在谋事时，齐相召平的相府檄书便于八月二十六传至中尉府。召平治国极严，所以看到相府急召的文书，魏勃只得紧急前往相府。而刚一入相府，魏勃便被迎面而来的杀气镇住。面前的这位齐相召平可不是往常的峨冠博带，而是头戴铁胄，腰悬环首，一身杀气腾腾的戎装。见如此不同寻常，魏勃大惊失色，立即明白了召平必然已经是听到了风声。事实上，自吕太后病逝以来，齐王王宫便相当不安静。自长安传来的消息已经让齐国流言四起，甚至已经传来齐王欲"行大事"之举。此时此刻，这个召平身为朝廷任命的二千石国相，不做好万全准备反而不正常。

而一旦身经百战的召平准备万全，那尚在密谋的齐王岂有好日子过？所以，见此情景，魏勃已经急得满头大汗。而正在思虑应对之策时，却听得齐相召平开口道："吕太后弃群臣而大行，近闻齐国颇有不稳之象。我齐国的十多万车骑一旦动起来，天下不轨者必然闻风而动，届时便是天下大乱！是故，本相致书中尉，急调国兵保护齐王。"

看来，召平这个齐相已经决定先下手为强，发兵包围王宫以控制齐国局势了。听到这番话，魏勃大骇。要知道，郎中令祝午指挥的王宫警卫部队虽说精锐，可毕竟兵力不足。如果召平及时集结齐军，齐王君臣肯定是束手受擒。真要如此，不说起兵讨吕，这脑袋都不一定能保住了。眼见事态已经万分危急，魏勃也顾不得上下尊卑之礼，立即上前一步道："据下吏所知，齐王并无朝廷发兵虎符。齐王密谋擅自发兵，实乃违制之举。国相出义兵围齐王乃顺天而行，当得大义。不过齐王乃是高帝之孙，稍有意外，相君当有弑君之罪。此罪不当由国相承担，卑职既身为中尉，责无旁贷！故下吏昧死请带兵入宫以护卫齐王，国相可在宫外静候佳音。"

正如魏勃所说，刘襄毕竟是朝廷藩王，若混乱之中出错，刘襄身死刀下，那身为齐相统兵围宫的召平到时候无论如何也逃脱不了责任。一旦事后朝廷清算，这也是大罪。魏勃虽是刘襄的人，但这番话不是虚言。而且，国相虽说是藩国诸臣之首，但具体的武事实际上是中尉负责。魏勃是齐国中尉，此时主动提出统兵合情合理。所以在权衡利弊后，召平决定将指挥权交给魏勃，自己则领本部护卫在丞相府等候。

可谁知，魏勃拿到兵权之后突然翻脸，立即密令亲信以最快速度控制军队，随后下令全军转向，全力进攻相府。发觉不对劲的召平反应不可谓不快，马上带着随从跑回相府。可是，此时的魏勃已经是箭在弦上，岂可放弃？于是，齐军一路追到相府，将召平围得插翅难飞。

看着顶盔披甲的军士一路小跑过来，戎马一生的召平仰天长叹："嗟乎！道家之言'当断不断，反受其乱'，乃是也！"遂自杀于相府。

召平既死，齐国已定！

在拿到齐国军政大权后，信心百倍的刘襄立刻拜舅舅驷钧为齐相、中尉魏勃为将军、郎中令祝午为内史，全权负责齐国军政。接下来，刘襄便在齐国发布全面动员令，准备起兵诛吕。

216

第四十八章　　齐王刘襄

齐王刘襄登高一呼，数万虎贲数日内云集临淄。随着大军滚滚而动，眼看着这天下大乱、英雄奋起的序幕即将拉开。拥数万步骑立不世之功，此时年轻的刘襄也是豪情万丈。不过，有道是"兵者大事，不可不慎"，起兵之事还是要深思熟虑，方可一击而中。

回顾周边之势，此时齐国的状况并不乐观。

高帝郡县调整后，齐国共领有琅邪、胶东、济北、临淄、城阳、胶西和济南共七郡七十余县。可是在惠高年间，齐国陆续被削去城阳、济南等大郡，势力大为下降。不但国力下降，齐国的位置也愈发尴尬。此时，齐国西部为济川国济南郡、鲁国城阳郡和薛郡，东南部则是刘泽的琅邪国。鲁和济川两国三郡事实上均为吕氏控制。也就是说，齐国是处于吕氏包围之中。

因齐国都城在临淄，齐军必然也在临淄集结。所以，刘襄起兵后若想向西进发，则必须经过吕氏控制的这几个郡。如果这几个郡国的守相中出现如召平一般的人，将郡国兵动员起来，那到时齐军就很难顺利西向。而且，以目前被削弱的齐国的国力，也很难在短期内一战而彻底平定三郡，甚至连突破三郡防线都是问题。因此，在权衡目前的局势后，刘襄暂缓进兵，决定先扩大齐国势力再图大事。经过慎重思考，刘襄将目光对准了南方的琅邪国，决定先并琅邪国。

琅邪国，原为齐国所辖琅邪郡，是齐国相当富庶的大郡。不但富庶，而且位置也极为重要，是连接楚齐两国的要冲之地。如果将琅邪国重新并入齐国，不但可以大大扩充齐国的实力，而且最为重要的是，齐楚两大强藩之间可以直接联系，共同举事。事情顺利的话，整个关东便算是拿下了。

可问题是，在南方琅邪国主政的是刘襄的叔祖琅邪王刘泽，也是宗室系的人，而且这个刘泽的威望远高于齐王刘襄，绝非束手就擒之辈。按辈分，刘泽比齐王刘襄足足高了两辈；按能力，刘泽是高帝时代征战沙场的猛将。无论如何，刘襄都无法和刘泽相提并论。要是强并琅邪，对年轻的齐王刘襄来说实非易事。

不过，在刘襄看来：齐国为高帝亲封的一流封国，可刘泽就封琅邪国前后才一年而已。按照血缘的亲疏，自己是高帝的嫡亲子孙，身份显贵；刘泽虽说是长辈，可毕竟隔了好几代，只能算是旁支宗亲。按实力，琅邪国是二流单郡封国，齐国是天下强藩。所以自当是琅邪王听齐王的，吞并琅邪国是理所应当。不过话又说回来，刘泽既然是琅邪王，有自己的军队，绝对不会束手听命。这一点，刘襄非常清楚。于是经过考虑，刘襄决定以计诈取琅邪国。虽说阴谋诡诈并非正道，但值此非常时刻，天下为重。

218

于是，在刘襄的授意下，刚刚升为内史的祝午奉命出使琅邪国。到达琅邪国后，祝午对刘泽说道："吕氏变乱，密谋诛杀大臣。高帝的天下，已经到了最危险的时候了！齐王首举大义，准备西入关中诛除吕氏，复我汉家社稷。但我王年轻，是晚辈，又不懂军旅战阵，所以有意奉大王为主。如今，只需大王您振臂一呼，我齐国二十万虎贲便唯大王之命是从。大王您在高帝时就已身为大将，富有军事经验，勇猛无敌，举旗诛吕乃是众望所归！请大王去临淄，与我王共图大事。你我两家共举义旗，大事可定！"

祝午的一番话让琅邪王刘泽心花怒放：谁能想到，天下居然有此等美事？按理说也是，刘襄还得叫自己一声叔爷，又是乳臭未干，懂得打什么仗？这小子倒是明白人。等我拿到齐国的二十万雄兵，这天下还不是囊中之物？到时候不说什么琅邪王，便是皇帝之位也不是不可能！

思虑已定，刘泽便随祝午前往临淄去见刘襄。

可谁知到达齐国后，刘襄突然翻脸，将刘泽扣了起来。趁琅邪国群龙无首之机，刘襄令祝午立即夺取琅邪国的兵符，取得琅邪国兵权！就这样，刘襄未出一兵，便将琅邪国吞并。

刘泽也算久经沙场的老将，谁能想到居然被孙子辈的刘襄给算计了。

这一趟来齐国，不说执掌大权，琅邪国都让刘襄给趁机"笑纳"了，可想而知刘泽心中的郁闷。不过，当此之时，最重要的事情并非是和刘襄理论。为今之计，只有设法奔逃才能自保，就这样被囚禁在临淄绝非久安之道。可如今吕太后崩逝，朝中已然大乱，诸吕自顾不暇，岂能顾得上齐国问题？所以，向朝廷求援是不可能的。思虑再三后，刘泽决定以诈计脱身：既然你可以诈我，我同样可以以其人之道还治其人之身。

思虑已定，刘泽说道："大王乃是高帝的长孙，这皇帝除了你还有谁敢做！要是彼辈不立大王为帝，寡人个不服！"诅咒发誓，刘襄表示忠心。然后，刘泽话锋一转："诸吕作乱，不难平定，可平定诸吕后，来日立谁为帝，大臣们必然还犹豫不定。寡人在刘氏宗室中说话还有些分量，如今大王留我在此处无所作为，不如让我提前入关计议立帝之事。"

确如其言！刘泽留在齐国毫无用处，让其入关或许在将来立皇帝时还能说上话。即便无用，且琅邪国已被吞并，他又能有什么作为？于是，刘襄便准备车驾为刘泽送行，让其至长安为自己造势。刘泽前脚一出，便立即跑回长安，逃得一命。

祖孙两人还真是颇有意思，一个个奸猾如狡狐。不过如今局势紧张，以阴谋诡计诈取利益才是上策。

当然，如此诈术可一而不可再，南方的琅邪国可以如此解决，西部的济川、鲁国还是要靠军队打下来才行。于是，在刘泽离开临淄后，刘襄正式起兵。在刘襄诸将指挥下，齐军迅速完成集结，随后向西边的济川国发动猛烈进攻。

大军刚动，杀气腾腾的齐王起兵檄文便传遍天下：

"高帝平定天下，曾立祖制以刘氏为王。先王悼惠王为高帝长子，故封于齐。悼惠王薨，孝惠皇帝使留侯立臣为齐王。惠帝崩，高后用事于朝中，数年来我齐国恪守藩臣之礼，不可谓不忠。然高后春秋已高，又偏听诸吕擅废高帝所立之祖制。未几，杀三赵王（如意、刘友、刘恢），灭梁、燕、赵以王诸吕，分我齐国为四（齐、济川、城阳、琅邪），以至天下汹汹。当此之时，忠臣进谏，上惑乱而不听。今高后已崩，皇帝年少，未能治天下，固恃大臣诸侯。而诸吕又擅自尊官，聚兵严威，劫彻侯忠臣，矫制以令天下，此我刘氏宗庙所以危矣！今者，寡人率义兵入京，当诛杀不当为王者！"

孔子曰："名不正，则言不顺；言不顺，则事不成。"大凡起兵都要讲究师出有名。全文历数了吕氏倒行逆施的罪状，宣示了起兵的正义性。齐王刘襄所列种种，是确有其事。既然如此，天下凡有责任心之忠臣都应起兵灭吕以捍卫汉室。

　　随着齐军开动，整个天下顿时战云密布。

第四十九章　　连出昏招

高后八年九月，天下战云密布，可河南郡荥阳县却是一片安静。

荥阳，是朝廷最重要的屯兵地。自荥阳向西，溯伊洛而上便是天下都会、河南郡治洛阳。洛阳不但有南宫及大型武库，而且更是作为都城达数年之久。荥阳东北的广武是河济二水的分流处，山麓建有军备仓库敖仓。当年高帝便是据守荥阳、成皋一线鏖战数年之久，终于击败项羽，定鼎大汉天下。高帝驾崩和孝惠皇帝崩逝时，朝廷均曾遣大将灌婴领兵十万屯驻荥阳。可见，一直以来，荥阳都是朝廷威慑关东、保持天下稳定的重要战略枢纽。

而此时的荥阳城外，正开来一支数万规模的车骑大军。一位顶盔披甲的大将正带着几个校尉站在卞水岸边向北张望——此人正是颍阴侯灌婴。

"张孟，你看我军接下来当如何部署？朝中诸公对老夫还是有想法的。"站在旁边的叫张孟的校尉则拉紧缰绳干脆利落地回答道："末将不懂政治，只管跟着君侯作战便是！"

原来，齐国刘襄起兵的消息传至长安，立即引起吕产、吕禄的惊恐。二吕虽说执掌中枢大权，但是毕竟从未亲临兵阵。惊闻齐王刘襄举兵，兵锋正锐，两人立即慌了手脚。争吵了半天，二吕才拿出方案：命颍阴侯灌婴统兵东征，讨伐不臣之齐。

可以想象，如此部署，二吕大约也是经过激烈的思想斗争的。灌婴是高帝时代的大将，素以能征善战闻名朝中。在曹参、樊哙等人相继去世后，灌婴甚至已经能算得上是当世第一名将。可问题是，灌婴并非吕氏家臣，而是"砀泗元从集团"的得力干将。如今天下人心浮动，实在很难保证灌婴会和吕家一条心。实际上，此时最稳妥的方案应该是兄弟两人一个镇守长安，一个统兵讨伐，时时保证兵权在自家人手上，就是再不济，也要以吕氏亲信统兵。在没搞清楚灌婴态度的情况下，就贸然将兵权交出去，实在不是稳妥之计。

然而，诸吕子侄跟着吕太后狐假虎威是有一手，但真能上阵打仗的实在没有。如果硬是让吕氏子侄统兵上阵，这一仗打不赢是小，全局崩溃是大。在二吕看来，灌婴此人素来低调做人，既不像陈平阴谋诡计层出不穷，又不像周勃声望太高不好控制，为人还算忠厚，应该是个"长者"，以灌婴统兵出征，应当不会出大问题。此时此刻，大概也只能这样。

九月初，经过激烈的争吵任命才下来。在获取虎符后，灌婴从关中集结大军，然后以最快的速度出函谷关向东进发。大军步骑交加，几日便行至荥阳。荥阳城北五十里的敖仓是屯备物资的重要基地，向东一百里便可从阳武出河南郡，再穿过东郡便是刘襄控制的齐国了。故在大军抵达荥阳后，灌婴并未急于前进，而是停下来，一方面是为了补充物资和进行休整，另一方面就是分析时局。

当日，灌婴便将张孟在内的手下亲信将校全部召集起来，召开紧急会议。灌婴认为："吕氏在关中手握重兵，图谋篡夺刘氏天下，如果我军击溃齐军，回报朝廷，这就增强了吕氏的力量。"言下之意，还是脱离吕氏，并且协助朝中大臣诛吕。

灌婴在军中威望极高，且基层将领大多出自"砀泗元从集团"的部将，故灌婴一提出该想法，将校均表示赞同。于是，在做出决定之后，灌婴立即写了一封信，派信使秘密送至长安，向太尉周勃汇报情况。在前往长安的信使出发的同时，灌婴一声令下，数万大军就在荥阳构筑大营，准备屯兵长期据守，以备不测。安排妥当后，灌婴又遣使致书齐楚诸国，约定诸军至荥阳联合。一旦吕氏变乱，大军立即西进，一同诛灭吕氏。

数日后，信使带来了刘襄的回信。在信中，齐王刘襄确认了诛吕事宜，并告知灌婴齐军将向西部集结等待时机。得到这个消息后，灌婴便领大军在荥阳一带屯守待机。

数万大军走到荥阳居然一连数日不动，就是庸人也该知道有变。算来算去，二吕恐怕怎么也没算到灌婴真敢如此不遵朝廷法令。灌婴不动不要紧，可关键问题是被灌婴带出去的数万精锐算是完了。没有这数万军队，长安怎么守？南北两军虽然精锐，灌婴和刘襄毕竟也不是无能之辈。若战事果真爆发，吕氏在战场上绝对不是灌婴的对手。

因此，二吕在长安惶惶不可终日，"内惮绛侯、朱虚等，外畏齐、楚兵，又恐灌婴畔之"，真可谓是度日如年！商议来商议去，二吕最后打算等灌婴所率汉兵与齐军交战之后再动手。可问题是，刘襄和灌婴两人在荥阳使者往来不绝、眉来眼去已是事实。在这种情况下，还指望着这两人交战？二吕的政治手段和吕太后相比，简直相差甚远。本来嘛！如果此时二吕能勇敢果决拼死一搏，未必没有成功的机会。比如，立即集结南北军，再发兵符动员关中郡兵，带着皇帝亲征，向灌婴和刘襄发动猛烈进攻。二吕拥有朝廷大义，又有关中的地利和人力作为支撑，有很大概率成功。可是犹豫来犹豫去，二吕却选择了下下之策，那就是静观其变。

也怪不得二吕啊！说起来，吕氏的核心力量只有围绕在二吕周围的诸吕子侄，以及济川王刘太、淮阳王刘武、常山王刘朝、吕太后的外孙鲁王张偃等寥寥数人，外部并无可以信任援引的力量。吕氏诸王虽说都是一国之王，但确实过于年幼，紧要关头是绝对指望不上的。同时，诸吕子侄中也确实没什么特别杰出、能独当一面的人物。内外均无可用之人，大约此时除了观望，二吕也确实拿不出什么好办法。

然而，就在二吕静坐观望之时，倒吕一党已经在紧锣密鼓谋划。

与"吕氏外戚集团"相比，"倒吕派"显然更占优势。这一派的核心是杰出谋士陆贾、陈平；可以掌兵的有得力干将周勃、灌婴；能号召宗室的有刘氏后起之秀朱虚侯刘章。此外，还有一些功臣的后辈青年俊杰，可谓人才济济，个个都不是易与之辈。正因如此，陈平才能有条不紊地调整部署。

部署何事？自然是兵！

随着灌婴夺得兵权，原本便已有考虑的根本问题逐渐浮出水面，那就是长安的兵权。吕氏虽已经逐渐丧失对关东的控制，但直到此时，长安的南北二军却还在吕氏的牢牢控制之下。"倒吕派"虽然能够凭借灌婴手中的军队对诸吕步步紧逼，但灌婴毕竟还远在荥阳。对"倒吕派"来说，一旦长安事变，远在荥阳的军队难免有鞭长莫及之感。如果在没有夺取长安兵权的情况下贸然倒吕，谁也不敢保证二吕不会凭手中南北二军铤而走险。到那时，就真是玉石俱焚了。陆贾、陈平都是高帝时代的老臣，深知军权的重要性，自然明白此时得到调动南北二军的虎符才是长安政变的关键。可问题是，二吕又岂会在此生死存亡之际拱手交出兵权？

丞相密室之中，陆贾、周勃、曹窋等人肃穆地安坐于下，纷纷认为此事难办。不过，丞相陈平神情却颇为轻松："诸位，天下并无绝对之事。只需洞悉利害，大事未必不可成！老夫有一计，虽不敢保证二吕将兵权拱手送来，但亦可乱其心志！不过说到此计，那便要得罪曲周侯了！"

曲周侯，便是郦商。郦商早年从军，战功赫赫，早在入关中时便独领一军平定汉中。要知道，曹参独领一军那也是在汉三年平定代国之战时。可见，在高帝手下诸将中，郦商极富统兵才能。但问题是郦商虽为高帝的开国大将，但和已死的哥哥郦食其一样，都不是"砀泗元从集团"的人，而是旁系出身。因此，在高帝年间，除了带兵平叛，郦商在朝政上从不多说话，而是选择了和张良一样明哲保身。

郦商如此所为，自然是想两边都不得罪。深谙朝堂斗争险恶的郦商当然知道，没有靠山的人在政治斗争中一旦站错队，那就是粉身碎骨的下场。因此，在长达数十年的政治斗争中，郦商从不直接参与。不过，郦商还是个社稷之臣，大是大非面前也懂得国事为重，该说话的时候也绝不会沉默。当年吕太后刚刚掌权时，正是郦商的建议，吕太后才没有大开杀戒，酿成大祸。

这样的聪明人，又不是"砀泗元从集团"的人，自然是吕氏大力拉拢的对象。吕氏子侄们缺少带兵经验，在这个敏感的时刻，能拉拢到郦商这样可与灌婴平起平坐的大将更为重要。不过郦商虽然已从卫尉一职上退下来好几年了，但毕竟是高帝时代的老一辈，比二吕辈分要高得多。二吕即便权位再高，也是不可能直接跑去和郦商谈交情。思来想去，二吕也只有结交郦商的儿子郦寄才算合适。

朝中风传吕禄和郦寄关系极好，甚至到了言听计从的地步。出去游猎时，吕禄也经常会带上郦寄。要知道，吕禄贵为赵王、上将军，而郦寄不过是一介白身。吕禄以如此尊贵的地位而礼待郦寄，想来这里面未必没有拉拢郦商父子的意思。

而这个极为重要的信息，被素来善于观察的陈平敏锐地捕捉到了。故陈平认为，如果能让郦寄凭借这层关系劝说吕禄交出兵权，则是大善；如果不能，也足以让吕氏乱一阵子了。可问题是，他郦寄父子是出了名的低调做人，和陈平等人的关系也不过是泛泛之交，凭什么任你摆布？

不过这不是问题，只需劫持郦商，不怕郦寄不乖乖就范。所谓得罪曲周侯，便是此意！

郦商本人一直是不愿意参与政治的，何况这一个多月里两派剑拔弩张，形势危急。现在郦商又重病缠身，还不知道能活几年，更不愿意卷入这场是非。可有道是"树欲静而风不止"，在这个不是你死就是我亡的千钧一发之际，已经容不得这个经历三朝风雨的老人独善其身！

谋划已定，周勃立即遣人将郦商劫持，并将此事告知其子郦寄：生死悬于一线，汝父此时正在相府恭候佳音，何去何从，愿郦寄慎思之！

消息传来，郦寄颇为痛苦：吕禄待己甚厚，可谓主君。若此时按周勃所言欺骗吕氏，是为不义。时人重名节甚于性命，此事一旦传出，必被天下英雄所轻。可是，陈平和周勃可向来都是视人命如草芥之人，利刃都架到父亲的脖子上了。如若不从，父亲必然难逃一死。父亲因己而死，则为不孝。舍孝从义，还是舍义从孝？

最后，痛苦的郦寄选择了孝，抛弃了义。当日，郦寄便求见吕禄。按照周勃、陈平的授意，郦寄对吕禄建议："当年，高帝与吕太后共定天下，立刘氏九人为王，吕氏三人为王，此乃朝廷议定之举，且已诏告万民，并无不妥。如今太后驾崩，皇帝年幼，大王您既身为赵王，理当就藩镇守。可是大王却出任上将，统精兵留于京师，自然为群臣所疑。以仆臣所见，当此之时，大王何不交出将印，奉军权而还太尉，梁王（吕产）则归还相国大印于朝廷。彼时，大王可与大臣盟誓，返回封国。如此，齐军必会撤走，大臣亦得以心安。天下太平，大王当可高枕无忧而为一国之王，此万世之利也！"

这番话看似为吕家着想，可句句都是诛心之言。若真交出兵权，还谈什么万世之利云云，那就是笑话。事情到了这个地步，还想退出来吗？可是不知为何，吕禄居然"信然其计，欲归将印，以兵属太尉"！

吕禄怎么会有如此荒谬的想法呢？也许，吕禄已身心俱疲。整日如坐针毡，度日如年，何苦来哉啊！诚如郦寄所言，若真的能当一个无忧无虑的王侯，岂不快哉！将兵权交给周勃也不是不可以，毕竟太尉就是掌兵的嘛！而且，周勃为人忠厚，想来不会为难吕氏的。当然，兹事体大，吕禄也不敢单独做主。于是在当晚，吕禄召集吕氏子侄们商议对策。可是，这些吕氏子侄要么人云亦云，要么装聋作哑，没有拿出一个可行的方案。无奈之下，吕禄只好采取老办法——拖！

紧张而平静的一天就这样拖过去了，时间来到了九月初九重阳之日。

秋高气爽，正是与友人插茱萸，登高宴饮的好时节。这日清晨，赵王的车驾浩浩荡荡南出长安。原来，吕禄商议了一个晚上，还是拿不出主意，只得荒唐地借着重阳佳节带着郦寄一道出游解闷。

吕禄昏头，吕氏内部却有明白人。

当吕禄的车驾经过舞阳侯府时，吕禄的姑姑吕嬃出来阻拦。吕嬃虽为吕氏族人，但毕竟已经是外人，故而没有参与昨夜议事。可是天下没有不透风的墙，清晨时分，郦寄进言之事已经传入吕嬃之耳。吕嬃怎么也想不到，被姐姐看重的侄儿居然如此荒唐。吕太后尸骨未寒，吕禄居然用了一个晚上在商议是不是要交出兵权！

经过秦楚之际的大乱以及惠高时代的惨烈庙堂斗争，吕嬃的政治斗争经验极为丰富，她和吕太后一样深知兵权的重要性。此时若真交出虎符，必然死无葬身之地。到时候，不仅吕禄这些男子，如自己这般与吕氏稍有干系的女子恐怕也难逃一刀。因吕禄这个侄子，自己将要身死族灭。可以想象，看到耀武扬威的赵王仪仗，吕嬃是何等的愤怒和失望。

"若为将而弃军，吕氏今无处矣！"可是，无可奈何的吕嬃除了破口大骂也毫无办法。

第五十章　　计取北军

焦躁不安的一天又过去了，时间来到了九月初十日，长安，依旧平静。

这日一早，天尚未大亮，相国吕产的府邸却早已灯火通明。原来，出游归来的吕禄终于感觉无法逃避，最终还是坐下来和吕产商议时局。正在此时，郎中令贾寿从齐国归来，于是两人又不得不打起精神向贾寿问计。

贾寿，也是吕氏亲信。高后三年，原郎中令冯无择病逝，贾寿代之。贾寿此人，素来能谋善断，颇有智计，也是二吕极为倚重的心腹谋士。当时，能够处理齐国问题的，在吕氏这边也只有一个贾寿。因此，齐国起兵时，临危受命的贾寿便被二吕派出出使齐国。不过在八月中旬，由于刘襄已经和灌婴达成协议，十万齐军停留在齐国东郡一带未再西进，故贾寿的出使任务也算完成了。见前线尚算稳定，又惊闻长安出现重大变故，贾寿才未敢停留，快马加鞭赶回长安。

九月初十一早，刚入长安城的贾寿未来得及休息，便听闻二吕有意交出虎符的惊天消息。心急如焚的贾寿也顾不上休息，便奔入相府。见到二吕，已经急得直冒冷汗的贾寿高声大喊："万万不可！大王不早去封国，箭在弦上之际却想罢手，可能吗！大王岂能如此荒唐？臣虽未见齐王，但前几日已得其密报：灌婴早已心怀异志，与齐楚合谋欲行大事！彼辈将兵安坐荥阳，无非是想等长安谋划已定，再领齐楚二军直入中枢！为今之计，大王当速速入宫控制皇帝，设法自保。如若不然，必是身死族灭的下场啊！"

贾寿虽名不见经传，但头脑却十分清晰。确如贾寿所言，政治斗争本来就是没有退路的。为今之计，除了拼死一搏，根本没有别的办法。贾寿不但分析出现在的大势，还提出了唯一可行之策：以皇帝大义压住天下，紧紧控制住兵权。实际上，如果此时依贾寿之计，上将军吕禄将北军，相国吕产入宫将南军，二人一主宫内，一主宫外，便会稳如泰山。"倒吕派"威望再高，但在长安城内手中一无军队，二无皇帝，断然不敢冒险行事。

可见二吕虽然荒唐，但吕氏内部倒不是没有人才。二吕只要听取谋士之言，抓紧兵权，自可高枕无忧。可问题是，也许是慑于陈平和周勃等人的巨大威望，二吕不敢贸然行动；又或许是对目前的局势还抱有幻想，二吕仍企图能和"倒吕派"握手言和。最后，二吕虽然听从了贾寿的建议，没有贸然交出虎符，但却又再一次犹豫，并没有第一时间进入皇宫，也没有立即动身前往北军大营的打算。

就在二吕在相府中犹疑不定之时，一个决定生死存亡的人突然出现在相府外——此人便是曹参之子曹窋。

孝惠五年，曹参去世，曹窋以嫡长子身份继承平阳侯爵位。高后四年，曹窋以中大夫代行御史大夫，接替老病而免职的任敖。按照朝廷法度，曹窋既行御史大夫事，那自然要向相国吕产汇报工作，特别是在如今这番局势下。因此，九月初十一早，曹窋便至相国府。说来也巧，就在贾寿进入相府的同时，曹窋的车马也刚好到达相府门外。前线颇为敏感，贾寿受命归来，自然有要事上报。于是，曹窋立即派人进入相府打探。

片刻后，贾寿劝二吕立即动手的消息便传至曹窋耳中。听到此事，曹窋大惊。要知道，陈平、周勃和陆贾虽谋划已久，但此时还未做好万全准备，南北二军的虎符还在二吕手中，甚至朝中不少人还态度不明。若二吕听信贾寿之谋，至北军大营调兵进剿，则大事休矣！

深感事态严重的曹窋也顾不得汉官威仪，立即策马狂奔，将此事向陈平、周勃汇报。接到曹窋的消息后，谋划数日之久的陈平等人也未料到形势将会突变。于是，陈平断然决定冒险提前行动，强行夺取北军，再依靠军队灭掉吕氏。

如今，有扭转乾坤之力的，唯有北军！

由于南军戍卫长乐、未央二宫，驻地分散，而且又都在诸宫之中，控制起来难度较大。因此，目前长安南北二军，以北军最为重要。此时，北军诸营除武库令所统辖的武库兵分散在城南武库较难集中外，其战斗力最强、编制最完整的中垒令下辖之中垒营便在城北大营。城北大营在东西二市的南部，距两宫有一段距离，二吕便是听到风声也不可能在第一时间赶到。而且，中垒营中的基层军官大多都曾在"砀泗元从集团"的指挥下战斗过，与功臣一系素有渊源。故而，控制北军比南军更有把握，也更为重要。

因此，分析利弊后，向来沉默寡言的周勃立即起身向陈平告辞，决定马上行动。

很快，周勃领随从策马驰至城北中垒大营外。然而，当周勃带着护卫抵达大营门外之时，却被中垒令阻于营门之外。守在营门内的中垒令头戴铁胄，腰悬环首，语气生硬，丝毫不把这个金印紫绶的太尉当回事："北军乃是朝廷之爪牙，我中垒亦是北军之爪牙。兵者，国之大事。周太尉虽为朝廷柱石，但既无皇帝虎符且无朝廷诏令，请恕本令不敢奉命！"

其实，北军拒不接令也是正常的。要知道，自高后元年开始掌管北军算起，二吕掌兵已有七八年之久，时间并不算短。以吕太后的远见，自然不可能对北军这支事关吕氏生死存亡的重要力量不闻不问。吕氏在北军经营数年，岂能不培植亲吕势力，以控制军队？所以，北军诸营的都尉们虽是"砀泗元从集团"出来的，但这个中垒令却是亲吕的。如今，别说周勃是一个没有虎符的空头太尉，就算真有虎符，这桀骜不驯的吕家军官恐怕也不会那么容易听命。

周勃虽为太尉，但毕竟已久不掌兵。而且就像中垒令所说的，此时的周勃手中既无皇帝诏书又无调兵虎符，因此别说调动北军，按照朝廷法度，连营门都不能进入。在这个紧要关头，中垒令如果真的听周勃之令而发兵出营，那他自己就要背上擅发兵之罪了。如此敏感时刻，便是中垒令下令将这个矫传皇帝之制擅闯军营的空头太尉当场格杀，别人也无话可说。

太尉闯营，中垒抗命，一时间，北军营门外剑拔弩张。而就在这个令人窒息的时刻，一人策马狂奔而至。一片喧哗之声，很快打破了营门外围的僵持。

待此人奔至营门外，诸人才看清此人乃是襄平侯纪通。汉军诸将中，姓纪的并不多，唯有二人而已。除在荥阳之战中掩护高帝出城而被项羽烧死的大将纪信外，就是纪通之父猛将纪成。

纪通之父纪成是军中前辈，资历甚深。早在汉元年，将军纪成便独领一军跟随高帝自汉中出陈仓，参与还定三秦之战。当时，汉军在高帝和大将军韩信的谋划下以奇计出现在关中，并一路势如破竹，直逼三秦军屯驻的好畤县，并与三秦军在好畤展开决战。当时，因三秦军在秦军大将章邯的指挥下拼死抵抗，此战一度甚为激烈，主动进攻的汉军伤亡惨重。汉军久攻不下，纪成遂奉高帝之命领军突阵，英勇拼杀直至阵亡。汉八年后九月，高帝追思纪成之功，下诏封纪通为襄平侯，并像曹参、萧何等开国功臣那样赐予剖符丹书。

纪通之父纪成虽过早亡逝，但其资历却不能被忽视。在汉元年四月，高帝受封汉王，并于汉中建立政权。而此时，纪成就已经身为将军。要知道，同样是汉元年时，素称猛将的舞阳侯樊哙还只是小小的六百石郎中，直到打下关中后才被拜为郎中骑将。而且，郎中骑将虽说是亲近之臣，但仍然只是郎中令属官，并非独领一军的将军。直到汉三年荥阳之战打响时，樊哙才真正迁为将军，独领一军镇守广武山。除樊哙外，百战百胜的猛将信武侯靳歙在汉元年也只是个骑都尉，而且在骑都尉这个职位上十几年，直到平陈豨时才迁为车骑将军。对比樊哙和靳歙的升迁过程，不难看出纪成的资历极深。纪成有如此深厚的资历，就算不是和高帝一起从沛县出来的"老人"，至少也应该是"砀泗元从集团"的重要成员。

试想，有"砀泗元从集团"的支持，有这样深厚的背景，以及有这样佐命开汉之功的父亲，纪通岂会在这个时候为吕家卖命？其实，纪通和曹窋等人一样，很早就是陆贾、陈平所组织的"倒吕派"的得力干将。不过话又说回来，纪通虽为"倒吕派"的得力干将，但毕竟是个后辈，又有何德何能调动军队，护送太尉入营？因此，中垒令毫不在意：区区纪通，不足为虑！

可谁知纪通在下马后，先是恭恭敬敬向长乐宫方向拱手行礼，然后谨慎抽出一杆八尺长柄，饰以旄牛之尾。此物一出，中垒令大惊失色：此乃直接代表皇帝亲临的节。若大臣持节，则代表皇帝亲临。持节者，甚至可以自行诛杀违命之人。从调兵这一功能看，虎符当然是最有效力的。但若从权威性看，皇帝旄节比虎符更为高贵。事实上，在特殊时刻，以节配合皇帝诏书确实可以代替虎符发兵，而且以节发兵也是有先例的。

不过问题是，目前皇帝是被吕氏所控制，而且两宫之间也均为吕氏的势力范围，吕家的皇帝自然不会授予"倒吕派"符节。

别人可能拿不到，唯独纪通可以，因为纪通之职即"尚符节"，典掌皇帝符节就是纪通每天的工作！当然，因为皇帝不太可能授予纪通节，因此纪通此时所持的这个节，事实上有矫制的嫌疑。但无论是不是矫制，在如此混乱的局势下，营门口的中垒令也不可能在这个时候遣使入宫向皇帝求证。因此，虽然没有皇帝诏令，但这个节却是"货真价实"的——若中垒令硬抗，则必被诛杀于营门之外！

北军治军再严，毕竟也是朝廷的军队。持节在此，营门自然畅通无阻。所以，见到符节，中垒令不敢阻拦。消息传至，北军将士均山呼万岁，迎接周勃、纪通等人入营。

但是问题又来了，持节护送，周勃可安然入营，但却不能避开吕氏的亲信直接调动军队，因此还是需要虎符。如果真的较真，亲吕将校们是可以不发兵的。此时，军营中的高级军官多为吕氏一党，北军又不是地方郡国兵，想单凭节发兵并不容易。即使没有虎符，最好也要有吕禄的上将军印。可是，空手而来的周勃一个都没有。思前想后，周勃还是不敢直接强夺北军，而是建议随从在侧的郦寄去见吕禄，想办法夺取吕禄之印信。

为了确保取得印信，周勃特建议素来稳重的典客刘揭一同前往。刘揭此人，和纪通一样也是后辈。汉十二年，刘揭为郎官，扈从在高帝身边。在波谲云诡的惠高朝，刘揭升至典客，执掌归化蛮夷之事。刘揭能在政治斗争极为激烈的惠高朝迁为典客，骤登二千石，自非等闲人物。周勃让刘揭陪同郦寄，多少也能有个照应。

不过话又说回来，吕禄毕竟是赵王，而且是以赵王身份领上将军，刘揭再显贵也不过是个二千石的典客，郦寄更是一介白身，双方地位悬殊。刘揭和郦寄何德何能对吕禄指手画脚呢？而且，郦寄在此前已经游说过吕禄一次。虽然吕禄"信然其计"，但从事情的发展看，吕禄并未采纳郦寄之语。既然此前吕禄都未采纳，这次刘揭去就能拿到吕禄的将印？即便相信郦寄，但吕禄又怎么可能蠢到仅凭刘揭的一句话就交出将印？

刘揭一无皇帝诏书，二无调兵虎符，如此要求吕禄交割兵权，岂不是当朝廷法度如儿戏？而且即便刘揭拿到皇帝诏书，也会让吕禄起疑。为何？盖因皇帝是被吕家所控制着。此时，长乐宫外的相府中还有吕产坐镇，此时岂会下这样一道莫名其妙地让吕禄放弃将印的命令？总之，算来算去，让刘揭和郦寄去拿吕禄的上将军将印，大约也只是周勃无可奈何地下下之策了。

可是，天下之事有时往往还真的出人意料。

在听到郦寄和刘揭"陛下已令太尉代行北军指挥权，并诏令大王立即前往封国。赵王，请立即交出将印，之国就藩！否则，祸事不远！"这句话后，吕禄不知为何真的就解下将印了！吕禄之所作所为，真是让常人无法理解，因为这无异于将杀人的利刃双手奉送给敌人，并抓着别人的手将刀架上自己的脖子……

第五十一章　　殿门之变

之后，刘揭、郦寄二人顺利将上将军之印送至北军。将印，再加上纪通的节，北军诸将包括亲吕的将校在内，不敢再有疑问。稍待片刻，太尉绛侯周勃终于决定动手。

一声令下，平静已有数十年之久的北军大营立刻战鼓隆隆。天下虽然承平二十年，但朝廷法度森严，北军依然训练有素，战意高昂。鼓声未歇，数千甲士便已全部列阵完毕，按战斗队形集结于主将台下。

只见周勃将营中射声士所用的步弓取出，左手执弓，右手引弦，缓缓发力，制作精良的步弓立即发出清脆的蓄力声。随着太尉松开右手，沉闷的巨响立即让弓身剧烈颤动。放下步弓后，这位善于引弓的高帝时代的猛将豪情万千，在护卫的簇拥下左手执符，右手按剑，走出大帐。

注视着台下的数千虎贲之士，周勃心中自有一股英雄之气：想当年追随高帝征战天下数十年，打下这片江山。高帝和吕太后相继驾崩，当年的大将也已大多作古。如今这天下豪杰，只有也只能唯我周勃马首是瞻！吕氏竖子，何德何能执掌天下之柄？思及此处，周勃不再犹豫，命："为吕氏右袒，为刘氏左袒！"

吕氏虽位高权重，但将士们心存汉室，加之周勃在军中多年，威望极高，故令下之后，数千甲士全部左袒立誓，呼声震天！至此，虽无虎符，但北军已完全为"倒吕派"所控制。

恰在此时，营外战马嘶鸣，受陈平相命的朱虚侯刘章又策马驰至。原来，当北军大营消息传至相府后，恐出变故的陈平便让在宫中"宿卫"多年，熟悉宫中事务的刘章前往大营协助太尉周勃。只不过，刘章是孤身前来，未带一兵一卒。于是，周勃急召刘章入营，一起商议宫中情况。

此时，北军一部虽然已被控制，但形势还不明朗，比如，此时武库令和其他诸营以及城门兵尚不在"倒吕派"控制之下，最重要的是两宫之间的南军还在吕氏掌握之中。不算太子卫率、中盾，两宫之公车司马、卫士、旅贲三令，其所辖之卫士也达二万余人，且装备精良，战斗力颇强。如果二吕完全控制南军，据守宫阙并控制武库，仓促集结的数千北军亦难有大用。

不过，南军也并非无懈可击。按朝廷制度，两宫均有卫尉，这两宫卫尉却不是全部为吕氏掌握。此时，长乐卫尉乃是吕氏亲信、滕侯吕更始。这吕更始是吕太后之侄，断不可能乖乖听命，但皇帝是居住在未央宫的，长乐卫尉是管不到未央卫士的！所以，在已经掌握北军的情况下，只要能再控制两宫卫尉其中之一，吕氏的宫卫系统便会出现较大漏洞。有鉴于此，周勃命刘章将兵屯守北军营门以防有变，同时命曹窋立即前往两宫联络未央卫尉以控制宫门，阻止吕产从相府进入皇宫。

于是，曹窋立即策马前往两宫。

岂料，曹窋刚刚持节控制未央卫尉，便看到东阙台外奔来大批执戟的甲士，骑马统兵者正是相国吕产！跟在吕产之后的则是头戴鹖冠，身披鱼鳞甲的长乐卫尉吕更始。

原来，就在曹窋出发后不久，吕产终于不再犹豫，决定采纳贾寿之谋，立即入宫控制皇帝。由于事态严重，吕产甚至命吕更始领数百全副武装的长乐卫士随同入宫。可是，吕产的反应到底还是慢了一步。当穿过章台街，走近宫门之时，吕产才发现宫门早已关闭。看着紧闭的宫门，吕产空有数百虎贲之士，只有无可奈何。宫内毕竟是皇帝所在，吕产左思右想，到底还是不敢冒天下之大不韪下令卫士攻门，郁闷得只得在宫门前来回徘徊寻思可用之策。左思右想无计可施，吕产便在宫外大喊，让卫士开门。

然而，未央卫尉和曹窋此时岂敢开门？曹窋持节高声回答："既然外有乱臣，相国请速速发兵讨灭乱臣。此时内外不明，实不宜开门！"千说万说，门是断然不能开的。不过虽然严词拒绝，但看着宫门外的大批甲士，曹窋已经是胆战心惊：一旦吕产下定决心抽调长乐卫士，强行攻打宫门，后果将不堪设想。

反复权衡之后，曹窋立即策马奔回北军向太尉汇报。

实际上，吕产既然已经抵达宫门外，是绝对不会无功而返的。一道宫门，是堵不住吕产的甲士的。一旦吕产下定决心，甚至可以立即抽调全部长乐卫士强行攻门。只要攻破宫门，吕产很快便可进入未央宫与皇帝会合。此时此刻，周勃除了立即调兵入宫火并，强行斩杀吕氏外，已经别无他策。故在得到曹窋的军报后，太尉周勃下定决心决定强行入宫。不过，吕产所控制的长乐卫尉毕竟也有数千虎贲。"倒吕派"控制的北军一部也不过数千人，并不占优势。如此势均力敌之势，又是在宫中火并，久经战阵的周勃并无绝对的把握。因此，当吕产在宫门外徘徊之时，周勃也在军营中犹豫。

这一招走错，便是身死族灭之祸啊，又岂敢不慎？

太阳虽然已经西斜，但全副武装的周勃依然满头大汗。从头上流下的汗水不断汇聚到鼻尖，再滴到地上，这位太尉也浑然不觉。看着在营门前执戟遥望的刘章跃跃欲试，周勃终于再一次抽出步弓，再次引弦。不过，这次周勃却从背后的箭壶中抽出一支羽箭。引弦搭箭，斜指营外。弓弦轻轻颤动，羽箭应响而出。

箭在弦上，不可不发，不得不发！"君侯，今事急矣！老夫调甲士千人与君侯，烦请君侯立即入宫护卫天子！"

说来也有趣，如此重要之事，周勃不敢打头阵，却让刘章这个既无威望、又无统兵经验的年轻人顶在第一线，这周勃还真是"深谋远虑"。

不过，既然军令已下，那便容不得质疑了。随着周勃下定决心，北军大营营门大开。刘章策马当先，身后的一千甲士全部左臂袒露，右手执刀，一路烟尘滚滚直扑未央宫而去。很快，大军便穿过华阳街，直入巍峨的北阙，杀气腾腾扑向未央宫前殿。可未至前殿，却见对面也来了一批甲士。借着日暮的余光，刘章一眼便看出这批甲士所着乃是长乐卫士的制式甲衣，那骑马之人可不正是大名鼎鼎的相国吕产吗？事实果然如此。曹窋走后不久，犹豫不决的吕产终于下定决心，强行领兵突入未央宫。所以，两军便恰巧在未央宫中迎头碰上。

此时，双方人数相当，又身在皇宫中，谁也不敢轻举妄动，只好面对面对峙着。自高帝以来，还不曾出现同为大汉中央军的南北二军在宫中为敌的场面。

此时的吕产也是摸不清情况：按贾寿之计，吕禄已经前往北军大营，控制北军。便是有意外，那周勃既无虎符，又无诏书，如何能调动北军？

可现在带兵的怎会是刘章？吕禄人在何处？

既然情况不明，吕产再一次犹豫。

可问题是相国吕产犹疑，太尉周勃犹疑，朱虚侯刘章却不犹疑。刘章刚刚二十岁便敢当着吕太后的面拔剑格杀吕氏子侄，这天下还有什么事是他不敢干的？一人一剑便敢杀人于十步，何况身后尚有一千虎贲之士？经过短暂的犹豫后，刘章一声令下，北军甲士立即抽出环首列阵冲锋。顿时，原本肃穆而庄严的未央宫杀声震天！

然而谁也没想到，见到北军突阵，吕产身为主将居然一箭未放便抛下装备精良的长乐卫士策马奔逃！随着主将亡命，长乐卫尉吕更始也拔腿奔逃。两大主将望风而遁，准备迎敌的长乐卫士立即土崩瓦解，吕氏党羽也随之作鸟兽散。

见吕产和长乐卫士一触即溃，深感意外的刘章大喜过望，立即下令全军占领宫门并分组搜人。刘章有理由兴奋：如今未央各门已为自己控制，想他吕产插翅也难飞！实际上，大事已成。最后，刘章果然在郎中府的厕所中找到瑟瑟发抖的吕产。这位曾权倾天下的相国披头散发，双目赤红，早已不复往日的踌躇满志。刘章手起刀落，一颗人头滚落在厕所中。

事已至此，尘埃落定！

然而，刘章刚刚整军清理余党之时，宫中谒者却疾驰而至。皇宫的殿门前发生这样大规模的战斗，身为皇帝的刘弘自然不能坐视不理。故待吕产受诛后，皇帝刘弘便立刻命谒者持节前来"劳军"。名为"劳军"，可皇帝又岂不知南北二军何故在宫中拔剑相向？

可问题是朱虚侯刘章此时已经杀红了眼，未必会领皇帝的这个"劳军"之情。刘章连吕太后都不放在眼里，何况一个皇帝？何况还是个傀儡皇帝，更别说还只是皇帝的符节。斩草当需除根，便是皇帝符节在此，也照杀不误！于是，见到谒者乘着车，持着节远远而来，刘章竟然在众目睽睽之下持剑爬上车，和谒者争抢皇帝符节，毫无顾忌。这个谒者倒也是个强横的人物，死活就是不放手。两人争夺不下，于是就一同持节驾车在宫中疾驰。北军甲士则跟在车驾后小跑，继续追杀吕氏余党。未几，吕产之下的重量级人物长乐卫尉吕更始亦被北军甲士擒杀于宫中。至夜深时分，刘章终于在持节谒者的"护卫"下将两宫吕氏余党全部清理，并完全控制两宫。命北军控制宫门后，刘章便亲自快马加鞭奔回大营，向周勃汇报情况。

此时，周勃还在大营枕戈待旦。一千甲士并不足以攻下两宫，如果刘章不行，他这个太尉就必须要上了。然而，当营门再次打开之时，却看到浑身浴血的刘章哈哈大笑："太尉，事济矣！吕产望风而遁，天下已定！"

未想刘章这年轻人如此勇猛，居然仅凭一千甲士便诛灭吕产。周勃喜出望外，同样哈哈大笑，向刘章拱手拜贺："吾等所患独吕产；今已诛，天下定矣！安汉家天下，君侯功莫大焉！"

斩草必须除根，吕产虽伏诛，吕禄及诸吕却尚在，不可不杀。深夜时分，北军大营仍然营火通明，战马嘶鸣。一队队甲士鱼贯而出，再次进入城中，分段搜查诸吕子侄。千余甲士将执行太尉的命令：凡吕氏党羽者，无论男女老少，格杀勿论！

整个长安城，整整杀了一夜人。十一日清晨，"外出游玩"一天的吕禄终于被找到，并被当场斩杀。吕太后的妹妹，樊哙的妻子吕媭被北军甲士在府中搜出，用乱棒活活打死。随后，吕媭和开国元勋樊哙的儿子舞阳侯樊伉也死于这场残酷的大屠杀。当夜当场被杀者，除了祝兹侯吕荣、吕成侯吕忿、俞侯吕他、赘其侯吕胜、沛侯吕种、扶柳侯吕平等吕氏子侄外，开国功臣冯无择之子博成侯冯代、南宫侯张买等依附于吕太后者也全部被诛。至九月十一日上午，除了首恶的重犯，吕氏子侄已经被杀绝！

怎一个惨字了得！

《尚书》云："树德务滋，除恶务本。"除恶自当务本！于是，在稍做休息后，当日下午，陈平、周勃等人再次下令开刀：刚刚受封大半年，尚未就国的燕王吕通被格杀于长安。吕太后的外孙、鲁王张偃躲过一劫，但王爵被废，被控制起来。随后，陈平和周勃等人用数日时间清理军中和朝中的反对派，稳定朝局。九月十八日，吕氏爪牙已经无一漏网，长安完全被控制，以勇猛善战而著称的周勃这才心满意足地遣朱虚侯刘章"以诛诸吕事告齐王"。至此，这场持续一周的"砀泗元从集团"对"吕氏外戚集团"的屠杀才宣告停止！

就这样，诞生在灭秦和平楚战争中，曾立下赫赫战功的"吕氏外戚集团"全部灰飞烟灭，没有一个人活下来。可是，他们不是死在了战场上，而是死在当年曾一起战斗在反秦之战中的袍泽手中。

第五十二章　　齐代之争

九月十八日，数百精骑风驰电掣一般奔驰在三川东海大道上。这些骑士一路向东，直出函谷。为首者，正是踌躇满志的朱虚侯刘章！

按照陈平和周勃的既定之策，刘章在当日一早便前往齐国，将长安的情况向齐王刘襄汇报。不过，自长安前往齐国的驰道必须经过荥阳。此时，灌婴的十万人马正屯兵在荥阳。于是，刘章到达荥阳后，停下来休整一日，顺便将长安之变先告知灌婴，然后再继续向东去临淄见兄长齐王刘襄。

不过，颍阴侯灌婴屯兵荥阳不动本来就是要"行大事"的，如今的长安已经如沸腾的大锅一般，以灌婴之能，又岂会装聋作哑？因此在刘章到达荥阳之前，灌婴便已经对长安的状况有了大致的了解。实际上，在这个时局纷乱之际，屯守荥阳的灌婴凭借手中的十万雄兵，确实有足以能够扭转整个天下的力量。即便太尉在长安事不能成，灌婴也会提兵入京，一举定乾坤。

当然，既然刘章告知大事已成，灌婴便可省了这番谋划，并可以立即班师回朝了。

灌婴虽然已经准备班师，但前线与齐国的对峙局面并未改变。此时，因刘章尚未抵达齐国，在荥阳以东四百里的济南郡境内的数万齐军还没有解散。齐军在主将魏勃的指挥下，仍然保持战备状态，其前锋甚至已经抵达东郡东南部。

灌婴知道，按原定计划，一旦局势紧急之时，齐军会在主将魏勃的指挥下继续东进与荥阳汉军汇合以叩关入长安。因此，对于对面的这位齐军主将，灌婴虽然从未谋面，但却早已有耳闻。想那魏勃深受曹相国赏识，又为两代齐王所信任，应该不会是寻常之人。不过可惜的是，这样的人却不是什么纯臣。虽说起兵诛吕乃是天下大义，但魏勃为一介仆臣，却能以诈术夺取兵权并唆使地方藩王起兵！所作所为，均可看出有枭雄之相。这样绝非社稷之臣的人，又岂能让朝廷放手任用？而相反，灌婴以此大功回长安，以后必能循曹相国而宰执天下。到时彼辈若再起风浪，灌婴这个宰执又当如何应对？故而在班师前，灌婴特意遣信使邀齐军主将魏勃来荥阳一见。

于是在不久后，对峙一个月却未能谋面的两军主将便在荥阳大营会面。

"足下大名，老夫亦有耳闻。或曰齐王起兵之事，唯赖中尉？足下可知，此乃灭族之罪！"

此时的大营之中，四面尽是执刃的两军甲士。诸将环绕之中，魏勃与灌婴相向而坐。按理说，双方是地位相当的一军主将，本无高下之分，可谁知刚一见面，灌婴便以大罪之名开口责问。

然而虽说地位相当，但当面对这位高帝时代便纵横沙场从无败绩的大将相问时，魏勃顿感巨大压力如泰山压至。正如灌婴之言，如果事后朝廷追究，确是大罪。急智之下，紧张的魏勃急忙站起来向灌婴拱手解释道："失火之家，岂暇先言丈人而后救火乎！我汉家天下已危如累卵，岂可以常理行事？"

话刚出口，魏勃就觉得自己这个比喻说不过去。所以，当一抬头看到这颖阴侯灌婴轻轻捻须微笑时，魏勃立即感到一股无形的杀气逼来。两股战战，汗如雨下的魏勃用力站起，又快速向后连退数步，仿佛只有这样才能避开那股杀气一般。

如此失态的举动映在眼中，可灌婴依然浑然不觉，也不接话，只是盯着两股战栗的魏勃不发一言。一时间，整个大营一片寂静。

对视良久，灌婴突然仰天大笑，然后回顾侍立于后侧的张孟道："人谓魏勃勇，妄庸人耳，何能为乎！"

其实，同为勇者也并非一致。智信仁勇严，为将五德。灌婴之勇，是征战沙场，呵斥则千军辟易的大将之勇；可是如魏勃者，不过是匹夫之勇耳。孟子曰："匹夫之勇，不过敌一人者也！"依靠纷繁之时局，这魏勃才能在齐国左右逢源，乘势而上。如今天下将安，中枢又有能臣坐镇。匹夫之勇，实不足为虑也！

就在灌婴在荥阳大营中议论勇武之时，执掌长安权柄的诸人却已经为最重要的问题争吵了数日之久。

吕氏虽伏诛，但问题还没有彻底解决，其中，最重要的当属皇帝之位的归属问题。要知道，如今安坐朝堂者，虽名为孝惠皇帝之子，但却是吕氏所立。诸吕被清理，这个吕氏所立的皇帝却依然高坐帝位，岂非是向天下万民宣告吕氏乃是大汉忠臣？若吕氏是忠臣，那诛吕的陈平、周勃等人不就是乱臣贼子了吗？

不过，说来也是讽刺。当年立刘弘为帝，以陈平和周勃为首这些诛吕的汉室"忠臣"确实也是举双手赞成的。当然，现在可以放心大胆地对天下说：当年吕氏提出立少帝，陈平等人的赞成乃是迫于吕氏之淫威不得不为耳，是做不得数的。话虽如此，世事难料，谁又能想到陈平和周勃等人摇身一变，已成维护刘氏的"功臣"？而当年忠直敢言的王陵，则是死得不明不白。天下之事，还真有如此可笑者！

千说万说，既然是维护刘氏的"功臣"，那必然是与吕氏势不两立的。于是，执掌中枢的周勃和陈平均认为："少帝、梁王、淮阳王、恒山王，均非孝惠之子。当年吕太后诛生母，计取他人之子冒为孝惠皇子，以立为皇储藩王，其本意乃是加强吕氏。今者，吕氏虽灭，但为吕氏立者将长。若等彼辈掌握实权，我等恐受灭族之祸！为今之计，当从高帝嫡系子孙中另立贤能。"因此，这吕氏立的皇帝无论如何也必须要废！可问题是，废了皇帝刘弘，又该拥立何人？

高帝八子，此时尚存于世者唯有代王刘恒和淮南王刘长二人。不过，刘长年幼，而且其名为赵姬之子，实养于吕太后之手，不宜拥立。故而如立高帝子辈，年长的代王刘恒似乎更为合适。不过把眼光放开点，大约还有选择的余地，如齐王刘襄。此时，陈兵齐国的齐王刘襄辈分虽低，但却是高帝长孙，且首倡义兵，威望甚高。如以诛吕之功衡量，辈分较高的代王刘恒或许还不如齐王刘襄。所以，自九月中旬以来，朝堂上的功臣们围绕着这个问题吵得沸沸扬扬。

东牟侯刘兴居等人便公开提出："齐王者高帝长孙，可立也。"其实立其兄长齐王刘襄为帝也是刘章兄弟诛吕的本意，此事在当时劝齐王起兵的那封信中便已经讲得很清楚。而且齐王首义，确实有大功。以此安定社稷之功入继大统，足够了。然而，没想到刘兴居刚说完，便立即遭到反对。

"吕氏乱我汉室，实因外戚强大之故。寡人在齐地久闻齐王舅驷钧为人暴恶，如同带冠之猛虎。今若立齐王为帝，岂非重蹈吕氏之祸？代王乃高帝在世诸子中最长者，素闻其为人仁孝宽厚。代王太后薄氏谨慎温良，亦有贤名。立长固顺，况乃代王又以仁孝而闻名于天下乎！"

在长安有资格开口说这句话的不是别人，正是琅邪王刘泽。

当初，这位琅邪王拍着胸脯对自己的侄孙齐王刘襄保证"而大王高帝长孙也，当立"，可谁知如今却在这个关键时刻横插一脚，不过，琅邪王刘泽在这个时候说这句分量极重的话并不是因为其多忠贞为国，否则在诛吕之时，怎未见琅邪王刘泽立有一功？其所图者，不过是报齐王刘襄夺国之私恨耳。对此，陈平和陆贾等智谋高绝之人又岂会不知？

虽有私心，但却不碍"公义"。因为如刘泽所说，拥立刘襄确实颇为不妥。这刘襄舅家强横，一旦刘襄入继大统，舅家便会乘风而起，执掌权柄。到时，难保不会再出现一个强大的外戚集团。齐王刘襄辈分虽低，但却是天下强藩，此时带甲十万，实力极强。此外，齐王刘襄以如此年轻的年纪便敢首先举兵，可见其胆略和果决都是常人所不能及。一旦这样的人入主未央，内有驷钧、魏勃等齐国诸臣为心腹，外有刘章、刘兴居兄弟为爪牙，还有十万带甲之士为之驱驰，则必会是如高帝那般的强横之君。可以想象，真到那时，陈平、周勃这群诛吕的"功臣"何去何从？

说到底，诛吕及废立主君都是极为敏感之事，事情虽然做成了，但并不能改变其以下犯上的政变之实。丞相、太尉居然不用虎符便可发兵行大事，天下还有什么事是做不成的？而且，既然能做一次，那就难保不会再以"刘氏左袒"为名做第二次。齐王刘襄一旦临朝，面对这些老臣，岂会心安？以刘襄的性格，不铲除这些强臣，怕是绝不会罢休。如果不动刀，将会出现臣不臣、君不君的严重后果。

所以，千说万说还是一句话，那就是一旦立了齐王刘襄，不是齐王刘襄死就是功臣亡！

可是，代王刘恒则不同。代国在高帝所封之国中偏处北域，国小民寡，不如齐国。而且，代王刘恒之母薄氏乃是亡国之女，没有可以依靠的外戚。薄氏仅有的一个兄弟薄昭又素来忠厚，难成大事。对陈平等人来说，立这样的人为帝，不说易于控制，起码也不会出现以后强君诛臣的情况。而且，刘恒在长安并无辅弼之臣，想要坐稳帝位，就必须依赖这群诛吕的功臣。一句话，立孤立无援的刘恒，即便不能执掌大权也至少可保三代富贵。

陈平虽无深谋远虑，但智计高绝，其中利害早已明了于胸。故在刘泽说完之后，陈平虽未表态，但心中已有定论。只不过，迎立代王事关重大，不能出意外。因此当刘泽提出代王后，陈平则微微笑道："琅邪王乃是高帝昆弟，所言者，老成谋国也。只不过，东牟侯亦不无道理。老夫以为，此事还当从长计议。"

刘章此时已经前往齐国，长安只留下弟弟刘兴居主持大局。刘兴居威望不足，资历又浅，故而支持齐王一派在长安的声音委实不够响亮。拥立大哥之事，恐怕是做不成了。不过，即便刘兴居对刘泽的话极为不满，怕也是无可奈何，难道还能真和刘泽火并不成？当此之时，除了且听陈平"从长计议"外，"乳臭未干"的刘兴居别无他策。

可谁也不知道，陈平当晚即暗中遣使快马加鞭前往代国，迎代王入京。

第五十三章　　天命于兹

丞相的信使自长安而出，走临晋蒲坂的黄河渡口进入河东，再过河东郡治安邑县走临汾县，溯汾水北上二百里，便进入太原郡界休县地界。

四百余年前，晋文公封赏功臣，介子推不受，隐居绵山。晋文公焚林求贤，子推不出，与母抱树而死。文公感念其德，乃名介子推死地为介休。秦军东出时，休军于赵边界，故将其名改为界休。后秦并天下置界休县，属太原郡。

百余年来的传说故事都说界休界休，入界当休。然而，担负事关大汉社稷这一重大使命的信使不敢在此稍做停留，而是继续前进。从界休县向北走八十里，便是代王之中都。当年高帝封刘恒为代王时，原本都于太原郡治晋阳县，后来因故南迁至中都县，故信使出界休县后就直奔中都面见代王刘恒。

然而，当长安信使抵达中都道明原委后，却引起了刘恒的疑虑。所疑虑者，并非信使之真伪，而是长安现在的情况。要知道，惠高朝的十多年里，朝廷一直是血雨腥风，地方藩臣动辄被废杀。别的不说，刘恒的七个兄弟除了长兄齐悼惠王刘肥和次兄孝惠皇帝、弟弟淮南王刘长外，其余均死于吕氏之手。若非当初力辞赵王，这条性命只怕也是难保。

刘恒虽年轻，但从头至尾经历了惠高朝十多年的惨烈政治斗争，故对政治极为敏感，素有谋略。在刘恒看来：即诸吕已被铲除，但从目前能够得到的情报不难看出长安却还在权臣之手。既然权臣操控天下之柄，这有名无实的皇帝之位又岂能坐稳？当年力辞赵王之封才能苟活至今，如今对这皇帝之位，是否再次力辞呢？鉴于朝局扑朔迷离，年轻的刘恒也不敢不慎重，不得不反复权衡。因此，代王刘恒紧锁眉头，在大殿中来回踱步，始终拿不定主意。

"今执长安之柄的朝廷大臣多为高帝大将，多习兵而诡诈。事已至此，有进无退。臣窃以为彼辈之意，无非窃取君上之权而自专耳。高帝、吕太后时，彼辈尚畏君上之威，不敢擅专。今者，吕氏既诛，京师已定，迎大王云云无非借大王之名而行其遥控朝堂之实耳。故臣愚以为大王不如称病不往，以观其变。"

说话的是代郎中令张武。张武的话虽然露骨，但却切中要害，是老成谋国的稳妥之言。刘恒所担忧的，也正是这个。无论话说的多漂亮，丞相陈平和太尉周勃迎接他的目的，实际上也只是为了保证他们自己的权力而已。此时如果贸然前往血雨腥风的长安，对势单力薄的刘恒来说的确不是良策。因此，张武话一出口，诸臣均附议，都认为静观其变才是上策。可在此时，素有知兵之能的代中尉宋昌却站起来表示反对。

宋昌这个人，在战场上拼杀了十多年之久，不但作战勇猛，而且极有智计，在政治上也相当有远见。只见宋昌手持笏板向代王郑重顿首，然后以笏板缓缓拍手："大王，臣以为诸君所言似有不妥。秦人失国，豪杰并起。当此之时，自以为得天下者万计。然卒定天子之业者，刘氏也！至此，天下不敢再窥窃神器，此其一。高帝封子弟，藩国犬牙相制，宗室有磐石之稳，天下咸服其强！此其二。汉家立国，尽废秦人苛政，万民安业，难以动摇！此其三。以吕太后之威严，诸吕三王，擅权专制。然太尉一节入营，北军将士咸归刘氏，卒灭吕氏。可见，我汉家之天下乃天授，非人力可为。便是权臣另有异谋，士民也不会为其所用。今者，朝中内有朱虚、东牟，外有吴、楚、淮阳、琅邪、齐、代之强，诸臣必不敢另生他念。大王既长，且贤圣仁孝闻于天下，帝位非大王莫属，大王莫要犹疑。"

实际上，高帝英明神武，早已将天下布局完备，那就是外戚、功臣和宗室相互制约，构成稳定的权力平衡格局，任谁也不敢乱动。正因宗室诸王在天下四周镇着，吕氏虽仗着吕太后而势大，但也并不敢搞得太过分。试想，吕太后这几年在朝中的种种布局，哪一次不是小心翼翼，唯恐打破了平衡？如果没有宗室和功臣的制约，这天下恐怕早就不姓刘了。

同样，高帝之所以敢给诸王大权而不怕他们谋反，也是因朝中有外戚坐镇之故。而那些个从"王侯将相，宁有种乎"的乱世中杀出来的大汉功臣们，哪个不是人杰？真的当他们是圣人，会乖乖听话？他们之所以如此恭顺，还不是因朝中有强大的外戚、地方有强大的宗室制衡，才不敢轻举妄动之故！

皇帝之所以能高高在上，并不是靠什么人格、忠心、道德，说到底还是要靠这种能让各派均衡的"大势"！

这种"大势"既是阴谋也是阳谋，明眼人一看便知，庸人却很难看出来。而宋昌，正是那位"洞若观火"的人杰。一番长篇大论下来，宋昌将天下大势和朝中现状分析得极为透彻。确如宋昌所言，天下民心思汉，最为关键的是天下刘姓诸强藩尚在，即便是有权臣欲行不轨之事也要有所顾忌。难道彼辈还敢冒天下之大不韪取而代之不成？所以即便废立少帝，但入主长安的必然还是刘氏——这便是大势。陈平、周勃那些个老臣，也不过是想靠着拥立之功谋取富贵而已，不必过于担心。另外，朝中诛吕者虽为一党，但并不是毫无隔阂，宗室和功臣两派的打算肯定不一样。两派相互制衡，谁也不敢妄动。代王入京后只需驾驭和平衡两派即可，因此将大权收入囊中实际上并非难事。

在几乎所有人都认为不应冒险时，宋昌却能穿透种种迷雾和纷繁的时局而敏锐洞悉朝中之势并分析出利害之处，可见这个宋昌绝非一般人。不过，宋昌虽在朝堂上侃侃而谈，但大臣们还是很少有附议的，毕竟身置险地太过凶险。实际上，不仅代国朝臣，就连听到宋昌这段分析的年轻的刘恒，也是拿不定主意。

回后殿后，刘恒将疑虑告诉了母亲代王太后薄氏。面对儿子的疑虑，这位历经多位帝王，看过三十多年血雨腥风的老人只说了一句"何不卜之？"

将国家大事以占卜的方式决定，并非滑稽。要知道，代王太后薄氏一生的风风雨雨就是由占卜而定。也许，此时此刻，薄氏又想到了许负对自己的母亲所说的那句话。而且当年唐尧命虞舜摄行天子之政，以观天命。今者，既然犹疑不决，亦可将此事交由天意来定。看看这个代王，是否如虞舜那般为天命所归！

代太卜令既受王命，立即卜之。结果，兆得大横，其卜辞曰："大横庚庚，余为天王，夏启以光。"夏启者，为上古时代圣王大禹和涂山氏之子，是夏的第二代国君。启从禹手中取得王位，开辟了夏之家天下。可见，此卜乃大吉之兆。所谓王者，非代王，而是天子也！当速速入长安继承大统，开辟如禹启之伟业！

或许冥冥之中，自有天命。

得此卜辞，刘恒异常兴奋。不过，长安时局扑朔迷离，且双方此时尚在隔绝之中。因此，为彻底理清局势，刘恒急令舅父薄昭立即和使者同行，前往长安与陈平、周勃等人沟通。

薄昭为刘恒亲舅，而且经历过大风大浪，是可以无条件信任的心腹重臣。由代王舅父前往长安，便等于刘恒前往长安，足以表现代王之意。而且，最为重要的是薄昭的能力也足以当此大任。要知道，薄昭在高帝时代曾为郎官，又以郎从军侍从高帝征讨陈豨，后累迁为太中大夫。可见，薄昭此人既熟悉军旅，又为人谨慎。由这样的人前往长安，再合适不过。

于是，带着外甥的使命，薄昭快马加鞭来到长安。至长安后，薄昭立即前往相府，见到了主持政变的绛侯周勃以及"倒吕派"的核心人物陈平。经过交谈，薄昭对当前的形势已经有了大致了解：此时虽已平诸吕，但长安依然不靖。最大的问题还是君位久悬，各方疑虑重重。而且，遣使迎代王虽是秘密进行的，但毕竟已过数十日，凭齐王刘襄之能，不可能听不到风声，这样久拖不决，对名不正言不顺的陈平等人来说也极为不利。因此，薄昭认为代王入京之事，当速不当缓，缓恐生变。于是，薄昭不顾鞍马劳顿，又快马返回六百里外的代国。

数日后，满脸疲惫的薄昭进入代王宫，对着外甥微笑道："信矣，毋可疑者。"

见舅舅已经成竹在胸，刘恒终于下定决心。看着端坐在下的中尉宋昌，刘恒也顾不得主君之威仪，大笑道："宋卿深谋远虑，果如公言！"

"我其夙夜，畏天之威，于时保之。"但畏天之威，亦当敬天之命！《诗经·小雅·天保》中说："如月之恒，如日之升。"恒者，恒久兴盛。也许，代王刘恒冥冥之中真有天命，将继承高帝之德，开汉之恒久兴盛！

后　记

　　从小喜欢历史故事，可那毕竟是少年时代的童心使然，倒并非说明在史学上有多高的资质；相反，由于外部条件的种种限制，我的史学基础可以说是相当匮乏的。直到十年前被安徽师范大学录取为历史学本科生，才开始了比较系统的专业学习。

　　师大历史学历史悠久、底蕴深厚，这里有一批德高望重却又和蔼可亲的老师。毫无疑问，师大的四年，是我毕生难忘的青春快乐的四年。时至今日，老师们的教诲依然言犹在耳。然而，我少年顽劣，青年懒惰，并未安心读史，以至蹉跎了四年光阴。现在回想起来，实在是辜负了老师们的一番苦心。

　　其实古人的蒙学，早在十岁前后的童年时代便已完成。在《史记》中，太史公司马迁便说自己十岁则诵古文。而当我拿起书打算认真读史时，人生却已过去了小半。每思及此，惭愧且惊惧。大约在五年前的冬天，我准备写一篇研究李广的小文章，可是当动笔的时候才发现浩如烟海的史籍根本无法驾驭。大学的四载学习，居然无法完成一篇万余字的小文章，诚可叹也！诚惶诚恐之余，才有了系统读史的想法。

　　奋发慷慨的汉人是童年心中最初的景仰，质朴浑厚的汉风是少年心中最初的印象。因此，读汉史便成了毫无疑问的首选。而既然想通读，则必有章程。反复思虑后，我先粗览《资治通鉴》以为索引并列出大纲以了解历史大势。在第二遍精读时，同时参考《史记》《汉书》传、纪、书、表以及地图，逐段理清历史细微之处。同时，阅读今人相关论文和著述，作为参考。最后，专读《史记》相关卷章，考虑和体会太史公的运笔。

　　先贤著史"述往事，思来者"，并望以此"俟后世之圣人君子"。身为后辈虽不能做到韦编三绝，但在读史中也每每能够体会先贤的良苦用心。而既然作为后之览者，虽非"圣人君子"，却又如何不"有感于斯文"？因此在读史之余，便有提笔而作札记的想法，希望将自己一些粗浅的话记录下来。不过在最初动笔时，仍然有很多问题：如同一历史事件各家记载出现矛盾时，该当如何？又如对一历史事件史书含糊其辞，交待不清又当如何？反复权衡后，或翻阅其他资料并参考近人考证，或结合现有资料自己甄别；待解决这些细微之处后，再将一个阶段所有的历史汇总于笔下，汇集成文字，成为札记。为了让历史更为清晰，也是个人习惯，在写完每篇札记后，于前附上章名，作为全篇之提纲。

这本小书的基础便是阅读《史记》《汉书》和《资治通鉴》所作的札记的一部分。如前所述，在札记的写作过程中，为了熟悉那段历史，我尽可能地参阅了秦汉史料和近代学者的研究成果。其中，认为有益或者可信的，也都尽量融合进札记之中。因此，这本小书虽然只是一部很通俗的小册子，但确实吸收、借鉴了许多学者的研究成果。

不过，这本小书并不是史学论文和学术著作，仅仅只是札记的简单汇总。而且在写作过程中，因个人习惯又适当进行了并不算严谨的再创作。总体来说，这本小书属于普及通俗类的读本。在这本小书即将完成之时得到了安徽师范大学徐彬教授和梁仁志副教授等诸位先生和前辈的指导。

为最大限度接近时代，本套书纪年不采用公元纪年而一律依汉朝惯例采用夏历，即用皇帝年号（确切的年号起自汉武帝，惠高文景时代采用君王在位纪年），其月、日同样采用夏历。若无确切记载的月日，则采用模糊化处理，尽量避免引起争端。同时，因古今地理沿革变化极大，有的甚至在学界仍有争议，以今地名套用古地名无异于方凿圆枘。因此，本书之地名全部统一采用古地名，如政区采用汉郡县名，山川河流采用古名等。

我之所以能够将自己的想法转变成并不成熟的文字，并且结集成为一本小书，实蒙老师梁仁志先生的谆谆教导。大学时代的我既无聪慧的资质，也无良好的习惯，更不是一个喜欢读书的学生。蒙梁先生不弃，将不堪教导的小子领入师门。在接下来的四载春秋里，梁先生耳提面命的教导，并且以身作则，鼓励我读书思考。当时梁先生正在读博，自身学业十分繁重。可即便如此，梁先生也会专门抽出时间与我探讨历史，这让我无比感动。跟着梁先生的四年是我收获颇丰的四年，他孜孜不倦的勤学精神和精益求精的学术态度将是我接下来几十年的宝贵财富。而且，在获悉札记已经初具雏形的时候，梁先生更是在百忙之中抽出时间亲自审稿批阅。

可以说，没有梁先生，便不会有这本小书。在本书即将付梓之际，权且以这段不成熟的文字作为对梁先生的感激吧！

另外，这本小书能够最终面世，也离不开安徽师范大学历史与社会学院以及安徽师范大学出版社同志的支持。特别是责任编辑孙新文师兄和我的同学龙健兄，他们不厌其烦地修改那冗长无聊的文字并逐字逐句润色，才有成熟的小书展现在眼前。在此，一并表示谢意。

庄子说："吾生也有涯，而知也无涯。以有涯随无涯，殆矣！"读史便如无边无际的汪洋大海，皓首穷经却有始而无终。当一个阶段完成之时，应该如大海中的一叶扁舟，找到一个安静的避风之所，静心思考自己已走过的路而规划下一阶段的旅程。这部《西汉风云之长乐风雨》也只不过是在读史之路上的一个不成熟的阶段性成果，在此之后或当有更为成熟的文字。

葛俊超

2017 年 12 月 19 日于含山

后

记